社区管理学

Community Public Administration

周晨虹 编著

华中科技大学出版社
http://www.hustp.com
中国·武汉

图书在版编目(CIP)数据

社区管理学/周晨虹编著. —武汉：华中科技大学出版社，2018.4（2021.7重印）
ISBN 978-7-5680-3744-0

Ⅰ.①社… Ⅱ.①周… Ⅲ.①社区管理 Ⅳ.①C916.2

中国版本图书馆 CIP 数据核字(2018)第 064038 号

社区管理学

周晨虹　编著

Shequ Guanlixue

策划编辑：	张馨芳
责任编辑：	陈　诚
封面设计：	原色设计
责任校对：	何　欢
责任监印：	周治超

出版发行：华中科技大学出版社（中国·武汉）　　电话：(027)81321913
　　　　　武汉市东湖新技术开发区华工科技园　　邮编：430223

录　　排：华中科技大学惠友文印中心
印　　刷：湖北金港彩印有限公司
开　　本：787mm×1092mm　1/16
印　　张：15.75　插页：1
字　　数：335 千字
版　　次：2021 年 7 月第 1 版第 2 次印刷
定　　价：76.00 元

本书若有印装质量问题，请向出版社营销中心调换
全国免费服务热线：400-6679-118　竭诚为您服务
版权所有　侵权必究

目 录

第一章 导 论

第一节 社区概述 …………………………………………………………… 1
第二节 社区的类型与变迁 ………………………………………………… 9
第三节 社区管理的学科发展 ……………………………………………… 17

第二章 社区管理

第一节 社区管理概述 ……………………………………………………… 24
第二节 社区管理体制 ……………………………………………………… 30
第三节 社区管理模式创新 ………………………………………………… 35

第三章 社区自治管理

第一节 社区自治 …………………………………………………………… 48
第二节 城市社区自治组织 ………………………………………………… 53
第三节 物业管理与业主自治 ……………………………………………… 62

第四章 社区服务管理

第一节 社区服务概述 ……………………………………………………… 72
第二节 社区服务管理体系 ………………………………………………… 80
第三节 社区社会保障 ……………………………………………………… 87

第五章 社区公共事业管理

第一节 社区文化管理 ……………………………………………………… 95
第二节 社区教育管理 ……………………………………………………… 105
第三节 社区卫生与体育管理 ……………………………………………… 116

第六章 社区公共安全管理

第一节　社区公共安全概述 …………………………………………… 127
第二节　社区治安管理体系 …………………………………………… 131
第三节　社区矫正 ……………………………………………………… 143

第七章 社区环境管理

第一节　社区环境概述 ………………………………………………… 155
第二节　社区环境管理体系 …………………………………………… 160
第三节　社区规划 ……………………………………………………… 167

第八章 农村社区管理

第一节　农村社区管理概述 …………………………………………… 175
第二节　农村社区管理组织 …………………………………………… 180
第三节　我国农村社区管理的发展 …………………………………… 189

第九章 社区信息化管理

第一节　社区信息化概述 ……………………………………………… 196
第二节　我国社区信息化管理体系 …………………………………… 203
第三节　社区信息化管理系统 ………………………………………… 208

第十章 社区管理方法

第一节　社区管理的研究方法 ………………………………………… 218
第二节　社区管理的行政方法 ………………………………………… 228
第三节　社区管理的专业方法 ………………………………………… 236

后记 …………………………………………………………………… 248

第一章 导 论

[提要] 社区是人们为了生存和发展而结合起来的、与地域具有密切关联的人类生活共同体。社区包括地域、人口、组织与文化等构成要素。社区既是人类生产和生活的基本载体,也是社会管理的基础单元。城市社区与农村社区是人类社会中最基本的社区类型。随着城市化的加速发展,城乡社区变迁对基层社会管理提出了挑战。社区管理学是专门研究社区管理的活动、过程及其规律的应用性学科。社会学、政治学等多门学科为社区管理研究提供了研究基础。

第一节 社区概述

一、社区的概念

"社区"是一个传统的社会学概念,在社会学理论研究中占据着重要的地位。同时,社区又是与人类社会生活实践有着密切关联的真实载体,社区是社会管理的基础单元。从这个意义上说,社区有着更为明确和具体的内涵与外延。

(一)社区与社会

1. 滕尼斯的"社区"

社区(Community)源于拉丁语,本意是关系密切的伙伴和共同体。德国社会学家滕尼斯(Ferdinand Tonnies)在1887年出版的《社区与社会》一书中,首次提出"社区"的概念。滕尼斯认为"社区"与"社会"是人类群体活动的两种基本形式,有着完全不同的形成基础和人际关系特征。社区是一种人口同质性较强、具有密切交往关系的、与传统乡村相连的社会共同体;而"社会"则是指建立于工业化基础之上的、日益取代社区的组织形式。"人们在社区里与同伴一起,从出生之时起就休戚与共、同甘共苦。人们走进社会,如同走进异国他乡。"[①] 滕尼斯揭示了从传统农业社会向现代工业社会转型的过程中出现的一系列社会问题,提出社区共同体在现代社会中仍然有存在的价值和意义。在滕尼

---

① (德)斐迪南·滕尼斯. 共同体与社会——纯粹社会学的基本概念[M]. 林荣远,译. 北京:北京大学出版社,2010:43.

斯的研究中，社区还不是一个带有地域性因素的概念。20世纪30年代以后，基于美国芝加哥学派以及人文生态学等多个理论流派学者的研究，社区逐渐发展成为包含地域等多元要素的概念体系。社区成为区域性社会的代名词。

2. 社区与社会的关系

社区与社会有着密切的联系，社区与社会都具有人群共同体的含义。从社区的外延来看，社区可以被看作是地区性社会。作为特定的地域聚落，社区是社会的具体形态之一。所谓聚落是人类各种形式的居住场所，它不单纯是房屋建筑的集合体，还包括与居住直接有关的其他生活设施和生产设施。社区的所有构成要素都聚集在聚落之中，人类社会生活的大部分都是在聚落这一地域空间内进行。社区是在一定地域空间中人类生活的共同体。

社区与社会之间有着明显的区别。

(1) 社区注重共同性。社会中关系尽管纷繁复杂，但并不特别强调"共同"，而社区则十分强调构成要素的共同性。

(2) 社区注重地域的概念。社会通常是指处于各种关系之中的社会群体与组织，而社区则是指处于一定地理空间中的社会群体和组织，是社会关系和地理区域的有机结合。

(3) 社区中的各种关系比社会关系更加紧密。社区主要是以地缘关系为纽带结成的，同时与血缘关系结合在一起，形成了社区的共同生活基础。

(4) 社区的功能更加综合化。在现代社会生活中，人们一般在各种社会组织中获得职业、地位以及相应的社会资源。社区不同于社会组织或工作单位，它是以居住为核心形成的社会生活共同体，集生产、生活、工作、休闲等多种功能于一体。社区具备完善的生活服务设施和公共设施，如商店、文化娱乐设施、医疗服务设施、交通设施等。一个社区的发展水平越高，其公共服务设施就越先进。

(二) 社区的概念界定

1. 国外学者对社区的界定

自从滕尼斯提出"社区"以来，它就成为社会科学领域中的核心概念。美国芝加哥学派的代表人物罗伯特·帕克（R. E. Park）在其城市社会学研究中，从人文生态学的角度对社区进行界定，"社区的基本特点可以概括为：一是由按区域组织起来的人口；二是这些人口不同程度地与他们赖以生存的土地有着密切的联系；三是生活在社区中的每个人都处于一种相互依赖的互动关系中。"[①] 在帕克的定义中，社区第一次具有了地域性社会的含义。

---

① Lyon L. The Community in Urban Society [M]. Chicago：The Dorsey Press, 1987：12.

在帕克的基础上，西方学者对"社区"做出了多种多样的定义，从地理概念与结构形态、心理概念或互动关系、行动计划及福利功能、综合体系等角度来界定社区。虽然关于社区的定义有很多，但内容大体相同。美国社会学家乔治·希勒里的研究表明，占 2/3 以上的 69 本书都把社会相互作用、地区、共同的纽带这三点作为社区的基本结构要素。美国学者约翰·吉列（John M. Gillette）提出，作为人类生活共同体，社区具有以下六个重要的特性：一是位于相对小的地理区域中；二是面对面互动、关系密切的居民；三是共同的追求与利益；四是居民的社区意识；五是为了实现所有居民共同利益而形成的长期合作的组织；六是存在着一个利益中心。[1] 在国外关于社区的研究中，社区指与一定地理区域相连的、具有密切联系和共同利益的社会共同体。

2. 我国学者对社区的界定

我国社区研究创始人费孝通提出："社区是一定地域范围内的社会。人类是聚众成群，相互合作，共同生活的。"[2] 费孝通将社区界定为地缘性社会关系，即不同的个体由于共同生活的邻近空间而发生的相互合作的关系，建立在这种社会关系之上的社区是地区性的社会。

我国学者一般从"区域性社会"的角度对社区进行界定，作为"区域性社会"的社区定义一般都包含两个基本的内容，一是社区中的区域，即社区的地域性质，包括空间的结构和意义；二是社区中的群体，即生活在特定地域中的人群生活共同体。"社区"的概念融合了"地域性"和"社群性"的双重特性。在相关研究中，关于社区的定义一般都将社区看作是一个区域性的社会，是一定地域范围内居民生产生活的空间载体，是"人们凭感官能感觉到的、具体化了的社会"[3]。

社区的概念在我国的兴起与普及是与改革开放以来的社区建设紧密相关的。2000 年，民政部《关于在全国推进城市社区建设的意见》提出了"社区"的定义："社区是指聚居在一定地域范围内的人们所组成的社会生活共同体。目前城市社区的范围，一般是指经过社区体制改革后作了规模调整的居民委员会辖区。"这也是我国政府部门对于社区的权威定义。

综合已有研究，我们认为应从结构与功能相结合的角度对社区概念进行界定。所谓社区，是指在特定地域范围内，具有明确社会关系结构，承载生产、生活、服务与管理等功能的社会共同体。第一，社区具有一定的地域性，即特定的地理或行政区域。从日常生活而言，社区地域性并不严格，但从管理的角度来看，社区有着明确的区域界限。第二，社区是以一定社会关系为基础组织起来的人群，具有明确的经济、社会和文化关系结构。第

---

[1] Gillette J. M. Community Concepts [J]. Social Forces, 1926, 4 (4): 677-689.
[2] 费孝通. 当前城市社区建设一些思考 [J]. 群言, 2000 (8): 13-15.
[3] 汪大海. 社区管理学 [M]. 北京：北京师范大学出版社, 2010: 3.

三,社区承担着复合性功能。包括生产、生活、服务和管理等功能。虽然社区更多地与人们的社会生活有关,但是也离不开社区的经济、服务和管理等其他功能的运行状况。第四,社区是社会管理的基础单元。社区构成人们共同生产生活的基础,社区是基层社会管理的基本载体。

二、社区的构成要素

(一)社区地域要素

地域是社区的基本要素之一。地域是自然地理与人文地理的空间载体。作为社区要素的地域是具有一定的地理边界和行政边界的。尽管从社会学意义上来看,社区的边界具有相对性,范围也大小不一。更大的国家、地区甚至整个地球都可以看作是一个社区,一个社区可以看作是更大社区的有机组成部分。但作为社会生活和管理基本单元的社区,其区域范围限定在一定的地理空间和行政范围内,因而更为具体和明确。在我国的社区管理中,社区的地域边界与一定的行政区划相吻合,社区往往与街道、居民委员会或村民委员会的行政管理辖区结合起来。在城市中,社区一般不涵盖整个城市,而只是指城市中的一个个特定区域,即街道或者居民委员会的辖区范围。

社区地域要素对于社区管理具有重要的意义。第一,从社区地域要素出发,可以将社区与人们发生互动关系的其他社群,如政治性社群、职业性社群等更好地区别开来。分散的社群与地域因素的关联相对薄弱,加上现在互联网技术的发展,很多社群可以跨越地域的限制实现紧密的联结,但只有社区中的人类群体与其生活的地理空间休戚相关,即便计算机技术发展到能够取代所有面对面互动的手段,人类的活动也无法脱离真实生活的公共空间。第二,从地域要素出发,有助于将社区在外延上与国家、城市等概念区别开来,从而将社区管理与城市管理、国家管理区别开来。随着社会的发展,地域要素对于人类社会生活的限制和影响逐渐减弱,但社区的地域要素对社会管理的作用却不会随之减少。社区地域的范围等要素仍然会对社区事务、社区氛围、社区参与等产生不同程度的影响。

(二)社区人口要素

一定数量的人口是一切社会群体所必需的构成要素,也是社区活动和社区生活的主体。社区人口是指具有稳定的社会交往关系的一定数量的人群,是社区社会群体的主要组成部分,是与地域联系最为紧密的社会群体。具体而言,社区人口主要是指在本社区内居住和生活的居民,拥有本地户口但不在此地居住的居民应排除在外。近年来,随着我国城市化发展和人口流动的加快,非本地户籍的流动人口逐渐成为社区人口要素的重要组成部分,被纳入到社区管理的范畴。

在现代社会，社区人口要素的结构具有重要的意义。西方发达国家的许多城市或地区，都在通过互联网或其他渠道获取相关人口资料。通过人口调查可以获得该社区的人口要素的基本情况。人口要素主要涉及人口的数量、质量、结构、分布与流动等，社区人口要素是判断社区性质与功能的重要指标。

1. 人口的数量与质量

社区人口要素是有一定的数量和质量的。社区人口的数量状况是指社区内居民人口的多少，社区人口数量决定着社区的规模。就农村社区而言，拥有几百人口的自然村或行政村可以构成一个社区。就城市而言，社区居民委员会的规模都在一千人以上。在大中城市里也有很多上万人的大型居住社区。社区人口质量状况是指社区居民在素质方面的情况，如身体素质、文化水平、道德修养等。

2. 人口的结构

人口的结构是指社区内不同类型人口的特点以及数量比例关系，包括年龄比例、职业比例、性别比例、教育水平比例等。在西方国家，很多人在选择居住社区的时候，会事先在互联网上查询该社区居民的人口构成，决定是否居住于该社区。社区人口的结构也在很大程度上决定着一个社区的状况。

3. 人口的分布与流动状况

人口的分布与流动状况是指社区人口及其在社区内的空间分布，同时还包括人口的密度、人口流动（进出增减）等问题。尤其是在城市社区，人口的异质性很突出，构成很复杂，分布广泛，流动性大，了解人口的分布与流动状况尤为重要。

社区人口构成是复杂多样的，包括社区范围内的所有人群。有些生活在社区中的人群可能与社区关联并不密切，如职业群体。由于职业的关系，人们对自己所属的企业、学校和专业团体、政党都会有较强的依赖感或认同感，这种依赖超出了地域的界限，但是并不能取代对社区的依赖感和认同感。人一生中在社区中所耗用的时间不会少于其他社群的活动，居民对住宅、居住环境、卫生、治安、文化生活、社会服务等方面的需求都与社区有关。

（三）社区组织要素

从广义上来说，社区组织是指社区内的各种社会群体和组织，包括社区内的政府部门、企事业单位、家庭等。从狭义上来说，社区组织是指由社区居民构成的社区内部公共管理机构或服务机构，一般包括社区党组织、社区居民委员会、社区社会组织、业主委员会等。[1] 社区组织一般包括两个基本特征：一是由该社区居民组成，社区组织的领导层也

---

[1] 陈伟东，李雪萍. 社区治理与公民社会的发育 [J]. 华中师范大学学报（人文社会科学版），2003（1）：27-33.

应该是该社区居民;二是组织的主要宗旨是促进该社区的福利,包括提供福利和保护居民的共同利益。

社区组织对于社会或社区都具有重要意义。第一,社区组织是社区居民参与社区公共事务最重要的渠道。在一个高度组织化的社会或社区内,人们的交往与互动大都是通过组织形态表现出来的。作为人们利益共同体的社区也需要完善的社区组织,以维护该地域群众的公共利益和秩序,提供公共设施和公共服务。因此,现代社区都有很多公共管理组织或机构。第二,社区组织是维系社区成员和安排、推动社区生活的手段。社区组织在现代城市生活中的作用越来越大。社区居民通过所属的社区组织相互沟通并参与社区活动,社区组织是维系社区成员和安排、推动社区生活的重要手段。第三,社区组织是社区管理的载体,其结构体现着政府与社会的关系。社区组织是社区管理的关键要素,其完善与发展程度决定着社区管理的绩效与水平。

(四)社区文化要素

广义上的社区文化是指社区居民在长期生产生活中所形成的物质文化和精神文化的总和,可以说是该社区居民的生活方式。狭义的社区文化则是指社区居民在长期生活过程中形成的具有鲜明个性的群体意识、价值观念、行为模式、生活方式等精神文化现象的总和。社区文化包括社区的历史传统、风俗习惯、生活方式、交往的途径与语言、社区归属感、社区意识、认同感等多方面内容。和谐的社区文化有利于社区人际关系、精神面貌和社区环境的改善,提高社区居民的生活满意度。

社区的地域、人口、组织与文化等要素构成了社区的整体结构。各社区要素相互依赖、相互促进,共同构成社区共同体。社区是人类社会与自然环境的和谐统一,社区的发展要有优质的人口要素,要建立和完善社区组织,共同的社区文化是形成社区凝聚力的基础。社区既是管理的客体,也是管理的主体。社区实际承载着维护社区居民的公共利益和提供公共服务的职能,具有明显的公共性质。社区的公共事务,如社区环境、社区服务、社区教育、社区卫生、社区安全等都与社区居民的利益密切相关。

三、社区的功能

社区是由地域、人口、组织以及社区文化等多种要素相互联系、相互促进,共同构成的有机整体。社区具有社会共同体的基本功能。所谓社区功能是指社区要素或要素组合,因其特定的性质、组合方式而产生的影响以及其满足社会一定需要的能力。社区的主要功能主要有以下几个方面。

(一)社会化功能

人的社会化是指一个人学习社会的文化,增加自己的社会性,由生物人变为社会人的过程。除了家庭、学校、单位等社会化的载体外,社区对于人的社会化具有重要的作用。美国学者利波特将美国社区中的社会化因素及其作用归纳为以下十点:①有提供正规教育的系统(包括公立和私立学校);②教会制订了对儿童和年轻人进行教育的计划;③娱乐部门有提供消遣娱乐、文化活动和个性教育的计划;④有警察局、法院、交通管理部门等机构,以实行社会控制;⑤有法律顾问和诊疗所这样的服务部门和为残疾人制订的计划;⑥有安排就业的部门和劳动监督部门,雇佣年轻人并监督他们从事有报酬的工作;⑦有政治领袖,他们热衷于让年轻人参加诸如争取民权这样的运动;⑧有父母亲的亚文化;⑨有同龄或年长的伙伴的亚文化;⑩有控制着大众传播工具并通过它们对人的社会化施加影响的机构。①

从我国实际情况来看,社区对人的社会化也具有重要的作用,主要表现在三个方面。

(1) 教化社区成员遵守社会规范。社区通过教育、舆论等手段,将共同的价值观念、行为规范等传递给各社区成员,使之懂得应该遵守哪些规范,由此来指导和规范人们的活动。作为某一社区的成员,就要努力适应它的文化、准则和变化,关心它的政治、经济和教育,履行公民的义务,享受公民的权利,并在此过程中学习并扮演多种角色。

(2) 明确社区成员的目标。对社区来说,对其成员进行社会化的一项重要任务是向其灌输主流的价值观。良好的社区文化氛围有助于社区居民形成积极向上的人生理想和生活目标。

(3) 培养社会角色。社区不仅对于儿童的社会角色的培养有重要作用,而且对于成年人,甚至老年人也有很大帮助。一些老年人退休以后,失去了自己在一生中的大部分时间里扮演的职业角色,很容易产生失落感。而在社区中,他们可以承担新的角色,参加社区活动,从事志愿服务工作等。

(二) 社会管理与控制功能

社会管理是指政府和社会组织为了促进社会系统的和谐运行与良性发展,对社会生活、社会结构、社会制度、社会事业和社会观念等各个环节进行组织、协调、服务、监督和控制的过程。② 社区作为基层社会生活的载体,承担着基层社会管理的功能。社会管理的所有方面最终都要落实到社区层面,特别是随着社会结构的发展变化,城乡社区越来越成为社会生活的支撑点、社会成员的聚集点、各种矛盾的交汇点,构建以城乡社区为核心的基层社会管理服务体系越来越成为当务之急。社区管理是以服务社区居民为目的、以居

---

① 黄育馥. 人与社会——社会化问题在美国 [M]. 沈阳: 辽宁人民出版社, 1986: 120.
② 邓伟志. 创新社会管理体制 [M]. 上海: 上海社会科学院出版社, 2008: 6.

民自治为方向、以维护社会稳定为基础的社会管理形式。与其他社会管理方式不同的是，社区的管理形式除了政府管理之外，还应包括社区居民的自我管理、自我教育和自我监督。社区是基层民主建设的主要平台。

社区是社会控制的基本单元。社区的社会控制功能主要体现在于：第一，通过社区规范以及与之相应的手段和方法，对社区成员的行为进行指导和约束。社会控制建立在既定的社会规范的基础之上，主要表现在外在力量的施加，但并不排除个人内在约束力的发挥。社区共享的道德观念、风俗习惯、社会舆论、宗教信仰、社区意识对社区成员的行为都具有控制作用。第二，通过法律、法规等手段对社区成员的社会关系进行调解和制约，维护社会秩序，推动社会发展。对于违反社会规范的行为进行教育和惩处。

（三）社会服务与保障功能

社区不仅是社会管理的基本单元，也是社会公共服务、公益事业的基础和源泉。社区发挥社会服务和保障功能，能够维持和提高社会成员的生活质量，保证社会公正，促进社区的和谐发展。社区的社会服务和保障功能主要体现在以下两个方面，一是满足社区成员的生产生活需求。目前我国已普遍建立了社区服务机构与设施，服务内容涉及医疗卫生、社区养老、就业服务、法律咨询、文化教育、休闲娱乐等项目。二是为社区成员尤其弱势群体提供支持和帮助。社区服务与保障的功能运行不仅要靠政府的财力支持，而且要靠社区成员之间的密切交往、相互信任和彼此照顾，需要在社区中培育志愿精神、慈善精神和奉献精神，这是实现社区服务与保障功能的重要精神保障。

（四）公共参与功能

公共参与是指社会成员参与社会公共事务和公共活动，影响社会权力运作，分享社会发展成果的行为和过程。社区与社会成员的生产生活息息相关，共同的社区利益将社区成员凝聚在一起，社区为社会成员的公共参与提供了重要平台。提升社区的公共参与能力是社区建设的重要目标和任务之一。社区为居民提供经济、政治、教育、文化娱乐和社会福利等方面的参与机会，在整合社区资源、强化社区活力、培育社区归属感等基础上，使居民与社区之间建立起协调发展、和谐有序的平衡关系。社区是近年来我国公众参与度比较高的领域之一。社区在现代社会政治民主建设中的作用日益增强。社区为社区成员的公共参与提供了多元化渠道。社区是人们参与社会政治生活的主要场所。社会成员在本社区享有选举权、监督权，通过参与选举、监督参与社区政治生活。社区自治组织为社区成员自我管理、自我教育、自我服务、自我监督提供了组织载体与平台，而各种类型的社区社会组织也是社区居民参与社区管理的重要渠道。

第二节　社区的类型与变迁

一、社区的类型

随着人类社会的发展，社区经历了从单一化到多样化的演变过程，社区生活质量从低级到高级不断发展提高。社区类型丰富多彩，以不同方式影响着人们的生活。各类社区呈现出不同的性质和格局，从根本上说是由于不同的自然及人文地理状况、人口及文化传统，同时也是社会发展水平的反映。社区类型有多种划分标准，根据不同的划分标准可以划分出多种社区类型。

（一）城市—乡村社区连续体的类型划分

城市—乡村社区连续体是社区研究的主要分析单位，是按照以空间特征为基础的综合标准划分出来的社区类型。根据社区居民的生产方式、生活方式、居民之间的相互关系、社区文化等因素，可以划分出城市社区和农村社区，这是人类社会中最重要的两种人类生活共同体。

当然，还有一些处于城市—乡村连续体之间的社区类型，如集镇（小城镇）社区。集镇社区是一种"比农村社区高一层次的社会实体的存在，这种社会实体是以一批不从事农业生产劳动的人口为主体组成的社区。从地域、人口、经济、环境等因素看，它们都既有与农村社区相异的特点，又与周围的农村保持着不可缺少的联系"[1]。集镇社区实际上是兼具城市社区和农村社区某些成分与特征的社区类型，是城市和农村相互影响的一个中介。集镇社区的地理位置处于城市与农村之间，生态环境的质量一般要高于城市，人口规模明显小于城市，社区组织也比城市简单。但从人口素质与组织化程度来看，集镇社区要高于农村社区。从社区文化的特点来看，城市文化与传统文化同时并存。

随着新型城镇化建设进程的加快，很多集镇社区逐渐发展起来。特色小镇逐渐成为我国新型城镇化建设中的一种重要的社区类型。2014年，《国家新型城镇化规划（2014—2020年）》提出"以人为本、四化同步、集约高效、绿色低碳"的发展理念，将发展具有特色资源、区位优势和文化底蕴的小城镇作为新型城镇化的重点任务之一。除了集镇社区之外，还有很多处于城市和农村之间的社区类型。如城乡联合社区，就是指城市与乡村社区的结合，在我国主要表现为市带县的法定社区。[2] 很多城市城区外还下辖若干县，形成一个城乡联合社区。

---

[1] 费孝通. 小城镇　大问题 [M]. 北京：新华出版社，1985：48-49.
[2] 郑杭生. 社会学概念新修 [M]. 北京：中国人民大学出版社，2003：275.

(二) 功能型社区的类型划分

功能型社区的分类是指以社区的某些功能性特征作为标准来划分社区类型。这种分类方法在二战后的欧美学者中比较流行。根据社区的某些功能性特征，如经济功能、社会功能、文化功能等，可以将社区划分为经济型社区、文化型社区、旅游型社区等。经济型社区又可以细分为农业型社区、工业型社区、牧业型社区等。旅游型社区可以分为自然风光型社区、人文景观型社区等。

近年来，我国在社区建设中提出"生态社区""平安社区""学习型社区"等目标。这实际上也是一种功能型的社区类型划分。根据社区自身的发展目标，从功能上强化社区某些方面的建设，着重完善社区在这些方面的功能，以带动社区的全面发展。

(三) 其他社区分类方法

社区类型可以按照形成方式来划分。社区有自然形成的，也有人为规定的。自然形成的社区可以叫"自然社区"。自然社区是由人们聚地而居、共同生活，从而自然而然地产生出人们的共同意识，并形成人们对居住地的归属感和认同感的社区，如很多自然村、城市中一些历史悠久的生活群落即是自然社区。人为规定的社区一般是政府基于管理的需要划定的，可以称为"法定社区"。在法定社区中，社区居民的规模、社区的边界是由管理者根据多种因素划定的。在这一基础上，社区居民通过共同活动形成了具有一定认同感和归属感的生活共同体，具有了某种程度的社区特征，如我国城市中的居民委员会就是法定社区。一般说来，法定社区中自上而下的权力关系作用较强，而居民的社区意识、认同感和归属感不如自然社区强烈。①

社区分类中还有一种"文化分类法"，即根据社区文化某一方面的突出特征进行社区分类。如，民族社区、富人区、贫民区、黑人区、白人区等划分都可归为文化分类的方法。在我国有些城市中，人们习惯将文化层次较高的居民众多的社区称为"高尚区""上只角"，将文化层次较差的收入较低、住房条件较差的居民区称为"棚户区""下只角"等。近年来，在我国很多大城市中出现了"城中村"的社区现象，如"浙江村""温州村"等外地人在北京的聚居区，也是一种明显的文化区分或文化描述。

二、城市社区与农村社区

城市社区与农村社区是人类社会最为重要的两种社区类型。虽然农村社区是人类社会最早的社区类型，但人类社会发展的一个重要趋势是越来越多的人居住在城市社区之中。

---

① 王思斌. 社会学教程 [M]. 4版. 北京：北京大学出版社，2016：174.

（一）城市社区

从广义上说，城市就是城市社区，即在一定地域范围内，由大多数从事工商业或其他非农产业的、一定规模的人口组成的人类生活共同体。从狭义上说，城市社区则是城市中一定区域内的居民生活共同体，是构成城市的各个组成部分。在这里，我们从广义上理解城市社区，将它作为与农村社区相对应的社区类型。

在汉语中，城市是由"城"和"市"两个概念组成的。"城"是指都邑周围作防御用的墙垣，"市"则是进行商品交换的场所。从城市的物质形态和经济特征来看，城市是达到了一定规模和人口密度的、聚集了各种非农产业从业者（包括文化精英）的聚居地。[①] 城市是在农村基础上发展起来的。早在公元前 3500 年左右，在两河流域富裕的平原地带以及亚洲其他一些地方，就出现了城市这一人类聚居地。但古代的城市都不过是农产品和手工产品的交换的市场，不能成为占支配地位的社区，绝大多数的人口还居住在农村。直到 19 世纪 20 年代，随着西方工业革命的发展，城市发展的速度急剧加快，一大批拥有数十万人口的城市得以兴起，越来越多的农民迁移到城市。城市社区随之成为人类社会最为重要的社区类型。

城市社区的地域是指其坐落在城市地表上的位置、范围及特点。在一个相对稳定的时间段内，它表示一种静态的区位关系，在较长的历史时期中，则是一种动态的地域演化过程。在古代和近代的城市中，由于城市规模不大，内部区域的功能分工不明确，难以形成自身特色明显、界线清晰的社区。随着经济与社会生活的发展，城市规模扩大，城市内部地域的功能分化日益明显，不同程度地形成一些界限明确的工业区、商业区、文化区和住宅区等功能性社区。由于城市中的桥梁、道路、楼宇、公共设施等人文景观各具特点，城市社区的地域特色和界限也较易识别。相对于农村社区来说，城市社区具有以下特点。

1. 人口密集性

城市的人口规模大、密度大、流动性大、异质性强。城市是人口高度集中的地区，由于城市中土地资源比较昂贵，因此高层建筑成为解决城市人口就业与居住场所紧张的重要手段。这就使得城市向空中发展，加大了人口密度。城市人口的流动性极大，人口增长以机械增多为主。而城市人口的流动性大，也造成城市人口的异质性强。

2. 社区关系复杂性

城市社区中的人际关系以业缘联系为主，匿名性与非个性化明显。德国社会学家齐美尔曾经在《大都市与精神生活》一书中，系统地研究了城市生活的社会心理和人际关系的特征，他发现城市人具有人情冷漠、专业化、离散化、理性化、个人主义和功利主义等个

---

① Sjoberg G. The Preindustrial City: Past and Present [M]. New York: Free Press, 1960: 136-144.

性心理特征。当然，在城市中相对较小的地域范围里，也可能形成比较紧密的人际关系。以共同利益与兴趣爱好为纽带、以社区内的社群和组织为载体的城市社区居民，也会形成具有一定情感交流的人际社会交往关系。

3. 社区组织专业性

城市社区中社会组织数量众多、类型复杂，组织功能趋于专门化和分层化。城市中分工精细、人口异质性强，因而需要不同的社会组织去整合城市中的人际关系，如维护社会秩序、化解矛盾冲突、推动社区发展、提供社区服务等都需要专门的组织去完成。城市社区中有各种政治性组织，如党组织、政府机构、居民自治组织等，各种从事社区服务的经济、教育、科学、文化与卫生组织等，还有各种从事社会福利、慈善事业和公益事业的非营利性组织。

4. 社区文化差异性

城市社区文化具有城市文化的一般特质和社区个性。从广义上说，城市文化也就是城市社区文化；从狭义上说，城市社区文化是城市文化的一个组成部分，必然受到城市文化的普遍性和共性的制约。由于社区人口构成的差异、宗教和种族的差异及社会分层的因素的影响，各个社区必然会有"文化差异"，形成各自不同的社区文化。与农村居民在土地和血缘基础上形成的社区文化不同的是，城市社区居民将家庭住所看作是休息娱乐、情感交流、私密性很强的地方。当居民居住在一个环境优美、整洁卫生、管理到位、服务上乘、自由舒适的家园时，更容易产生社区认同感、归属感和参与意识。

（二）农村社区

农村社区也称乡村社区，是指以从事农业生产活动为主要生活来源的地域性共同体或区域性社会。农村社区一直是人类历史上古老而又十分重要的社会共同体，至今仍然对中国社会生活产生着重要影响。中国农村社区的形成一般有三种途径：一是自然起源，由某个家族逐渐扩大成一个村落社区；二是社会组合，由几个较小的独立的农业家庭联合成为一个村落；三是农村建设，在没人居住的土地上建立一个新社区。前两种是自然扩张，布局比较杂乱；第三种是由于某地区的农业开发而形成的社区，一般由政府主导建设，比较整齐且有规划。[①] 相对于城市社区来说，农村社区的自然环境、居民构成、生产方式和生活方式等都具有明显的特征。

1. 以农业生产为基础

土地是农村居民赖以生息繁衍的基本资源。农村居民生存的基础是土地、山林等，或以其他方式直接利用土地而获得生活资料。农村社区居民主要从事农业劳动并以此获得生

---

① 李芹. 社会学概论 [M]. 济南：山东大学出版社，2009：250.

活来源。农村社区的地理位置是农村社区功能实现程度大小的重要条件。自然地理条件的优劣、交通条件的好坏以及与经济文化中心的距离远近,直接制约着农村社区的经济发展水平和对外交往。农村社区的地域范围直接制约着社区规模的大小和容量。

2. 人口密度低

农村社区人口的数量与密度要远低于城市社区。农村社区包括散村社区和集村社区。散村社区是指规模较小的村落,集村社区是指由一个或数个村庄组成的规模较大的、人口较多的乡村社区。随着城市化发展和农村社区建设的推进,农村社区规模逐渐扩大,出现"多村一社区"等新型农村社区。一般而言,农村人口的同质性程度高,异质性低,人口流动性远低于城镇,人际交往范围相对狭小。

3. 社区组织相对简单

农村社区社群和组织数量少、结构相对简单。血缘关系是农村社区中占支配地位的社会关系,在社区经济、政治和社会生活中发挥着重要作用。家庭是农村社区群体或组织的最基本单位,承担着生产、消费和保障等多种社会功能。农村社区结构相对简单,职业结构相对简单,异质性群体相对较少。随着农村社区的现代化变迁,农村社区组织会不断完善和发展起来。

4. 社区文化具有保守性

农村社区文化具有传统性和保守性。农村社区的文化素质、心理状态、思维模式、生活习惯和价值体系都明显区别于城市社区。社区归属与社区认同基本上是土地认同和传统认同。农村社区居民一般注重家庭与邻里的关系,注重血缘和宗族关系,具有排外、保守性的心理情感与行为方式。随着现代化和城市化发展,农村社区文化也在发生着变化,通信、广播、电视、互联网等对传统的农村社区文化也产生了很大的冲击。农村人口的流动性开始加大,一些青壮年外出务工,他们的新观念和新的行为方式也在更新着农村文化体系。

(三)城乡关系

城乡关系是城市居民和农村居民这两类人群生存的空间在一个国家或地区内的依存关系。从历史发展的角度来看,城乡关系正在经历从对立走向差异再走向融合的历程。[1]

1. 城乡对立

城市是在农业和农村发展的基础上产生和发展起来的。然而,城市一旦形成就产生了城乡对立,即城市的统治阶级依靠强力剥削农村劳动者。在资本主义制度形成初期,城市的发展特别是城市工业的发展也是以剥削农村、使大量农民破产为代价。城乡对立是人类

---

[1] 王思斌. 社会学教程[M]. 4版. 北京:北京大学出版社,2016:184-187.

社会发展史上的一种异化状态。马克思、恩格斯在分析资本主义社会的矛盾时就分析了城乡之间的对立，他们认为在私有制条件下，城乡对立是城乡关系的基本形态，应该消灭城乡对立。

2. 城乡差别

城乡差别是指城乡两类社区的居民在经济收入、政治地位、公共服务和发展机会等方面存在着差异的现象。一般来说，城市居民的生活状况在总体上要优于农村居民。城乡差别主要是由倾向于城市的政策造成。在现代社会中，城市在经济、政治、文化等方面的中心地位使得政府把投资的重点放在城市。城市的公共服务质量高于农村，也吸引农村居民向城市流动。

3. 城乡融合

城乡关系的理想状态是城市和农村互相取长补短，实现城乡平等、协调发展，实现城乡融合。城乡融合的主要途径是城乡一体化协调发展，也就是把城市和农村放在一个系统中来考虑，全面规划，协调发展。城乡一体化是现代城乡关系发展的必然趋势，也是朝着城乡差别不断缩小的方向发展的社会系统工程。①

在漫长的封建社会中，我国的城市与乡村一直处于对立状态。社会主义制度的建立，改变了城乡对立的局面，然而由于诸多原因，我国城乡之间的差距仍然十分明显。在城乡建设和发展的过程中，形成了"城乡二元结构"的特征，造成城乡发展差距扩大。所谓"城乡二元结构"是指城市和农村在经济类型、经济发展水平、居民的收入水平、公共服务水平以及政治、社会权利等方面存在较大差别的现象。改革开放以来，随着农村经济的发展和新型城镇化建设的推进，城乡二元结构的格局正发生着巨大的变化。

三、城市化与社区变迁

（一）城市化发展

1. 城市化

所谓城市化，是指人类生产活动和生活方式由乡村向城市转化的历史过程。城市化具体表现为人口向城市聚集，城市数量不断增加，城市规模不断扩大，城市生活不断完善和发展等。衡量一个国家或区域城市化程度的指标是城市化水平，它是指该区域内城市人口占总人口的比重，比重越大，城市化水平越高。城市化是被一系列紧密联系的变化过程所推动的，这些变化过程包括经济、人口、政治、文化、科技、环境和社会等的变化。同时，城市化也受到本地因素（如地形学和自然资源等）的影响。②

---

① 薛晴，霍有光. 城乡一体化的理论渊源及其嬗变轨迹考察 [J]. 经济地理，2010 (11)：1779-1784.
② （美）诺克斯，迈克卡西. 城市化 [M]. 顾朝林，等，译. 北京：科学出版社，2009：9.

自 20 世纪以来，西方资本主义国家的城市化获得快速发展。英国是最早从农业国发展为城市占主体的国家。1900 年，英国城市人口数量首次超过农村人口，不久，美国、法国、德国等国的城市人口也相继超过农村人口。到 2000 年，英国城市化水平已达 90%，美国为 77%。20 世纪以来，全世界大城市数量增多，大城市人口及规模有了前所未有的发展。在一些发达地区，数个大城市连在一起成为城市带或城市群，国际型城市正在形成新的功能与结构关系。新型城市正在以新的聚集与扩展方式，推进其所在地区城市化的结构性变迁。

2. 郊区化

20 世纪初，西方发达国家出现了中产阶级远离城市中心而居住在郊区，将城市中心作为商业中心的现象。这种人口从城市中心区迁移到郊区的现象被称为"郊区化"，也称为"逆城市化"。在美国，郊区化过程在 20 世纪五六十年代达到高峰。在这 20 年中，美国城市的中心区扩张幅度在 10% 左右，而郊区则达到了 48%。在英国，20 世纪 70 年代和 80 年代早期的城市人口迁移使得这一时期大伦敦区的人口减少了 50 万左右。原先居住在城市中心区的人口纷纷迁移到城郊、村庄或者住宅区。与此同时，许多小城市迅速发展。[①]

发达国家的郊区化本质上是郊区城市化和农业地带的城市化。郊区化往往与城市中心区的变化甚至衰落有关。在城市化基本完成后，大城市通过"空心化"而得到充分发展。对发达国家而言，郊区化是城市现代化的高级阶段，也是后工业社会结构的一种变迁。对发展中国家而言，郊区化则是指城市化区域在面积上的扩大，并在新的层面上创造城市与乡村之间的差异。

(二) 中国城市化的进程

中国在夏商时期就已产生古代城市，城市发展规模和水平曾在世界上长期领先。秦统一以前全国有 540 座城市，唐都长安、元都大都，都属于古代世界级大都市。公元 8 世纪唐朝长安人口甚至超过百万人。而进入近代后的中国，城市化步伐则明显落后于西方世界。[②]

新中国建立后到改革开放前的 20 多年中，我国城市化发展大体经历了以下几个阶段：1949—1960 年是我国城市化正常发展时期。1949 年我国的城市人口仅占全国总人口的 10.6%，城市化水平很低，到 1960 年，我国的城市化水平为 11.9%。1961—1965 年，受"大跃进"和自然灾害的影响，城市发展受到挫折。1966—1978 年"文化大革命"及徘徊

[①] (英) 吉登斯. 社会学 [M]. 4 版. 赵旭东，等，译. 北京：北京大学出版社，2003：554.
[②] 马先标. 百余年近代中国城市化历史回顾与探讨 [J]. 内蒙古师范大学学报 (哲学社会科学版)，2017 (3)：5-14.

时期，城市化一直发展缓慢。1978年的城市化水平为17.9%。①

改革开放以后，随着我国经济和各项事业的发展，我国城市化水平不断提高，进入了城市化快速发展时期。2000年，我国的城镇化水平达到45.7%，2011年，我国城镇化率达到51.27%，城镇常住人口首次超过农村人口。2015年城市化水平达到56.1%。《中华人民共和国国民经济和社会发展第十三个五年规划纲要》对"十三五"期间确保全面建成小康社会做出了全面的规划，将2020年城镇化率指标确定为60%，比2015年提高了3.9个百分点。

进入21世纪以来，随着经济的快速发展和产业结构的进一步调整，我国采取了更加积极的城市化政策。城镇化对中国经济社会发展意义重大，但是传统城镇化模式不可持续，必须探索新型的城镇化发展模式。党的十八大和中央经济工作会议对我国新型城镇化发展进行了顶层设计和总体部署，明确提出提高城镇化质量的要求。新型城镇化模式的基本内涵是以科学发展观为指导方针，坚持"全面、协调、可持续推进"的原则，以人口城镇化为核心内容，以信息化、农业产业化和新型工业化为动力，以"内涵增长"为发展方式，以"政府引导、市场运作"为机制保障，走可持续发展道路，建设城乡一体的城市中国。②

（三）城市化进程中的社区变迁

改革开放以来，城市化的快速发展对我国城乡社区产生了巨大影响。城乡社区一直处于急剧变迁之中，不仅传统的城乡社区的结构与功能发生着深刻的变化，而且很多新型社区涌现出来并不断成长。城市化进程中的社区变迁也带来一系列社会问题，对我国基层社会管理提出了严峻的挑战。

从农村社区变迁来看，在快速的城市化进程中，传统乡村社区不可避免地出现了衰落现象。自然村快速消失，2005—2015年，我国自然村减少了90万个。③ 由于农村人口流动到城市，村庄中居住人口减少，很多村庄渐渐消失。由于新农村建设的深入推进，大量自然村落被合并为社区，新型的农村社区也应运而生。

从城市社区变迁来看，改革开放后，中国城市社会出现了社区类型多样化、社区利益主体多元化、社区功能社会化和社区非正式组织快速成长等新的发展趋势。④ 城市社区不断分化，计划经济体制下的单位社区逐渐衰落，大型或超大型社区成为重要的居住类型，城市中的社区阶层分化日益显现。随着城市发展，城中村和棚户区改造也产生了很多拆迁

---

① 王思斌. 社会学教程［M］. 4版. 北京：北京大学出版社，2016：192.
② 倪鹏飞. 新型城镇化的基本模式、具体路径与推进对策［J］. 江海学刊，2013（1）：87-94.
③ 孙震. 85.9%受访者发现周围村庄正在消失［N］. 中国青年报，2015-8-27（7）.
④ 张鸿雁，殷京生. 当代中国城市社区社会结构变迁论［J］. 东南大学学报（哲学社会科学版），2000（4）：32-41.

安置社区。

在城乡接合部还出现了很多新的社区类型,这些社区处于城市—乡村社区连续体的中间地带,既不同于城市社区,也不同于乡村社区,而是兼具城乡双重特性。因此,可以称之为"过渡型社区",如工业园区、拆迁安置社区、城郊村社区等。作为城乡一体化进程中出现的独特社区类型,这些"过渡型社区"的管理面临很多新的问题,流动人口急剧增加也带来城市社会管理与公共服务的巨大压力,对我国城市社会管理提出了新的挑战。

第三节 社区管理的学科发展

一、社区管理学的研究对象

社区管理学是以社区管理活动与过程为研究对象的应用性学科,属于公共管理学科领域。作为一门新兴学科,它还处于不断完善与发展的过程之中。社区管理学并不是社区研究和管理学知识的简单"加总",而是一个全新的研究领域。[①]

(一)社区管理学的研究对象

社区管理学以社区管理活动、过程及其内在规律为研究对象。如果说社区是区域性社会的话,那么社区管理就是对区域性社会的管理,即对基层社会的管理活动和过程。社区管理不同于行政管理和一般的组织管理,是政府主导下以社区自治管理为主的基层社会管理。与社区管理相关的活动和过程都属于社区管理学的研究范围。

社区管理学是一门综合性的分支学科,它综合了政治学、社会学、管理学、心理学、法学、地理学等多门学科的理论视角、学科知识和研究方法,以揭示社区管理活动的影响因素、组织机制以及发展规律。社区管理学与其他各门学科之间是相互交叉、彼此渗透的关系。社区管理学也是一门应用性的分支学科。社区管理学研究的目的是通过研究社区管理的内在规律,为社区管理实践活动提供理论指导。社区管理学的理论知识来源于社区管理的实践活动,是对社区建设与社区发展中不断积累、总结出的管理经验进行提炼与升华的结果。同时社区管理理论为不断发展的社区管理实践提供理论基础和方法支持。社区管理学不是简单的事实描述,而是为社区管理的实践提供明确的价值导向。

社区管理本身是一个动态的过程。社区管理学是一个处于不断完善、创新和发展中的学科知识体系。随着我国改革开放的深入推进以及社会管理的不断创新,社区管理研究不断深入,积累了丰富的实证研究与理论研究成果。同时,社区管理研究者也不断从国外社

---

① 吴新叶. 社区管理学[M]. 北京:北京大学出版社,2008:6.

区发展的理论与实践中汲取营养,将国外的先进理念与中国城乡社区管理的实际结合起来,形成了本土化的理论视角与研究框架。社区管理学本身的理论体系和架构还有很多不足之处,需要在今后的社区发展实践和理论创新中不断补充与发展。

(二)社区管理学的研究内容

1. 社区管理组织

社区管理组织是社区管理的载体与基础。现代社区管理的组织主体不仅仅是政府,还有社区自治组织和各种社会组织。社区居民对于社区管理的参与也是以组织的形式来实现。从社区管理的长远目标来看,多方参与、共同管理是社区管理的发展趋势。在我国城市社区中,社区管理的组织主体包括社区党组织、社区基层政府组织、社区居民以及居民委员会、业主委员会、物业公司、社区中介组织、驻社区单位等。在我国农村社区,社区管理的组织主体包括农村基层党组织、村民自治组织和农村民间组织等。

2. 社区管理体制与模式

社区管理体制是社会管理的重要基础,是指社会管理的组织主体、客体以及两者之间的关系。社区管理体制是根据社区管理的内容和实践而做出的制度安排以及各种政策法律法规支持。具体而言,社区管理体制包括组织管理体系、工作管理体系和监督保障体系。社区管理机制包括社区管理的内部和外部管理的组织设置与运行机理。社区管理的模式则是国内外社区管理实践的不同做法与特点,不同模式之间可以进行相互的比较。借鉴西方发达国家社区管理的先进经验,有利于我国社区管理的创新。

3. 社区管理的具体活动

社区管理的范围涵盖了社会生活的方方面面。社区管理的具体活动也多种多样,包括社区自治管理、社区服务管理、社区公共事业管理、社区环境管理、社区文化管理、社区卫生服务、社区教育管理、社区治安管理、社区信息化管理等。城市社区管理与农村社区管理之间也存在着很多的差别。

4. 社区管理的方法

社区管理是一个实践的过程,需要社区管理者掌握一定的管理技能和管理方法。社区管理有自己独特的管理方法与技能。社区管理方法是指社区管理活动中为实现目标而采取的方式与手段。社区管理方法本身是社区管理学研究的重要组成部分,对社区管理方法的研究具有重要的现实意义。社区管理方法是社区管理理论转化为社区管理实践的中介与桥梁。社区管理理论必须经过社区管理的具体方法、手段才能在社区实践中发挥作用。

5. 社区管理的创新与发展

从社区管理的动态过程来看,社区管理学不仅研究当前社区管理存在的问题,同时也对未来社区规划与社区发展进行研究,包括如何有效利用社区资源、全面协调社区关系、提高社区的整体效益。社区管理的创新就是对原有社区管理体系进行新的创造，是对旧的社区管理观念、管理制度、管理手段、管理过程和管理理论的全面的质的突破。① 加强社区管理、创新社区管理体制与模式是当前我国基层社会管理面临的紧迫任务。

总之，社区管理学要研究社区发展与变化的客观规律，以此作为制定社区管理长期、中期和短期规划的依据。城乡社区建设是和谐社会建设的重要组成部分，社区发展与社会进步及经济发展密切相关。社区管理在理论和实践上要不断探索，适应社区发展的需要，使社区在经济、政治领域和社会生活中发挥更大的作用。

二、社区管理研究的理论基础

社区管理虽然是在社区范围内的管理活动，但涉及的问题十分广泛，需要运用多种学科知识。社会学是社区管理研究最为重要的理论基础，社区研究为社区管理研究提供了主要的分析框架。除社会学之外，政治学、公共管理学、经济学、心理学、地理学、建筑学等学科也为社区管理研究提供了多元的研究视角。

（一）国外社区研究

社区研究为社区管理学提供了最重要的理论基础。社区研究是指在一定时空中描述该社区居民赖以生活的基础与社会结构，并发现其内在逻辑或规律的研究工作。社区研究主要包括人文区位学、社区权力以及社区体系等理论视角。

人文区位学（Human Ecology，人类生态学）是借用生物学的生态理论来研究社区环境的空间格局及其相互依赖关系的理论，它尤其注重研究位置对人类组织形式和行为活动的影响。人文区位学把社区看作是一种生态秩序，即在社区中人们由于资源匮乏而相互竞争，当竞争进行到一定程度后，就会相互依赖而共生。竞争性和共生性是城市社区的两个重要生态性质。人文区位学自身经历了从古典人文区位学到新人类生态学的变化过程，理论视野从偏重人类社区运动的生物类比发展转变为关注人类社区运动的社会因素。

社区权力研究是对社区权力获得和运作等政治系统的研究。社区权力的研究纷繁众多，但基本上可以分为三类模式：精英控制模式、多元权力模式和其他权力模式。② 精英控制模式认为社区权力是由社区精英所控制。多元权力模式认为，社区政治权力分散在多个团体或个人的集合体中，各个群体都有自己的权力中心，地方官员也有自己的独立地位；官员要向选民负责，所以选民也有权力，他们以投票来控制官员。其他的社区权力的研究，如美国社会学家罗斯（Rossi P. H.）把社区权力模式区分为四种：金字塔型、委员会型、多元分布型和无定型。社会结构多样化、异质化，不同的阶层和团体对应着不同的

---

① 娄成武，等. 社区管理学 [M]. 2版. 北京：高等教育出版社，2006：3.
② 蔡禾. 城市社会学：理论与视野 [M]. 广州：中山大学出版社，2003：81.

社会地位、利益诉求和政治倾向。

社区社会关系理论是对社区内的各种社会关系进行研究，包括社区居民的归属感、社区情感以及邻里关系的研究。社区社会关系研究主要有社区失落论、社区继存论、社区网络理论以及社会体系理论。① 社区失落论认为社区在城市中已不复存在，故称之为"社区失落"。社区继存论认为，许多居住于大城市的人，仍保留着自己小圈子内的活动，在这些圈子内，人与人之间仍保留着亲密、互助、互信的关系。社会网络理论强调人们之间的相互联系，将社区从邻里地域中解脱出来，故称之为"社区解放论"。社会体系理论，又称为社会系统理论，即将社区视为一个相互作用的社会体系。

（二）我国的社区研究

20 世纪 30 年代，国外社区研究逐渐被在国外留学的中国学者引入并应用于本土化的研究。这一时期中国社区研究的代表人物是吴文藻、吴景超、费孝通等。还有一部分从事社区研究的学者采用较为系统和完善的大规模调查或采用实验性的研究方法，对当时的农村社会现实进行研究，提出解决中国社会问题的道路，学术界一般称之为"乡村建设运动"，其代表人物是梁漱溟、晏阳初等。

在新民主主义革命时期，中国共产党人非常注重中国革命和中国社会中一系列的实际问题，产生了一批具有较高水平和影响的调查报告，这些报告也是社区研究的优秀范例。毛泽东的《湖南农民运动考察报告》与《兴国调查》是党的调查研究工作的典范。在毛泽东的倡导下，解放区的调查研究工作迅速展开，相关研究者运用马克思主义的原理和阶级分析的方法，从农村社区入手，对中国社会进行了前所未有的深刻分析，在同时期的社区研究中独树一帜。②

新中国成立后到改革开放前，由于政治学、社会学等学科发展受到政治运动的影响，中国社区研究的本土化进程也停滞下来。直到 20 世纪七八十年代之后，关于社区的研究才重新走向兴盛，主要包括我国农村社区、小城镇社区、城市社区和少数民族社区研究。21 世纪初，我国城市社区建设全面展开，众多社区建设创新模式的出现，提供了丰富鲜活的实践经验，吸引大量学者以社区建设为研究对象进行实证研究和理论建构，围绕我国的社区建设以及社区管理，运用社会学、政治学、管理学等理论框架和研究方法，对不断发展和创新的城市社区管理进行研究，取得了丰富的研究成果。

21 世纪以来，关于城乡社区管理的研究在不断深化，取得了大量有价值的研究成果。社区管理研究主要以社会学为阵地，兼有政治学、管理学、公共管理学、地理学等学科的

---

① 夏建中. 现代西方城市社区研究的主要理论与方法 [J]. 燕山大学学报（哲学社会科学版），2000 (2)：1-6.

② 张玉枝. 转型中的社区发展：政府与社会分析视角 [M]. 上海：上海社会科学院出版社，2003：68.

参与。理论视野不断得到拓宽，学科化意识也在增强。这些研究采用实证研究等多样化的研究方法，为社区管理者等实际工作者提供了新的思路和理论指导，促进了社区管理研究的深入开展。

三、社区管理学的研究意义

自从人类社会产生以来，人类就以社区为基础维护社会秩序，保障公共利益，促进社会的稳定与发展。在现代化、城市化飞速发展的今天，社区更是承载着复杂艰巨的公共服务、社会管理与保障功能。加强社区管理不仅有利于基层社会的稳定与发展，维护社会公正，而且有助于提高基层政府治理创新能力，为国家治理体系与治理能力的现代化奠定坚实的基础。

1. 推动社会管理创新

社会管理的关键是对社会成员的管理。社区是社会成员的栖息之所，社区管理的本质是人与人之间的和谐相处及社会生活的共同参与。加强和创新社会管理，要从社区这个基本平台着力。创新社会管理体制，应当首先加强社区的管理，促进社区管理体制创新与和谐社区构建。2004年，党的十六届四中全会第一次明确提出"加强社会建设与管理，推进社会管理体制创新"。2006年，十六届六中全会进一步提出必须创新社会管理体制，整合社会管理资源，提高社会管理水平，健全党委领导、政府负责、社会协同、公众参与的社会管理体制。2012年，党的十八大提出构建中国特色社会主义的社会管理体系这一战略目标，并进一步丰富和完善了社会管理体制的内涵。提出要围绕构建中国特色社会主义社会管理体系，加快形成党委领导、政府负责、社会协同、公众参与、法治保障的社会管理体制。2017年，党的十九大明确提出，加强社会治理制度建设，完善党委领导、政府负责、社会协同、公众参与、法治保障的社会治理体制，提高社会治理社会化、法治化、智能化、专业化水平。社区管理是社会治理创新的基础。

2. 指导社区管理实践

完善的社区管理理论对于社区管理实践具有重要的指导意义。应加强社区管理理论与实践的研究，结合国外社区管理与社区发展的先进理念与实践经验，形成有中国特色的社区管理的研究范式。进入21世纪以来，我国社区管理实践与创新都取得了长足进展，我国社区管理已积累了丰富的实践经验，对这些经验进行总结与提升，有助于将我国社区管理提高到一个新的层次与水平。当然，我国城乡社区管理也存在着诸多问题，如社区自治组织的行政化倾向、社区服务体系不健全、社区经济与社会发展不平衡、社会人力资源严重缺乏等问题。因此，针对这些问题进行深入研究，有助于为基层社区管理提供理论支持，大力推动我国社区建设与社区发展。

3. 培养社区管理人才

实现社区管理的科学化与现代化，需要培养和造就大批社区管理人才。与国外社会工作相比，我国的基层社区工作人员的老龄化和非专业化现象比较严重，缺乏系统的社区管理培训和教育。随着社会管理的现代化，城乡社区管理所面临的问题日益复杂化，对社区管理人员的素质要求会越来越高。对城乡社区管理者进行系统的专业知识培训，已经成为社区管理刻不容缓的重要任务。加强社区管理的理论研究，有助于培养知识化、专业化、年轻化、素质高的人才，加强社区管理人才队伍的建设。

关键术语：

社区；城市社区；农村社区；城市—乡村连续体；城乡关系，社区变迁；城市化；社区研究；人文区位学；社区管理学。

阅读书目：

1. （德）斐迪南·滕尼斯：《共同体与社会—纯粹社会学的基本概念》，林荣远译，北京大学出版社，2010年版。

2. （美）保罗·诺克斯，琳·迈克卡西：《城市化》，顾朝林等译，科学出版社，2009年版。

3. 黎熙元：《现代社区概论》，中山大学出版社，2005年版。

4. 蔡禾：《城市社会学：理论与视野》，中山大学出版社，2003年版。

案例分析：

中镇和江村：中外社区研究比较[①]

历史往往有惊人的相似之处，中镇和江村的社区研究又让人们在不经意间领会到这一点。"中镇"是美国印第安纳州的一个美丽小镇，因林德夫妇1924年在此进行社区研究而闻名遐迩。江村则是江南水乡的一个典型农村，因费孝通先生1936年在这里进行社会调查而名扬海外。一个是无名小镇，一个是普通小村，它们都因名人的学术活动而出名。

中镇研究是一个连续的过程，反映了几代社会学人的反思和学术关注。第一代社会学人的关注以林德夫妇为代表。1924年，作为年轻的研究者，林德夫妇来到"莫西"进行"小城镇研究"，其研究成果《中镇：现代美国文化研究》于1929年发表。林德夫妇10年后重返"莫西"，再次对这个社区进行研究。他们写了第二本书，题为《转变中的中镇》(1937)，被称为"中镇Ⅱ"。这是一本关于社区研究的先驱性经典著作，既有历史文献价值，又有学术研究价值。

[①] 夏学銮. 中镇和江村：中外社区研究比较——费孝通社区研究探微[J]. 学习与实践，2008（7）：128-132.

江村调查也是一个分阶段的过程，费孝通初访江村是1936年的事情了。费孝通选择了吴江县（现为吴江市）庙港乡开弦弓村。费孝通以江村调查资料为基础撰写了题为《江村经济：中国农民的生活》的博士论文。该论文1939年由Routledge书局出版。费孝通教授重访江村是21年后即1957年的事，后来费孝通又到江村进行过短期访问，写了《三访江村》这篇文章。他的这些紧密结合社会发展方向的研究成果对中国城市化道路做出了有益的探索。

中镇研究和江村研究不仅在细节上有诸多巧合，而且在研究方法上也有惊人的相似之处。他们所使用的研究方法都是"全景"（panorama）扫描法或完形研究法。所谓"全景"扫描，就是宽视角、大口径的总体研究方法，研究的是一个社区的完全形状，而不是它的局部片断。中镇研究是典型的个案研究，林德夫妇把"莫西"当作一只可以解剖的麻雀。"麻雀虽小，五脏俱全"，解剖了一只麻雀，基本上就知道了其他麻雀的身体结构。

中镇研究和江村研究都是著名的社区研究。从研究对象来看，两者是完全不同的异质实体：一个是美国中西部的工业小镇，一个是中国江南的农业大村，两者具有可比性的东西很少。但是就研究方法而言，在这两个经典研究中有三点是相同的：第一，定性研究方法的运用，定性研究现在又叫质性研究；第二，全景探讨方法的运用，它们都采用大角度、全方位的立体综合研究，是对社区整体的研究，而不是局部、片断或切片研究；第三，历史追踪研究，前者是由研究者和其他学者共同完成的，后者则主要是由研究者自己完成的，这在一定程度上缩小了后者的社会影响范围和社会认同程度。

就学术观点而言，两者相同之处在宏观方面，不同之处在细节方面。从宏观方面而言，两者都包含有社会变迁和社会进步的价值理念，其中包括生活方式决定思维方式，技术变迁先进、文化观念滞后的社会学观点；不同之处首先是由两个研究对象所处的的经济发展阶段不同所致，其次是由两国不同的历史文化传统所致，最后才反映出学者的不同研究风格。总的来说，林德及其后来的追随者更注重对研究对象的总体把握和全貌刻画，费孝通更加注重对研究对象的细节描述。这两个经典研究的社会影响，特别是对社会政策的影响都是很大的。费孝通的江村研究，成为开拓中国城市化道路的一种理论和实践努力，带有鲜明的咨政色彩。他的"小城镇，大问题"系列著作为中国城市化政策的发展做出了重要贡献。

思考题：

根据案例，分析社区的概念以及社区管理学研究的学科基础与特点。

第二章　社　区　管　理

［提要］社区管理是指在特定社区范围内，政府和社区组织等多元主体依据相关的法律对社区公共事务、公共服务以及公益事业等进行管理的过程和活动。社区管理体制是社区管理的制度设置与具体机制，构成了社区管理的重要基础。随着社会管理体制从单位制向社区制转变，以社区治理为取向，形成了诸多新型社区管理模式。西方发达国家的社区管理模式对我国的社区管理具有借鉴意义。

第一节　社区管理概述

一、社区管理的概念与内容

顾名思义，社区管理就是对社区进行管理的过程与活动。随着我国社区建设的发展，我国学者对社区管理的研究不断深入，关于社区管理的概念界定逐渐增多。总的来看，社区管理的概念一般包含管理主体、管理客体、管理目标和管理途径等方面的内容。

（一）社区管理的概念

所谓社区管理，是指在特定社区范围内，政府和社区组织等多元主体依据相关的法律对社区的公共事务、公共服务以及公益事业等进行管理的过程与活动。从社区类型来看，社区管理可以分为城市社区管理和农村社区管理。一般而言，我国社区管理的研究重点在于城市社区的管理，随着农村社区建设的兴起与发展，农村社区管理的研究也逐渐纳入社区管理的研究范围之中。

社区管理的对象是城乡社区范围内具有公共性质的各项事务。从管理的领域来看，社区管理涉及经济、政治、文化、社会和环境等各个领域。从管理的客体来看，社区管理包括了社区自治管理、社区服务管理、社区公共事业管理、社区公共安全管理、社区环境管理等内容。从管理的主体来看，社区管理是在党和政府的领导下，由基层政府部门、社区自治组织、社区单位和社区居民等多元主体协同合作进行管理。从社区管理的目的来看，社区管理是为了维持社区公共秩序，促进社区繁荣，增进社区福利，满足社区居民物质生活和精神生活需求。社区是社会管理的平台。在不同历史阶段，社区管理都是社会管理的重要组成部分，在社区的最初形态中，社区管理的内容仅仅是一种对生产活动、军事活动和人口生产的管理，具有鲜明的原始民主管理性质。大多数城镇社区和农村社区都是由国家直接进行管理，并辅之以基于血缘关系的家族或宗族管理。社区管理的对象主要包括经济活动、财产关系、婚姻关系、社群与宗族关系、政治活动和意识形态等。社区管理的对象包括居民及其家庭、家族和宗族。在现代社会，虽然人们的工作、教育和社会交往等需求超越地域的局限，但社区在公共事务和政治发展、公共服务与社会保障、公共利益与公众参与等方面的作用越来越突出。社区管理已成为社会管理体系的一个有机组成部分，承担着社会管理和公共服务的重要功能。随着基层社会结构的发展变化，城乡社区日益成为社会生活的支撑点、社会成员的聚集点，加强城乡社区治理体系建设已是当务之急。

（二）社区管理的内容

1. 社区自治管理

社区自治管理是指社区自治组织和各类社区社会组织机构的自我管理以及对社区公共事务的管理。社区自治管理关系到社区管理的成效。社区自治管理的核心是社区党政组织，通过社区自治组织的自我管理和居民的自主参与，对社区公共事务进行管理。社区自治管理是政府民主管理与社区自治的有机结合。城市社区居民委员会是城市社区自治管理的主导力量，除此之外，社区社会组织和业主自治组织等也发挥着重要的协同作用。

2. 社区服务管理

社区服务管理是指对社区公共服务和社区保障等社区公共事务的管理，包括建立健全社区服务网络、完善社区服务体系、开展社区服务活动等。社区服务构成了社区管理的主要基础，具体包括政府主导提供的公益性质和福利性质的社区服务，面向全体居民的便民利民服务以及由社区居民自我提供的自助服务等。社区服务管理涉及很多问题，包括建立服务机构、制定服务规划、筹集服务资金、配置服务人员、鼓励居民参与等。社区社会保障也属于社区服务的范畴。

3. 社区公共事业管理

社区公共事业管理是对社区公共事业的设施与活动进行规划、建设和管理的活动。社区公共事业关系到社区居民对美好生活需求的满足，具体包括社区文化、社区教育、社区卫生与体育管理等。社区公共事业管理应面向社区内所有成员的共同需要，为社区居民提供全方位的社区文化、教育、卫生与体育服务，提高社区居民的文化素质与生活质量。

4. 社区公共安全管理

社区公共安全管理是指对社区内公共安全事务的管理活动。社区公共安全是社区和谐稳定的保障，安全社区建设是社区公共安全管理的重要举措。首先，社区治安管理包括社区人口的管理，即对社区的常住人口、暂住流动人口以及重点防范人口进行归类，建立健全人口档案,并及时做好各类人口的调查和跟踪考察等日常管理工作。其次,社区治安管理还包括对社区治安的综合治理,通过社区警务等方式,在社区范围内预防和制止犯罪和群体性事件的发生,为社区居民提供一个和谐安全的居住环境。

5. 社区环境管理

社区环境是一个复杂的社区要素综合体,既包括物质的、自然的环境,也包括精神的、社会的、人文的环境。社区环境管理主要是指对这些关系到社区居民生活质量的各种环境影响因素进行管理的活动,包括社区环境卫生、绿化、道路、建筑、住宅等多方面的管理。社区环境管理的目的是从社区规划入手,通过对社区居住环境的整治,为社区居民提供一个优美、整洁、舒适的生活环境。改善社区自然生态环境,提倡社区低碳生活方式,有助于减少环境污染,鼓励社区居民积极参与环保活动,提高社区居民的综合素质。

6. 社区信息化管理

社区信息化是将信息化技术应用于社区管理的融合过程。社区信息化管理是指对社区信息化设施进行建设、维护与管理的活动与过程。在社会信息化进程加速推进的今天,社区信息化、数字化程度不断提高,"智慧社区"成为现代社区管理的未来发展趋势。社区信息化管理不仅为社区居民的生活提供了有效服务,同时也是社区治理现代化的必要条件。

7. 农村社区管理

农村社区管理是社区管理中一个重要的内容,是指对传统乡村以及新型农村社区的管理活动。以往社区管理教材一般不把农村社区管理作为研究内容,或者把农村社区管理穿插于各个部分之中。随着城市化与现代化的加速发展,农村社区管理在社会治理中发挥的作用越来越重要。农村社区管理与城市社区管理相比也存在着很大的差异。因此,我们需要把农村社区管理作为社区管理一个相对独立的研究领域。

二、社区治理理论与实践

(一)社区治理理论

随着治理理论在我国的兴起,社区治理逐渐成为一个热门的学术概念。"治理"(governance)一词源于拉丁文和古希腊语,原意是控制、引导和操纵。长期以来它与"统治"的概念交叉使用,主要用于与国家的公共事务相关的管理活动和政治活动中。20世纪90年代以来,西方政治学家和经济学家赋予它新的意义。

治理理论的主要创始人之一罗西瑙(J. N. Rosenau)将治理定义为一系列活动领域里的管理机制,它们虽未得到正式授权,却能有效发挥作用。与统治不同,治理指的是一种由共同的目标支持的活动,这些管理活动的主体未必是政府,也无须依靠国家的强制力量来实现。1995年，全球治理委员会发表了题为《我们的全球伙伴关系》的研究报告，对治理做了如下界定：治理是各种公共的或私人的、个人和机构管理其共同事务的诸多方式的总和。由此可见，治理一词的基本含义是指在一个既定的范围内运用权威维持秩序，满足公众的需要。治理的目的是在各种不同的制度关系中运用权力去引导、控制和规范公民的各种活动，以最大限度地维护公共利益。①

与治理的概念相对应，社区治理是在相对较小的区域范围内实施的治理，是指发生在法定社区或认同社区范围内的决策过程。作为政治治理的一种特定形式，社区治理是参与式治理不可或缺的构成要素。在社区治理结构中，"社区"是作为决策过程中最大的"利益相关者"而被赋予参与决策的权力。② 社区治理在西方学术界被看作地方民主政治的一种形式。英国公共政策与行政学专家米歇尔·克拉克和约翰·斯图尔特被认为是社区治理模式的主要代表人物。他们从社区公共决策及执行必须符合社区的整体利益和最大利益出发，总结了社区治理的六个原则：①地方政府应当更加关注地区的整体福利；②地方政府在社区治理中的角色，只能根据它是否贴近社区和社区市民、是否使他们增权来评判；③地方政府必须承认其他公共、私人和志愿组织的贡献，其职责在于促进而不是控制这些贡献；④地方政府应当保证社区的全部资源被充分用于这个地区的利益；⑤为了最好地利用这些资源，地方政府需要认真考察如何才能最有效地满足居民的需要，准备以多种方式予以满足；⑥要证明自己的领导能力，地方政府必须努力地了解、协调和平衡各种利益差异。③

社区治理理论一般认为，多元治理主体之间的依赖与合作关系表现在运行机制上，必然形成合作治理的网络，其中的各种治理主体都放弃自己的部分权力，通过对话与协商来增进相互理解与信任，最终建立起共担风险的公共事务管理联合体。社会治理的目标是"善治"，善治就是使公共利益最大化的社会管理过程。培育社区治理体系对于我国社区管理创新具有重要意义。

（二）我国社区治理的实践

1. 社区治理的目标

社区治理是指在社区范围内，政府与社区组织、社区居民共同管理社区公共事务的过程与活动。就我国情况而言，社区治理一般等同于社区管理，但两者之间也存在着一定区别，社区治理的概念更为强调社区管理多元主体之间的互动过程。社区治理是一种集体选

---

① 俞可平. 治理和善治引论 [J]. 马克思主义与现实，1999（5）：37-41.
② Somerville P. Community Governance and Democracy [J]. Policy & Politics，2005，33（1）：117-144.
③ Clarke M，Stewart J. Community Governance，Community Leadership and the New Local Government [M]. London：The Commonwealth Foundation. 2004：26.

择的过程,是政府、社区、企业、非营利组织、居民之间的合作互动过程。①

党的十九大报告提出,加强社区治理体系建设,推动社会治理重心向基层下移,发挥社会组织作用,实现政府治理和社会调节、居民自治良性互动,进一步明确了我国社区治理体系建设的目标与方向。2017年6月,中共中央、国务院印发了《关于加强和完善城乡社区治理的意见》,这是新形势下指导城乡社区治理工作的纲领性文件。《意见》提出健全完善城乡社区治理体系,包括充分发挥基层党组织领导核心作用,有效发挥基层政府主导作用;注重发挥基层群众性自治组织基础作用,统筹发挥社会力量协同作用,明确了城乡社区治理结构中的多元治理主体,奠定了我国城乡社区治理的总体格局。社区治理的目标就是把城乡社区打造成政府社会管理的平台、居民日常生活的依托、社会和谐稳定的基础。

2. 社区治理体系的内容

社区治理体系是指多元管理主体组成的协同共治结构。社区治理体系主要包括以下主体:①党政部门。基层党组织是社区治理的领导核心。基层政府在社区治理中发挥着主导作用,加强对城乡社区治理的政策支持、财力物力保障和能力建设指导,加强对基层群众性自治组织建设的指导规范,不断提高依法指导城乡社区治理的能力和水平。②社区自治组织。社区自治组织在社区治理中发挥着基础作用。社区自治组织依法对社区进行自治管理,开展社区协商,服务居民。③社区社会组织。社区社会组织在社区治理中发挥着协同作用。社区服务与社会工作等专业组织,在接受政府或社区委托及其监督的基础上,承担着对所从事的专业性社会服务和社会工作事务的管理职责,如,老年人服务、残疾人服务、青少年工作、社区矫治工作等。④社区居民。社区居民在社区治理中发挥着重要的参与作用,应不断提高社区居民的参与能力,打造社区参与的有效平台。

社区治理的多元主体之间相互联系、相互补充,共同构成有效的社区治理结构。社区党组织的核心地位主要体现在服务群众、凝聚人心上,使党的政治、组织优势转化为管理与服务的优势。社区自治组织应依法行使自治权,在法律的框架下,切实落实社区居委会对社区内公共事务和公益事业的决策权和管理权、对不合理的行政事务摊派的拒绝权、对政府公共事务决策和执行的监督权等。政府派驻社区力量,包括街道办事处、社区工作站以及社区群团等组织是社区治理的主导力量,在社区治理结构中起着将多元社区治理主体联结起来的纽带作用,需要协调各种治理主体之间的关系,形成信任关系,建立完善的制度化沟通机制。

---

① 陈伟东,等. 社区治理与公民社会的发育[J]. 华中师范大学学报(人文社会科学版),2003(1):27-33.

三、社区管理的特征

社区管理活动既不等同于政府的管理，也不等同于完全脱离政府管理的自治管理。社区管理与行政管理、企业管理等管理行为相比也着较大的差异。根据社区与社区管理的含义和内容，社区管理的特征主要有以下几个方面。

1. 区域性

社区作为地域性社会，是一定地域范围内的社会共同体。社区管理一般限定在社区范围内。社区管理的客体是指本社区内部的公共事务、公共服务和公益事业。虽然在现代社会，任何社区不可能孤立存在，但社区管理活动一般并不延伸到社区外部。社区管理的主体也是本社区范围的党政组织、社区组织和社区居民。在我国城市社区中，社区辖区范围内的各种企事业单位，也被看作是共建单位承担着一定的社区建设责任与任务。社区自治组织、居民和驻社区单位进行合作治理，共同维护社区秩序，增进社区福祉。

2. 人本性

以人为本是我党科学发展观的本质与核心，也是社区管理的根本要求。社区管理的本质是对人的管理和服务。在社区管理应贯彻以人为本的原则。①坚持管理与服务的有机结合。明确社区管理中社区自治组织的主体地位，把让社区居民满意作为社区管理的出发点和落脚点，把社区管理与社区居民的意愿和需要紧密结合起来，寓管理于服务之中，努力实现管理与服务的有机统一。②坚持政府管理与基层民主的有机结合。社区管理应努力扩大基层民主，让人民群众切实感受到权益受到保障，心情更加舒畅，从而自觉接受管理，主动配合管理，积极参与管理。③坚持社区发展与社区福利的有机结合。社区管理应将居民的公共利益与福利放在社区发展的首位。

3. 综合性

社区管理是基层社会管理的综合工程。①社区管理的对象具有综合性。社区系统是社区管理的对象，是由相互作用和相互依赖的若干要素结合而成的、具有特定功能的生活有机体。社区系统处于一定的社会环境和自然环境之中，其本身又是它所属的一个更大的社会系统的组成部分。社区发展必须要服从社会发展的整体需要，社区管理也必须要纳入到整个社会管理系统之中。②社区管理的内容具有综合性。社区管理不可避免涉及社区中自然、经济、政治、文化等各种因素以及相互之间复杂的互动关系与过程。社区管理本身是一个综合的过程，涉及面广，包括社区自治、社区服务、社区公共事业、社区环境、社区治安等。对社区管理工作绩效的评估指标也不是单一的，而是综合性的。③社区管理的方式具有综合性。社区管理是各种行政方式、法律方式、专业方式以及各种研究方式综合作用的结果。社区管理者需要掌握社会学、人口学、心理学、经济学、管理学等多学科知识，才能有效地进行社区管理。

4. 规范性

依法管理是现代社区管理的必然要求和基本原则，必须增强社区依法办事的能力。依法管理社区就是政府与社区管理组织应在法律赋予的权限内行使管理职能。社区管理不能超越职权或获滥用职权。社区的各项管理活动、管理行为，要有法律依据，符合法律规定。社区管理工作的展开要遵循法律程序等。应进一步推进法治社区建设，深入开展法治宣传教育和法律进社区活动，推进覆盖城乡居民的公共法律服务体系建设。

5. 参与性

广泛参与是社区管理的本质特征。社区管理不是单一的政府管理，而是在政府主导下社区自治组织与其他社区组织共同参与管理。社区管理需要社区居民和社区内的企事业单位的积极参与。社区成员不仅是社区管理的主体，也是社区管理的对象，既有管理其他社区成员的权利，也有被其他成员管理的义务。社区管理的活动承担着扩大基层民主、推进基层组织自治的重要目标，要实现这些目标就必须要有社区居民的广泛参与，通过民主选举、民主决策、民主管理和民主监督，共同管理社区的公共事务和公益事业。我国社区管理的公众参与程度的提高是一个长期的过程。

第二节 社区管理体制

一、社区管理体制的基本框架

（一）社区管理体制的概念

所谓体制是指管理组织的机构设置和管理权限的划分及其相应关系和管理规范等内容。体制有多种层面的适用范围，如政治体制、领导体制、管理体制等。社区管理体制是社会管理体制的重要组成部分，处于社会管理体制的基础层面，关系到整个社会管理体制的良性运行。合理高效的社区管理体制，有助于提高社会管理的科学化水平，改善政府公共服务，引导社会组织健康有序发展，促进公民参与社会管理，实现和谐社会的战略目标。

社区管理体制是社区管理的基础与保障。关于社区管理体制，我国学者有多种界定。很多学者认为，社区管理体制就是社区管理制度，是由社区发展动力、利益主体、权力结构、运行机制和监督机制等多方面内容构成的综合性、系统性的管理制度。[①] 社区管理体制包括社区管理的组织机构、权力配置关系以及各种管理制度等多方面内容。

---

① 徐永祥. 社区发展论 [M]. 上海：华东理工大学出版社，2000：143.

综合已有研究，我们认为，社区管理体制是指社区管理的组织结构、权力关系以及相应的法律制度保障和具体运作方式等内容构成的制度体系。社区管理体制的核心问题是政府与社区组织之间的关系，具体包括政府与社区自治组织和其他各类组织在社区管理中的责任、权力分配以及各类组织功能定位的问题。

社区管理体制是一个历史范畴。一定的社区管理体制，总是不同的历史和时代条件的产物。在不同的社会背景下，社区管理体制的组织结构、职权划分、制度保障和运行机制也呈现出不同的关系。根据我国市场经济发展和社会结构转型的内在要求，应重新定位社区内各种社会组织、社会成员之间的地位和功能，调整其相互之间的权责利关系，不断完善社区管理网络体系。

（二）社区管理体制的构成

1. 社区管理的组织结构

社区管理的组织结构是指作为社区管理主体的各类组织及其相互之间稳定的关联方式。参与社区管理的各类组织包括基层党政组织、社区自治组织，也包括各种社区服务组织、社区志愿者组织等。在不同的社区类型中，社区管理组织的类型与结构也有所不同。如，在城市社区中，社区管理的组织结构主要由城市街道办事处、社区居民委员会、业主委员会、物业公司以及各种社区服务组织、志愿组织、兴趣团体等社区组织组成，而农村社区管理的组织结构则主要包括乡镇政府、村民委员会、农民经济合作组织以及各种农民协会等。

2. 社区管理的权力关系

社区管理的权力关系是指社区管理各个主体之间在管理职责与权限等方面的相互关系，具体而言，包括政府、社区自治组织、社区社会组织以及其他组织在社区管理中所处的地位以及相互关系。政府与社区组织的关系在一定程度上是国家与社会关系在基层社会管理中的反映。社区管理权力核心是政府派驻社区的机构。应加快政府职能转变，根据政事、政企、政社分开原则，理顺街道办事处与社区以及其他管理主体的职责关系。

3. 社区管理的法律制度保障

健全的社区管理法律制度体系是社区管理的前提与依据。社区管理的法律制度体系主要包括以下内容：①以法律形式确立社区管理组织与社区自治组织的法人地位，赋予其相应的权利和义务，依法划定政府与社区自治组织的管理权限。②通过法律和规章制度，赋予社区自治组织以及各类工作机构一定的权力，如在社区治安、卫生、公共设施保护等方面发挥作用。③通过各项法律制度的建设，确立社区内各类组织的职权范围及其相互关系，建立对各组织机构工作的监督体系。④通过各项与社区生活有关的具体法律制度的建设，加强法律知识的普及以约束社区居民的行为，使社区居民能够遵纪守法，形成和谐的社区生活。目前应加快修订《中华人民共和国城市居民委员会组织法》，贯彻落实《中华人民共和国村民委员会组织法》，研究制定社区治理相关行政法规。

4. 社区管理的运作方式

社区管理的运作方式是指社区管理所运用的各种具体工作方式与手段。社区管理的方式与手段包括行政、经济、法律、思想教育等多种方式。参与社区管理的多元主体在社区管理过程中处于不同的地位，承担着不同的职能，在社区管理工作中需要采用恰当的工作方式与手段。例如，基层党政组织是社区管理的主导与核心，主要运用行政、经济、法律手段进行政策调节和财力支持；社区自治组织则主要运用组织、动员、宣传、教育等具体管理方法进行自治管理。

二、我国社区管理体制的历史演进

（一）我国历史上的社区管理体制

社区管理体制实际上是基层社会管理体制，在我国历史上虽然没有社区管理体制这一概念，但存在着事实上的社区管理体制。坊里制就是我国历史上最早的社区管理体制。

"坊里"是我国古代的基层行政单位，在我国已经有两千多年的历史。在秦和西汉初期，里是以土地国有制为基础的统一规划，设立于城邑之中，控制基层社会的基本单位，里民的生产、生活都要在国家设定的轨道中运行。① 在《说文》中，"里"字带有田和乡土之义，其最早的居民是从事农业生产的农民。"里，居也。从田从土"，里长最先是由里人民主推举的。由德高望重的年长者担任，里长在里人中享有崇高的信誉。《墨子·尚同》已有记载："是故里长者，里之仁也。"里长成为秦代地方基层组织的行政官吏。"坊"与防同义，"防，阻也。"坊即在城市中周围有堤防似的围墙围成单位，皆为自秦汉以来中央集权制下的地方行政基层单位。

唐宋时期，"坊"和"里"是将城市中的居民区划分成为若干个块状区域，周围用墙围起来，四周设门定时开关，每坊以十字形街巷为道，居民住宅位于两侧。作为城市建筑布局单位的坊里将"市"（商业区）与居民区从地理上分离开来，便于社会治安的管理和对居民的控制。其首要功能是维护社会治安，严密控制居民活动。

一般坊里设有坊正（里正），坊正的主要职能是协助政府管理户口、征税及维护社会治安，此外，还要承担大量的公共服务工作，如，调解民间纠纷、传达官府政令、反映民情民意等。元明以后的坊里制已经发生了很大的变化，最明显的就是作为城市布局单位的功能越来越弱化，而作为基层社会管理单位的功能则日益凸现。出于城市居民日常交往、

---

① 朱玲玲. 坊里的起源及其演变初探 [J]. 郑州大学学报（哲学社会科学版），1986（2）：58-65.

开展社会活动和市场贸易的需要，坊的围墙逐渐被打破，由封闭转向开放状态。

宋代出现了保甲组织。保甲制最初专为维护社会治安而设，主要在乡村使用。明代后期因城市社会治安恶化，统治者开始在城市利用保甲维护社会秩序，保甲逐步与坊铺融合成新的城市基层管理组织。保甲制推行后，由于政府各部门在管理城市时都直接与保长发生关系，坊里制实际上也就失去了城市基层管理的职能。在民国时期，社区管理的组织也是半官方的保甲组织，名义上是自治组织，实际上是国家权力利用传统保甲形式对社会的监控组织。除此之外，还有各种有关居民公共事务的福利性组织以及城市的各种帮会组织。

（二）新中国成立后的社区管理体制

从新中国成立开始，党和政府对城市基层社会的管理形成了单位管理体制。"单位"是我国各种社会组织所普遍采取的一种特殊的组织形式，是我国政治、经济和社会体制的基础。① "单位"是中国城市社会中的一种特殊的组织形式和社会调控形式，即基本的社会调控单位和资源分配单位。因此，单位也被看作是我国计划经济体制时期的一种社会管理制度。改革开放前，我国城市社会基本上是一个"单位社会"，单位制度和单位组织构成与计划经济体制相适应的社会管理体制。"单位社会"具有功能合一、资源的独占及非流动性、制度依赖性、行政等级性等特点。在整个国家高度行政化的体制框架内，国家通过职工所在的单位实现对公民进行社会管理、社会服务、社会福利与社会保障等；在农村，通过农民所在生产队实现社会的管理控制以及社会保障（农村统筹医疗）等。

单位制下的基层社会管理体制是与计划经济体制紧密关联的。在这一体制下，我国社区管理体制主要是行政性的，组织结构呈行政直线型，即市（县）—街道（镇）—居（村）民委员会的结构。管理职能以政府为主，居民委员会等社区组织成为国家行政管理体系的"末端"，其管理职能不能得到充分发挥，运作方式是行政命令式，难以做到对社区资源的有效配置以及各方利益和需求的统筹兼顾。改革开放后，这一体制的弊端逐渐暴露出来，社区管理体制改革成为大势所趋。

在单位制度下，所有的社会资源集中在单位之中，社区的发展就受到极大限制。因此，有学者将单位制下的社区称为"亚社区"。"亚社区"是相对于比较成熟的、居民主体性明显的社区而言的一种表述。"亚社区"是指在计划经济时代国家管理地区社会（居民居住地）的一种模式，是指内在价值被严重低估、社会角色不清、社会功能萎缩、社会机制发育不良、居民参与度较低、单一行政化了的社区。"亚社区"具有行政化的特点；社区组织严重萎缩，发育不良，功能异化，对单位的依赖性也阻碍了居民的社区参与。② 在

---

① 路风. 单位：一种特殊的社会组织形式 [J]. 中国社会科学，1989（1）：71-88.
② 徐永祥. 社区发展论 [M]. 上海：华东理工大学出版社，2000：145.

"文革"期间,我国城市社会管理逐渐出现混乱局面,甚至陷入了瘫痪状态。"文革"结束后,特别是党的十一届三中全会以来,我国进入了以经济工作为中心的现代化建设的新时期,城市基层社会管理体制进入了全面恢复和加速发展的时期。

三、建立新型社区管理体制的必要性

从计划经济体制向市场经济体制的转型是我国社区管理体制建立与发展的大背景。在这一过程中,以市场为基础的经济资源的多元化配置模式逐渐形成。政企分开使企业和市场逐步从政府行政体制中分离出来,形成了以公共利益、公共事务为基础的社会资源的多样化配置模式。市场经济的发展也造成了社会分工的高度发展和社会组织功能的不断分化,社会组织类型多样化、功能专门化的新格局也逐渐形成。市场经济转型所带来的市场、企业和社会的结构分化,迫切需要建立与社会主义市场经济体制相适应的新型社区管理体制。

(一)市场转型带来的"社会人"问题

20世纪90年代中后期,随着国有企业改革的深入推进,单位制逐渐趋于解体,单位逐渐将自己的政治和行政职能、社会职能分离出来,交给政府和社会,从而产生了大量的"社会人"。所谓"社会人",是指由单位管理转向社会管理的社会成员,包括"脱单位人"和"无单位人"。所谓"脱单位人"是指企业剥离社会管理和社会服务职能后,在职职工、离退休职工、下岗职工从"单位人"变成"社会人"。企业不再提供过去无所不包的社会管理和社会福利,因此,他们面临着公共服务和公共福利的短缺问题。"无单位人"是指在非公有制经济体中就职的个体户、私营企业主、三资企业员工以及农民工,他们处于单位体制之外,无法从单位体制内获得公共服务和公共产品,甚至连最基本的身份证明都无法办理。由于城市居民身份的变化,政府无法像过去那样通过单位档案就能了解每一个居民的情况,政府与居民之间缺乏信息沟通渠道。据统计,我国有5亿人口生活在城镇社区,每年有1.4亿的流动人口流向社区,特别是4400万65岁以上的老年人口、2600万移交社区管理的企业离退休职工、2200万城市贫困人口、1400万下岗失业职工更与社区密切相关。① 这一切使得街道办事处以及社区自治承受着巨大的压力。

(二)城市化加速带来的基层社会管理难题

改革开放以来,我国城市化加速发展,城市规模急剧扩大,城市人口的迅速增加。原有的城市管理体制已不能把城市新增人口纳入正常的组织管理体制,由此带来一系列的城

---

① 詹成付. 加强和改进社区服务工作读本[M]. 北京:中国社会出版社,2007:21.

市问题，导致城市生存环境恶化，城市环境、交通、治安、卫生、就业、入学等问题都成了困扰政府和市民的头等大事。城市管理职能剧增，但基层政府的行政体制改革却相对滞后。基层政府的社会管理中一直存在着"条"与"块"之间的矛盾。这里的"条"是指政府自上而下的行政权力体系，即政府各职能部门的上级部门对社区实施的管理；"块"是指行政权力的横向体系，即政府或其派出机构在社区层面上的综合运作和横向管理。计划经济体制下，以条为主，以块为辅，条块矛盾不明显。在市场经济条件下，为了推进现代社区的发展，各级政府必然下放权力，实行社区管理的新体制，但新体制却依靠原有的行政组织去实现，结果条块矛盾不可避免，条块分割，各自为政，互不协调。政府部门与街道办事处之间职责不清、条块关系混乱、运行机制不畅，政府错位和越位现象时有发生，致使政府的公共管理和社会服务职能难以到位，因此，城市社区管理体制改革就成为加强城市基层管理的迫切选择。

（三）公共服务供给难以满足居民需求

随着小康社会的来临，居民需求从单一的生存需求向休闲、娱乐、健康的综合性需求发展，从低层次向中高层次发展，居民对居住环境、社区服务有了更高的期待。家庭结构的小型化以及自我服务功能的逐渐弱化，也使得人们对社区的依赖加强。社区的老龄人口逐渐增多，需要社区提供更多的公共设施和公共活动空间。下岗职工困难家庭、残疾人等弱势群体希望社区为自己提供权益保障，提供就业岗位等。解决这部分人的生活出路，为他们的生活提供基本的保障，为城乡居民的全面发展提供充足的机会成为城市社区管理的重要任务之一。另外，随着城市化发展，职业生活与社会生活、工作空间与生活空间逐渐分离，住房商品化和产权私有化，使得行政化的公房管理模式逐步失效，因此，需要建立一种新的社区物业管理模式。但由于我国物业管理制度比较落后，难以满足城市居民对于社区公共服务的需求，因此，加强城市社区管理体制改革与创新已成为新时期各级政府面临的巨大挑战。

第三节 社区管理模式创新

一、我国的城市社区建设

我国新型社区管理体制的建立与发展，是以20世纪90年代开始的城市社区建设为实践基础的。社区建设这一概念由民政部于1991年5月首次提出，社区建设是从我国国情出发，借鉴了国外的先进经验而提出的。改革开放以来，民政部在城市广泛开展社区服务，但社区服务的概念已难以包含城市基层社区组织所要承担的职能。在这种情况下，民政部提出"社区建设"的概念,并力图以此去开拓民政工作。

随着我国经济体制改革的深入推进,城市的社会问题及城市公共服务与管理体制的短板日益暴露出来,城市社区建设遂提上议事日程。1998年,国务院的政府体制改革方案确定民政部在原基层政权建设司的基础上设立基层政权和社区建设司,推动了社区建设在全国的发展。2000年,中央办公厅和国务院办公厅通知并转发了民政部《关于在全国推进城市社区建设的意见》,进一步推进社区建设,并对社区建设的方向做出指导。此后,社区建设在全国城市中轰轰烈烈地开展起来。

(一)社区建设的概念

社区建设指的是政府和社会机构强化社区要素、发展社区组织、增强社区活力、提高社区居民生活水平的活动。第二次世界大战以后,一些发达国家面对城市失业、贫困和社会秩序的恶化,提出用社区规划、社区建设的思路去应对问题,社区建设的概念即出现于政府和社会工作的文献中。

20世纪80年代以来,美国等一些发达国家兴起社区主义思潮,尽管这一思潮可能有复杂的经济和政治背景,但是加强社区居民之间的交往以实现互相关怀即是其直接目标。另外,在西方社会工作界,社区建设也是一个重要的实务领域,它涉及贫困地区发展、城市社区重建等多项内容。①

社区建设的概念引入我国后,与我国社会发展实际相结合,形成了具有中国特色的独特内涵。民政部在《关于在全国推进城市社区建设的意见》中,对社区建设做了如下界定:社区建设是指在党和政府的领导下,依靠社区力量,利用社区资源,强化社区功能,解决社区问题,促进社区政治、经济、文化、环境协调和健康发展,不断提高社区成员生活水平和生活质量的过程。

(二)我国城市社区建设的目标

社区建设以社区的全面发展为目标。社区是人们生活的共同体,这种生活共同体的改善不但体现于社区服务设施及组织体系的建设,而且也表现为社区成员对社区的认同感和相互支持网络的建立与增强。所以,社区建设是社区居民在政府和社会机构的支持下,依靠自己的力量,改善社区经济、社会和文化状况的过程。社区建设强调社区规划,强调社区结构的建构,力求改善社区居民生活,促进社区进步。

1. 促进社区经济发展

社区建设需要经济的强有力支持。虽然我国社区建设没有把发展社区经济置于中心地

---

① 王思斌. 体制改革中的城市社区建设的理论分析[J]. 北京大学学报(哲学社会科学版),2000(5):5-14.

位，但这并不是说经济问题不重要。从社区建设所需经费投入这一角度来说，没有一定的经费投入，社区建设要取得显著成绩是相当困难的。社区建设需要大量的经费投入以建设社区服务和公共设施。硬件设施建设对社区建设具有重要的作用。如果没有这些设施，社区居民就缺乏有效的共同活动的机会，也就会影响他们的生活质量和社区参与，对于形成相互关怀的社区文化十分不利。另外，社区公共活动开展也需要充足的经费支持。因此，发展社区经济对于社区建设的开展有着举足轻重的作用。

2. 推进基层民主发展

社区建设的提出与推进是与基层民主政治的发展联系在一起的。20世纪90年代后，加强城市基层社会的民主管理成为当务之急。我国城市社区建设从一开始就制定了明确的目标和任务，社区建设要加强社区党组织和社区居民自治组织的建设，建设以地域性为特征、以认同感为纽带的新型社区，构建新的社区组织体系。同时，加强社区管理，理顺社区关系，完善社区功能，改革城市基层管理体制，推进街道和居委会工作社区化和社区工作社会化，逐步完善法制保障下的社区居民自治体制，建立与社会主义市场经济体制相适应的社区管理体制和运行机制。

3. 提高社区成员的参与能力

社区建设是以建设繁荣而有序的社区为根本目标，社区成员积极而有效的参与是社区建设的必要条件。社区建设是一个内在发展过程，其中包括社区成员社区意识的增强、社区资源的挖掘与合理配置、社区成员参与社区公益活动的积极导向、社区成员对于社区的责任感和归属感增强等。社区成员的参与状况决定着社区建设的效果。因此，社区建设应坚持政府指导和社会共同参与相结合，充分发挥社区力量，合理配置社区资源，大力发展社区事业，不断提高居民的素质和文明程度，努力建设管理有序、服务完善、环境优美、治安良好、生活便利、人际关系和谐的新型社区。

4. 增加社区整合

社区整合是指社区诸要素相互协调成为一个整体并有效发挥社区功能的过程和状态。在社区建设中，社区整合既是手段也是目标。社区整合可能发生于物质层面、人力资源层面和意识层面。从增强社区意识的角度来说，社区整合就是增进社区的社会团结。而增进社区的社会整合，就要提高社区成员对社区的认同感，增强他们的凝聚力和相互关怀的意识，强化居民与所在社区的联系以及居民与居民之间的联系。从社区建设的角度去激活人们的相互需要，从而增强支持性社会联系。通过组织与社区居民利益相关的活动，可以加强社区成员间、不同群体间和代与代之间的社会团结，推进社区整合。

（三）社区建设与社区管理的关系

社区管理是伴随社区建设而兴起的。20世纪90年代，全国性的社区建设逐步兴起，正是在社区建设的过程中社区管理才被提上议事日程。① 社区管理与社区建设之间存在着密切的关联。

1. 社区管理是社区建设的内容和目标

社区建设是适应经济体制改革和社会管理体制改革的需要，为保证社会稳定、促进城市社会发展而兴起的。社区建设在支持和保障企业体制改革、化解社会压力、保障城市社会稳定方面发挥了重要的作用。社区建设具有促进城市社会组织方式、社会管理方式转换的作用。形成规范有序的新型社区管理体制是社区建设的方向和目标。

2. 社区管理是社区建设的重要保证

加强社区管理有助于社区建设工作在制度化轨道上有序进行，因为社区管理机构不仅可以制定一系列社区建设的法规与政策，也可以在社区建设的实际过程中发挥计划、监督、协调、控制、指挥和领导作用，所有这一切都有助于社区建设的有序进行。

3. 社区管理和社区建设具有重合性

社区管理主体在某种程度上也是社区建设的主体。社区建设和社区管理都要依托于社区管理组织，如街道办事处、社区居委会、社区社会组织以及社区居民等。社区建设与社区管理也有着共同的内容，社区建设的目标与社区管理的对象具有重合性。在一定程度上可以说，社区管理是制度化、常态化的社区建设；而社区建设是不断推动社区管理制度完善、促进社区发展的动力与过程。

二、我国社区管理的模式创新

"模式"是我国现代社会生活中的高频词，具有"样板""样式""标准"等含义。"模式"在各门具体学科中的延伸含义却不尽相同。从理论意义上来说，模式可以理解为对一个事物发展过程中的目标体系、组织机制、发展动力等要素的带有普遍性、一般性的理论概括。从实践意义上而言，模式又可以理解为人们基于特定发展目的，根据实际情况而选择的具体做法和不同路径。模式是体现着一般与个别相结合的概念范畴。

社区管理模式是指在特定的社区管理环境条件下，由社区管理体制设置、组织机制以及工作方式等多种要素组合在一起形成的整合各种社区资源、实现社区管理目标的具体做法与路径。社区管理模式是在社区管理实践的基础上总结与概括出来的，具有一定的代表性、普遍性和稳定性。20世纪90年代以后，随着社区建设的深入推进，社区管理模式的概念逐渐得到推广与运用。很多城市都形成了各具特色的管理模式。社区管理模式是介于一般学术理论与实践操作之间的中间层次的概念，它对于社区发展具有直接的推动作用。社区管理模式研究成果的推广与应用，往往带来社区发展的显著进步。社区管理模式包括

---

① 汪大海，等. 社区管理 [M]. 北京：中国人民大学出版社，2003：25.

社区管理的目标与动力、体制与机制、环境与资源等多方面要素。

关于改革开放以来我国社区管理模式的概括已有很多。有的教材根据社区管理的主体将其分为政府主导型、市场主导型、企业主导型、社区自治型和混合型等五种类型。有的根据社区管理模式创新的侧重点，将其划分为行政侧重型模式、自治型模式、混合型模式等。还有一些根据社区管理模式的创新亮点，划分为行政推进、提升效能、权力下放、组织建构和自我革命等。借鉴已有观点，我们认为，根据我国城市社区管理创新的重点与特点，可以将社区管理模式主要分为行政型、自治型、综合型、功能型、技术型等模式。

（一）行政型社区管理模式

行政型社区管理模式是指在社区建设中将社区管理体制创新的重点放在基层政府及其派出机构的行政设置、组织架构以及与社区自治组织的权力关系协调等方面。这一类型是我国城市社区建设中最为典型的创新模式。行政型社区管理模式的主要特点在于政府行政职能下放到基层，强化街道办事处的职能，加强城市社区自治组织建设。

上海模式是强化街道办事处管理职能的典型。上海市将社区定位于"街道社区"。街道既是政府行政管理的基层区域，又是人们社会生活的基本聚集地。以街道为单位实行统一规划，发挥政府主导作用，实现政府权力逐级下放，重心下移到街道层面。上海的社区建设起步较早，1994年开始，上海市就采取"两级政府、三级管理"的方式。1997年，上海市第十届人大常委会正式通过了《上海市街道办事处条例》，以立法的形式确认了第三级管理，即街道管理的体制。上海模式在全国产生了深远的影响，很多城市都沿用了这一模式，其主要做法主要有以下几点。

1. 强化街道社区的管理权责

实行管理权力和重心下移，街道办事处从法律上被授予部分权限，包括部分城区规划的参与权、分级管理权、综合协调权、属地管理权等。街道党工委和街道办事处作为区政府的派出机构，对辖区的城区管理、社会服务、综合治理等行使领导和监督检查的行政管理职能，并对地区性、社会性、群众性和公益性工作负有全面责任，对社会救济、下岗职工再就业、计划生育等实施直接管理。通过完善财力机制，进一步充实街道财力。

2. 建立"以块为主、条块结合"的协调机制

从领导管理机制上加强全面和系统的管理，以街道为中心组建社区发展委员会、市政管理委员会、综合治理委员会等组织。把相关部门和单位整合起来，使街道在对日常事务处理和协调中有了依托，街道的行政权力通过各条线构成一个完整的网络，以此加强街道办事处的综合管理和协调管理的权力与职能。

3. 贯彻政企、政事、政社分开原则

把部分社会公共事务从行政管理体制中转移出去。从原先街道行政机构中剥离企业职

能。将街道行政机构中一些社会服务性、经营性职能转移到社区事业单位，组建社区服务中心、劳动就业和社会保障事务所等。加强政府在社区管理第一线的人力、物力和财力投入，由街道办事处整合和调动社区内各种资源，提升了政府的行政效能。

4．培育社区自治组织

发展基层民主建设，通过有序推进基层民主政治建设，发挥社区自治组织的功能。建立和加强社区自治组织建设，以改革选举规则，公开社区政务等措施保障社区居民的民主权利，充分发挥社区居民和社区自治组织的参与、协调、监督、教育等功能。为保障和深化社区自治创造条件，探索建立专业化、职业化的社区社工队伍，专职从事社区工作。将大量原来由居委会承担的社区事务性工作剥离出去，成为真正的群众性自治组织。广泛动员社会参与，拓展专业服务，完善服务设施，满足居民群众生活需求，发挥社区社会组织的作用。

行政型社区管理模式是我国社区建设的主导模式，主要是依靠行政力量推动社区建设，在居民的内生需求和共同体意识尚处于发育阶段的情况下，这一模式发挥了积极的作用。它加强了街道办事处的管理权限，初步理顺了政府在城市基层社会管理上的条块关系，充分调动和发挥街道办事处的积极性，实现了政府、居民和社区内单位共建社区、发展社区的新格局。

（二）自治型社区管理模式

自治型社区管理模式是指将社区管理的改革重心放在强化社区自治组织自身功能上，通过社区自治组织的结构与设置调整，提高社区自治组织的能力。这一创新模式的特点在于强调社区自治组织建设，增加社区自治组织的自治功能。

1．加强社区自治组织建设

沈阳社区建设的主要特色是按自然规模划分社区，理顺条块关系，强化政府职能，实现社区内资源共享。部分政府职能也交由社区承担。其主要做法有：①明确社区定位，按照社区居民聚居的特点，重新划定居民委员会的范围；②合理划分社区，将社区划分为板块型、小区型、单位型、功能型等多种居民认同的社区形态；③建立社区组织体系，将社区自治组织体系分为决策层、执行层、议事层和领导层；④明确社区职能，社区具有管理、教育、服务、监督职能，通过社区组织的完善，使社区更好地承担起其应有的职能。

2．增强社区自治组织的自治功能

深圳市盐田区提出了"政社分离"的"一会两站"模式。所谓"一会两站"就是根据"议行分设"理念，把原来由居委会承担的行政、自治和服务功能进行分化，把政府的行政职能和公共服务功能从居委会中剥离出来，赋予社区工作站（与社区居委会平行）行政职能，而把社区服务功能交给社区服务站。其主要做法如下：①社区居委会由居民依法选举产生，实行民主选举、民主决策、民主管理、民主监督。由居民直接选举产生居民委员会来履行社区自治功能。②社区工作站隶属于街道办事处，属性是政府派出的工作机构，工作人员实行雇员制，享有编制和财政工资，承担原由居委会承担的政府下放的行政功能。在性质上是区政府通过街道办事处设在社区的工作机构，行政上由街道管理，业务上由区民政局及相关职能部门指导。③社区服务站在行政上属于民办非企业单位，属于非营利机构，所得利润只能用于本社区的公益事业和事务。社区服务站隶属于社区居委会，是为社区居民提供各种社会服务的功能性的民办非企业组织。

自治型社区管理模式注重强化社区自治组织，改善政府与社区居委会的关系，力求使社区居委会真正回归到自治组织地位，同时也培育了新的社区社会组织，提高了居民的民主意识。当然要真正实现自治型社区管理模式，还需要理顺政府与社区的关系。要在基层政府指导下不断提高社区居民委员会的自我管理、自我服务的水平，基层党政组织要依法组织居民开展自治，及时帮助解决社区自治中存在的困难和问题。

（三）综合型社区管理模式

综合型社区管理模式是指将行政型和自治型两种模式有机结合起来，既转变政府职能，又提升社区自治功能。这一模式的创新点在于建立政府调控机制与社区自治机制相结合、政府管理功能与社区自治功能互补的城市基层管理体制。比较有典型意义的是江汉模式。

武汉市江汉区采取的社区管理体制改革措施主要包括以下四条：①调整社区规模。江汉区首先将社区定位为"小于街道办事处，大于原来居委会"的机构。②重建社区组织体系。建立了社区党组织、社区成员代表大会、社区居委会、社区协商议事会等不同层面的社区管理机构。③转变政府职能，面向社区重心下移。政府将事权下移，责权配套；以人为本、资源整合；扩大民主，实现依法自治。④加强政府与社区的互动运行。发展居民参与网络，扩大居民对政府部门、街道办事处和社区工作的监督；建立多层次的民主评议和考核机制。

综合型社区管理模式的特点从转变政府职能入手，力求创建政府依法行政、社区依法自治相结合的社区治理模式。社区管理体制改革以创新基层社区治理结构为目标，以理顺权责关系为重点，以机制创新为动力，转变政府职能，理顺政府组织与社区组织的关系。在社区管理体制改革中体现"小政府、大社会"理念。①

（四）功能型社区管理模式

功能型社区管理模式是指在加强政府行政主导和社区自治组织建设的基础上，将社区

---

① 魏娜. 社区管理原理与案例［M］. 北京：中国人民大学出版社，2013：44-47.

建设的重点放在强化社区服务等功能上，赋予社区更多的管理职能和服务功能，寓社区管理于社区服务之中，并以社区服务带动社区其他功能的提升。这一模式的创新点在于在社区建设中突出社区服务的功能。

功能型社区管理模式中比较典型的有青岛社区管理模式。青岛的社区管理模式的主要特色在于将社区管理定位于加强社区服务、社区文化、社区教育、社区环境、社区治安、社区互助六个工作目标。在社区管理体制方面，建立区、街、居三级组织机构，建立区、街、居三级社区服务中心，建立便民利民、社会综合服务等九大服务系列。此外，青岛市确立统一标准，建立了一批规范化社区。

（五）技术型社区管理模式

技术型社区管理模式主要是指近年来我国很多大中城市出现的社区网格化管理模式。所谓网格化管理，是指运用数字化、信息化手段，以城市网格为区域范围，以城市部件和城市事件为管理内容，通过城市网格化管理信息平台，实现政府部门联动的城市管理模式。这一模式的特点是运用高科技技术加强社区管理和社区服务。

社区网格化管理要按照一定的人口规模和地域范围，把城市社区划分为若干个单元网格，每个网格配备一名或多名管理人员，通过现代信息技术和网络平台等手段，对单元网格内的部件和事件进行定期巡查，以此向居民提供相关服务。社区网格化管理模式依赖于现代网格信息技术手段，将新的组织设计与管理技术运用于社区管理之中，是一种具有广泛应用前景和巨大应用价值的新型社区管理模式。社区网格化管理模式中比较典型的北京东城区，将大社区分为若干小网格，每个网格配齐管理员、网格民警、网格助理员、督导员、支部书记和司法员、消防员七种力量，为格内居民提供"精细化"服务。

新时期我国城市社区管理体制改革取得了明显成效，当然也存在着一些问题。在一些地方，没有根据社区居民的实际需要推进社区建设，存在着重视短期效应、忽视长期发展的问题。也有一些社区建设项目实用价值小，利用率差，居民满意度较低。在进行社区管理模式创新时一定要稳步推进，脚踏实地，不能急功近利。由于各地情况不同，应因地制宜，努力探索符合本地实际的社区管理模式，绝不能搞"一刀切"。应坚持因地制宜，突出特色。推动各地立足自身资源优势、基础条件、人文特色等实际，确定加强和完善城乡社区治理的发展思路和推进策略，实现顶层设计和基层实践有机结合，加快形成既有共性又有特色的城乡社区治理模式。

三、国外社区管理模式借鉴

20世纪50年代以来，世界各国开始把社区发展作为解决社会问题和改良社会的重要手段，社区管理成为社会管理的重要基础。世界各国都形成了具有本国特色的社区发展和管理模式。不同国家社区管理模式主要取决于社区管理的主体结构，即政府、社区组织以及社区民众之间的权力、职能以及相互关系的差异。根据社区管理涉及的政府与社会的关系，一般将国外社区管理模式分为三种类型，即社区自治型模式、政府主导型模式和混合模式。

（一）社区自治型模式

许多西方发达国家的社区管理基本上都可以归纳为社区自治模式。在这些国家，政府与社会之间存在着清晰的权力界定和职能分工，政府一般较少干预社会基层的发展。社区事务属于社区居民的权力范畴，政府对社区仅承担法定的有限责任。虽然20世纪初，美国、加拿大等国政府开始介入社区发展，但在政府、社会组织和企业共同治理的模式中，社区发展的行动主体依然是组织起来的社区居民，社区自治型的社区管理模式主要体现为一种"以公民为中心的治理结构"。

20世纪80年代以来，欧洲的一些发达国家在社区管理上形成了有效的、促进公共服务的伙伴关系模式，这种模式主张吸纳社区内的企业、大学、研究机构、非政府组织、社区组织、社区群体（尤其是被边缘化的群体）等不同领域的人们组成伙伴关系来解决社区问题。在这一关系中，地方政府不再控制，而是引导和授权，使人们更多地管理自己的事务，这样既可以体现民主参与和民主决策，又可以缓解政府管理城市的压力。

社区自治模式的主要特点是政府行为与社区行为相对分离，政府对社区的干预主要以间接的方式进行。①政府主要通过制定各种法律法规去规范社区内不同集团、组织、家庭和个人的行为，协调社区内的各种利益关系并为社区成员的民主参与提供制度保障。而社区内的具体事务则完全实行自主自治，与政府部门并没有直接的联系。②政府通过资助社区发展规划对社区进行管理。社区发展规划仍是由政府部门负责编制并拨专款加以实施的，但规划过程却充分体现了自上而下与自下而上相结合的原则。③社区非营利组织与社区居民的志愿服务在社区管理中发挥着重要作用。社区居民参与社区管理，主要通过志愿服务，参加社区会议、社区听证会和竞选社区专业委员会委员来体现。

美国的社区管理模式属于典型的社区自治型。但在当今美国，大城市仍然不可能实行完全各自为政的社区自治，社区管理需要政府不同程度的介入。市区两级政府都承担社区管理的行政职能，在政府系统中分别设有相应的社区行政机构，市长、区长以及政府内的相关行政机构承担特定的社区管理的行政职责。美国各大城市都对市长和市议会在社区管理方面的职责做了具体明确的规定。社区管理的主体是社区委员会，社区委员会是一个半官方组织。社区委员会委员由地方政府依据当地法律法规任命。按照规定，社区委员必须是居住在本社区的居民或在本社区工作的人。社区委员会主要负责社区福利、参与社区对政府预算程序的评估；制订工作计划，实现社区的各种需求目标。美国城市社区委员会在任期内会雇佣社区经理或其他专职人员，以协助履行社区委员会的各项职责，及时解决社区服务中的各项问题。社区经理（district manager）的主要职能是作为社区公共服务的组织者、调解人、促进者，改进本社区的城市服务的质量。美国社区非营利组织主要致力于社会服务和管理，是社区服务的具体承担者，由社区居民自发成立，高度自治。美国大企业回报社区已成为一种企业伦理。企业支持社区与企业互动、互惠并产生经济效益和社会效益。企业在社区发展中扮演重要角色。美国公司、银行已成众多社区发展公司事业的合作伙伴。

（二）政府主导型模式

政府主导型的社区管理模式的主要特点是政府在社区管理中发挥主导作用，对社区组织提供物质支持和行为指导，引导社团、企业参与社区建设。建立社区服务网络，针对不同居民提供有效援助，构建具有归属感和责任感的社区生活。在这一模式中，政府行为与社区行为紧密结合，政府对社区的干预较为直接和具体，从宏观政策的制定到微观的社区建设，政府全面参与其中。政府在社区设有各种形式的派出机构，社区发展特别是管理方面的行政性较强。同时，社区自治组织被赋予充分的发育空间，社区基层草根组织与基层领袖都由民间自发产生，工作上完全独立、自治，带有明显的自我服务和自我管理性质，与政府之间是对话与合作关系，而不是从属关系。

新加坡的社区管理模式属于典型的政府主导型。新加坡的社区管理是由政府组织自上而下进行管理，机构职能分明，对社区的管理井然有序。新加坡的社区组织体系以选区为基础，活动范围以选区为基本单位。在国家层面上，主要有两个机构负责全国社区事务，一是社区发展、青年和体育部。它是全国社区发展的领导机构，负责制定社区发展规划和政策。二是人民协会。它是新加坡基层社区组织的主管部门，由政府总理担任主席。人民协会也是基层组织的主管机构，具有半官方性质。在选区层面上，主要是公民咨询委员会，也称居民顾问委员会。每一个选区设一个公民咨询委员会，在选区层次上组织、领导和协调社区事务，主要发挥党、政、民之间的媒介作用。在社区层面上，社区基层组织有居民顾问委员会、社区中心管理委员会和居民委员会。这些社区基层组织都是社区里受政府指导的居民进行自我管理的、具有综合性功能的机构。

（三）混合型社区管理模式

混合型社区管理模式的主要特点是政府对社区发展的管理较为宽松，基本上采用间接手段。政府与社区自治组织分工合作，政府较少介入社区事务。政府的主要职能是规划、指导并提供经费支持，官方色彩与民间自治特点在社区发展的许多方面交织在一起。在这种治理方式下，政府提供政策、制度和经费支持，社区自治组织是政策、制度的主要建议者，政府对社区干预比较宽松和间接。通过这种混合治理方式，政府进行宽松有序的引导，社区组织与居民积极响应参与，共同为社区建设服务。日本采用了比较典型的混合型社区管理模式。

日本最主要的社区自治组织是町内会。町内会是指在一定的地域性区划内，将在当地居住或营业的所有住户和企业组织起来，参加共同管理，以解决在该地域性区划内出现的各种问题的居民自治组织。町内会由社区居民选举产生，具有社区居民自治组织和政府协助组织的双重组织特征，在日本社区治理中发挥着举足轻重的作用。政府对城市社区的管理基本上采用间接手段，居民主动参加社区部分领域的管理。日本社区自治组织在社区公共事务的治理中具有相当大的自主性，社区自治组织可以根据社区居民和会员的利益诉求和自治意志治理社区。日本城市社区自治的经费来源有政府补贴，也有大量社会捐助以及服务性收费等。社区人事安排基本都是自主选举和自主决定的。町内会是各社区与政府联络的桥梁，也是加强各社区之间联系的中心机构。

发达国家的社区管理模式对我国的社区管理创新具有一定的借鉴意义：①建立健全社区管理的法律法规，社区管理的健康发展需要完善的法律制度作为基础和保障。②正确处理好政府、社区组织以及市场在社区管理中的关系，建立高效协调的社区治理结构。③建立完善的社区管理组织与机制，发挥社区社会组织在社区管理中的作用。④充分利用与整合社区资源，促进社区可持续发展。我们应学习国外社区管理的成功经验，但不能盲目崇拜和照搬国外模式。应从中国国情出发，在党的领导下走出具有中国特色的社区管理模式创新之路。

关键术语：

社区管理；社区治理；社区管理体制；社区管理模式；城市社区建设；坊里制；町内会。

阅读书目：

1. 郑杭生，杨敏：《中国社会转型与社区制度创新——实践结构论及其运用》，北京师范大学出版社，2008年版。
2. 魏娜：《社区管理原理与案例》，中国人民大学出版社，2013年版。
3. 夏建中：《中国城市社区治理结构研究》，中国人民大学出版社，2012年版。

案例分析：

社区管理体制创新的"铜陵模式"①

铜陵市位于安徽省中南部，长江中下游南岸，1956年依矿建市，面积约1113平方公里，人口约74万，辖3区1县。改革开放以来，铜陵已在诸多实践领域取得了改革试点的成效。2011年7月初，中共中央、国务院下发《关于加强和创新社会管理的意见》，各省市开始出台相应政策措施，各地媒体也不断发布加强和创新社会管理的新举措，其中"铜陵模式"尤其值得关注。2009年，全国人大宣布废止1954年颁布的《城市街道办事处组织条例》。同年，铜陵开始调研创新社区管理体制，并对撤销街道办的利弊进行研究。2010年7月，《铜官山区社区综合体制改革实施方案》颁布，规定"分流人员，保留身份不变、职级不变、待遇不变"；原街道办公务员一律分配到基层社区。该办法随后被运用于全市各街道办。同年8月，铜陵市铜官山区开始试点社区综合管理体制改革，撤销了全部6个街道，将49个社区撤并为18个。2011年7月，铜陵将另一个主城区狮子山区4个街道撤销，全市社区由改革前的61个撤并为23个。至此，"街道办"这一存在了50多年的基层政权机构从铜陵完全消失，铜陵也成为全国第一个全部撤销"街道"的地级市。铜陵改革受到国家民政部和安徽省的充分肯定。同年7月，民政部把铜官山区确定为全国社区管理和服务创新实验区。

改革后的城市基层社会管理，在行政层级上，由市、区、街道、社区四级管理调整为市、区、社区三级管理。整合后的新社区设置社区党工委、社区服务中心、社区居委会等三大机构。党工委承担社区内全面领导、协调各方的职责；服务中心负责对居民事项实行"一站式"集中办理和"一厅式"审批；居委会则在自治理念指引下对各种事务进行自我管理、自我服务、自我教育。在居委会下，还设立诸如调解委员会、文体委员会等具有各种职能的专门委员会，专门委员会下设居民小组，小组下设楼栋长。撤销街道后，除了原先街道办的司法所、城管执法独立出去由区政府垂直管理，经济发展收归区经济部门，原有的街道办职能被划分为综合事务、民政事务、人口计生、文明创建、社会保障、经济服务、综治维稳信访等7个窗口，全部交由社区服务中心承接。同时，在社区还推行社区居民代表大会制度、居民公约制度、居民和党代表议事制度、议事协商委员会议事规则等制度。

在具体社区服务机制上，由原先的行政层级管理改为扁平式管理，采取网格模式。每一名网格工作人员需要负责服务300户左右的居民。网格人负责把辖区内每户信息录入社区信息平台，并随时更新和日常巡查；实行分类管理、重点服务。同时，健全网格化考评

---

① 方军. 公众参与、社区治理与基层党政关系——以"铜陵模式"为例[J]. 学术论坛，2012（6）：14-19.

体系，出台了一系列规章制度，采取职能岗位考核和网格岗位考核、季度考核和年度考核相结合的方式，引进中介组织，开展群众满意度测评，第三方机构组织专业人员入户调查，客观评价网格工作人员的工作实绩。另外，铜陵市还出台了《关于加强区域化社区党建工作的意见》，在社区党工委的领导下，把支部建立在网格上，把党小组建立在楼栋里，逐步把党建工作覆盖至全区的每个家庭。

思考题：

根据案例，分析铜陵模式对于社区管理体制创新的特点及其问题。

第三章　社区自治管理

[提要] 城市社区自治是基层群众自治制度的重要组成部分。社区自治是社区管理的核心与基础。社区自治管理是指在党和政府的领导下，通过社区自治组织的自我管理和居民的自主参与，对社区公共事务进行管理的活动和过程。社区自治管理是政府管理与社区自治的有机结合，基层政府和党组织在城市社区自治管理中发挥主导作用。城市社区居民委员会是城市社区自治管理的重要主体，社区社会组织和业主自治组织等发挥着重要的协同作用。

第一节　社区自治

一、社区自治的内涵

（一）社区自治的概念

自治（autonomy）源自于希腊语，意指"自我治理或自我做主的状态"。根据《布莱克维尔政治学百科全书》的解释："自治是指某个人或集体管理其自身事务，并且单独对其行为和命运负责的一种状态。"① 与"自治"一词相对应的词是"他治"。"他治意味着自我或者我们的生活受制于他人而不自主。"② 自治包含着诸多要素：①自治区域，即实行自治的地域范围；②自治组织，即实行自治的组织机构；③自治成员，即参与自治活动的人员；④自治权，即法律赋予自治组织和自治成员管理内部事务的权利；⑤自治制度，即对自治事务实施管理的基本规则和程序。③

社区自治是指社区范围内的自治。20世纪90年代我国城市社区建设开展以来，社区自治成为学术界研究的重要课题。关于社区自治的概念，形成了几种主要的研究视角：一

---

① （英）米勒，等. 布莱克维尔政治学百科全书 [Z]. 邓正来，等，译. 北京：中国政法大学出版社，1992：693.
② （奥）凯尔森. 法与国家的一般理论 [M]. 沈宗灵，译. 北京：中国大百科全书出版社，1996：230-231.
③ 徐勇，等. 中国城市社区自治 [M]. 武汉：武汉出版社，2002：3.

是民主政治的视角，强调社区自治的民主内涵与民主目标。如，社区自治是党领导社区居民实现自我管理、自我教育、自我服务、自我监督的一种基层民主形式。社区自治是我国城市社会基层民主的重要内容。① 二是从政府与社会的关系角度对社区自治进行界定，强调社区自治是政府管理之外的社会自治，即政府管理行政事务，而社区居民通过自己选举产生的自治组织来管理社区公共事务。② 三是过程与活动的视角，强调社区自治的管理活动或过程，认为社区自治是社区自治的组织建设过程或管理活动。如，社区自治是社区利益相关者通过面对面地协商，消除分歧，达成共识，整合资源，采取合作方式，共同治理社区公共事务的过程。③ 综合以上视角，我们认为，社区自治是指在党和政府的领导下，社区自治组织和社区居民对社区公共事务、公共服务和公益事业进行自主管理的过程与活动。社区自治是我国社区管理的核心内容，也是基层民主政治的重要基础。

（二）社区自治管理

社区自治管理是社区治理体系的基础，是指以基层群众性自治组织为主体的社区管理活动。基层群众自治制度是坚持中国特色社会主义政治发展道路的重要内容。社区自治管理是在党和政府领导下，由社区组织和社区居民进行自我管理、自我教育、自我服务、自我约束。社区自治管理必须坚持基层党组织的领导核心作用，确保城乡社区治理保持正确的政治方向。社区自治管理还必须有效发挥基层政府的主导作用，基层政府应加强对基层群众性自治组织建设的指导规范，不断提高依法指导城乡社区治理的能力和水平。

社区自治管理不能脱离党和政府的主导作用，也不能没有其他社会力量的协同参与。社区社会组织、驻社区企事业单位、其他社会力量和市场主体都发挥着重要的协同作用。社区、社会组织、社会工作"三社联动"也构成社区治理的协同共治格局。在我国，社区自治具体包括居民自治、村民自治、业主自治等多种形式。提高城市社区自治组织的自治能力、鼓励居民积极参与是实现社区自治管理的关键所在。

二、社区自治与社区参与

（一）社区参与的概念

社区参与是与社区自治密切相关的概念。社区参与是指社区成员以不同方式参与社区公共事务和公共生活的行为和过程。如果社区参与的主体主要是居民，也可以称为居民参与。社区参与的目的是为社区所有成员创造机会，让更多的社会民众能够积极贡献与影响

---

① 唐亚林，等. 社区自治：城市社会基层民主的复归与张扬 [J]. 学术界，2003 (6)：7-22.
② 桑玉成，等. 从五里桥经验看城市社区管理的体制建设 [J]. 政治学研究，1999 (2)：40-48.
③ 陈伟东. 社区自治：自组织网络与制度设置 [M]. 北京：中国社会科学出版社，2004：145.

社区发展的过程,平等地分享发展成果。社区参与是社区自治管理的关键环节。

联合国经济及社会理事会的决议案认为,社区参与包含三个条件:第一,需要在民众自愿的基础上使其融入社会发展过程;第二,必须平等地分享参与所带来的利益;第三,必须参与决策制定程序,包括目标设定、政策方案的形成、执行与评估。因此,社区参与就是社区民众平等地参与社区发展与社区决策的过程。① 在我国,社区参与的主体也不限于居民,社区组织和企事业单位对社区建设的参与也属于社区参与的范畴。

(二)社区自治与社区参与的关系

社区自治与社区参与两个概念之间既有联系又有区别,两者相辅相成、相互促进。①在我国社区建设的实践中,社区自治和社区参与都是社区建设的目标与方向,都是具有标志性的工作方式或建设途径,两者具有内在的一致性。②社区自治和社区参与也存在着一定的区别。社区自治是组织化、制度化的社区参与,是较高形态的社区参与。③社区自治与社区参与互为条件。只有社区居民积极参与社区公共事务,才能有真正意义上的社区自治。完善的社区自治也为社区参与提供了可靠的组织保障。

自社区建设以来,以社区自治为载体的公众参与获得了极大的发展,但我国社区参与从总体上说还处于较低水平。目前我国社区参与存在着参与度较低、参与渠道不够通畅、被动性参与居多等现象。这些现象产生的原因有社区管理体制发展滞后的问题,也有居民参与意识薄弱、参与能力较低的问题。因此,社区自治管理应加快功能转换,寻找更多具有积极意义的社区参与方式与渠道,调动社区公众的参与热情与主动性,以尽快适应社会治理对公众参与的要求。

要增强社区居民的参与能力,必须提高社区居民议事协商能力,凡涉及城乡社区公共利益的重大决策事项、关乎居民群众切身利益的实际困难问题和矛盾纠纷,原则上由社区党组织、基层群众性自治组织牵头,组织居民群众协商解决。支持和帮助居民群众养成协商意识,掌握协商方法,提高协商能力,推动形成既有民主又有集中、既尊重多数人意愿又保护少数人合法权益的城乡社区协商机制。探索将居民群众参与社区治理、维护公共利益情况纳入社会信用体系。推动学校普及社区知识,参与社区治理。拓展流动人口有序参与居住地社区治理渠道,丰富流动人口社区生活,促进流动人口社区融入。

三、社区自治管理中的基层党政组织

党政组织是我国社区管理体制的核心和领导力量,在社区管理中发挥主导作用。与社区管理有关的党政组织主要包括基层党组织与基层政府及其派出机构。基层党组织在城市

---

① 魏娜. 社区管理原理与案例[M]. 北京:中国人民大学出版社,2013:179.

中主要指街道党工委、社区党支部等,在农村中主要指乡镇党工委以及村党支部等。基层政府在城市中是指街道办事处,在农村中是指乡镇政府。街道办事处与乡镇政府是直接面向社区的基层政府组织机构。

(一) 基层党组织

社区党组织是社区中以全体党员为组织对象的中国共产党的基层组织。社区党组织是中国共产党设在基层社区的组织机构,是社区组织和社区工作的领导核心,在街道党组织的领导下开展工作。2012年,党的十八大通过的《中国共产党党章》在第五章第三十二条中重申:"街道、乡、镇党的基层委员会和村、社区党组织,领导本地区的工作,支持和保证行政组织、经济组织和群众自治组织充分行使职权。"这是党章对社区党组织的地位与作用的原则性规定。在通常情况下,一个社区居委会设一个党支部,即"一居一支"。

社区党组织在社区中的领导地位主要是政治领导,从政治上保证和支持社区自治组织的活动。社区党组织的管理职责包括以下四个方面。①加强基层党组织的建设。社区党组织要组织党员和群众完成本社区所担负的各项工作任务。社区党组织承担着党员属地化管理职能,应将下岗职工、离退休职工、外来人口中的流动人口纳入社区党组织的管理范围。②发挥党员的示范作用。社区党组织要加强党组织自身建设,搞好对党员的教育、管理工作,发挥党员在社区工作中的先锋模范作用,激励非党员居民参与社区建设与社区管理。③社区党组织要积极支持和监督社区居委会依法履行职责,密切联系群众,做好群众工作,搞好精神文明建设。④社区党组织要动员组织和协调社区各单位党组织和社区在职党员积极支持和参与社区党建活动,整合社区资源,搞好社区建设。

社区党组织主要包括街道党工委和社区居委会党支部等组织。街道党工委在社区管理中处于领导核心和决策中心的位置。在实际社区管理过程中,街道党工委与街道办事处在人员和机构上存在着相互交叉重合的现象。为了党的执政基础的巩固,街道党工委必须真正从具体的行政事务中摆脱出来,履行好自身的职能。加强和改进街道(乡镇)、城乡社区党组织对社区各类组织和各项工作的领导,确保党的路线方针政策在城乡社区全面贯彻落实。推动管理和服务职能分流,引导基层党组织强化政治功能,推动街道(乡镇)党(工)委把工作重心转移到基层党组织建设上来,转移到做好公共服务、公共管理、公共安全工作上来,转移到为经济社会发展提供良好公共环境上来。

社区居委会党支部是社区管理的基础,是社区自治管理的核心。政治过硬、素质较高、群众信任的社区居委会党支部,是执政党在社区的政治依托,能够保证基层民主的正确发展方向,推进基层民主建设。社区居委会党支部的主要职责是团结和发动社区党员和群众,结合社区的具体情况,正确贯彻执行党的路线、方针、政策等;认真完成街道党工委布置的各项任务,引导社区自治向健康方向发展。社区居委会党支部的管理对象主要有三类：离退休党员、在职党员和流动党员。搞好社区党建，管理好社区党员，充分发挥社区党员的政治作用，对于社区管理具有重要意义。加强基层党组织的建设、巩固党的执政基础，是贯穿社会治理和基层建设的主线，要以改革创新精神探索加强基层党组织的建设引领社会治理的路径。

（二）基层政府及其派出机构

基层政府在社区管理中发挥着主导作用。为了加强对基层社会的管理，我国各级政府都有相应的领导协调机构，负责对辖区内的社区管理进行统一领导、组织协调。各级民政部门是直接指导管理社区建设和社区服务的主管职能部门。社区管理中最为直接的政府组织是基层政府及其派出机构，包括街道办事处和乡镇政府等。

1. 街道办事处的性质

街道办事处是设区的市或市辖区人民政府根据其行政职能需要，经市人民政府批准，在街道区域内设立的派出机构，是城市的基层政府组织。2004年10月，新修订通过的《中华人民共和国地方各级人民代表大会和地方各级人民政府组织法》重申："市辖区、不设区的市的人民政府，经上一级人民政府批准，可以设立若干街道办事处，作为它的派出机关。"街道办事处是城市基层政府的派出机关，但不是一级政府。

在计划经济时代，我国城市基层社会管理体制实行的是"单位制"。街道办事处体制只是辅助性的体制安排。从街道办事处的设立初衷看，它主要负责对社会"闲散"人员进行管理。绝大多数社会成员都被纳入单位管理体制之下，人们高度依赖于所在单位并从中获取资源，游离于单位体制之外的社会人员数量很少，因此，街道办事处以及居民委员会在城市社会管理中只是发挥着辅助性的作用。

改革开放以来，为强化基层组织体系，大中城市纷纷推行"两级政府、三级管理、四级落实"体制，即在市、区两级政府的领导下，强化街道办事处的属地管理责任，并将居委会纳入基层管理体系，并依靠社区居委会协助开展相关工作。街道办事处一般设立如下机构。①街道党工委。作为区委、不设区的市委的派出机关，街道党工委在社区管理中发挥着核心作用，对本街道的政治、经济、行政和群众自治组织充分行使职权，保证党和政府的各项方针、政策在社区内得以贯彻执行。②街道办事处。承担着街道民政管理与公益事业管理的职能，由主任、副主任组成，下设行政办公室、民政科、城市管理科、经济管理科、社会治安综合治理办公室、街道文化站等部门。

2. 街道办事处的职责

街道办事处作为区人民政府的派出机构，是城市社区的基层行政组织，承担着大量的城市管理任务。如，指导和帮助居委会开展工作，促进居民自治组织建设，负责社会救济、社会福利、劳动就业、养老保障、残疾人福利等工作，其中包括社会治安、市容卫生、文化教育、劳动就业、民政福利等 30 多个方面 100 多个项目，但是法律和规章赋予街道的行政管理权力很小，街道办事处的人力与财力又有限，因此，街道办事处的职能面临着挑战。

为了有效发挥街道办事处在社区治理中的主导作用，应加快街道办事处体制改革与工作方式创新。①应明确街道办事处在社区治理中的权责范围。按照条块结合、以块为主的原则，制定街道办事处在社区治理方面的权责清单；依法厘清街道办事处和基层群众性自治组织的权责边界，明确基层群众性自治组织承担的社区工作事项清单以及协助政府的社区工作事项清单。②街道办事处应积极转变观念，创新工作方式。街道办事处可通过向基层群众性自治组织等购买服务的方式为社区居民提供社区公共服务。③处理好街道办事处与基层群众性自治组织的关系。建立街道办事处和基层群众性自治组织履职履约双向评价机制。④为城乡社区治理提供政策支持、财力物力保障和能力建设指导。加强对基层群众性自治组织建设的指导规范，不断提高依法指导城乡社区治理的能力和水平。

第二节 城市社区自治组织

社区自治组织是社区自治管理的主体，是居民自我管理、自我教育、自我服务、自我约束的组织载体。我国城市社区自治管理的主要组织形式是城市居民委员会，社区社会组织也在社区自治管理中发挥着参与协同的作用。

一、城市社区居民委员会

（一）城市社区居民委员会的法律地位

城市社区居民委员会是我国城市基层群众性自治组织。1982 年《中华人民共和国宪法》第 111 条规定，"城市和农村按居民居住地区设立的居民委员会和村民委员会是基层群众性自治组织"，由此，以根本大法的形式明确了居民委员会的性质、任务和作用。

新中国成立初期，为了巩固新生的人民政权，动员和组织城市居民参与城市建设和管理，全国各城市普遍成立了城市居民委员会。1954 年 12 月，第一届全国人民代表大会常务委员会第四次会议制定并颁布了《城市居民委员会组织条例》，以法律的形式把这种由居民自发创造所建立起来的群众性组织加以固定，并对居民委员会的性质、任务、组织结构、与有关部门和单位的关系以及工作方法、经费来源等做了具体规定。至 1956 年，全国各城市都普遍建立了居民委员会。但在计划经济时代的单位制社会中，作为群众性自治组织的居民委员会功能不断退化和萎缩。直到 20 世纪 70 年代末，随着改革开放的推进，城市社区建设蓬勃开展，城市社区居民委员会才重新焕发了生机。1980 年 1 月，中央政府重新公布了1954年开始实施的《城市居民委员会组织条例》。

目前城市社区居民委员会的直接法律依据，是1989年12月全国人大常务委员会第十一次会议通过的《中华人民共和国城市居民委员会组织法》。这一法规对居委会的性质、任务、职责和组织原则以及居委会同基层政权的关系做了如下规定：居民委员会是居民自我管理、自我教育、自我服务的基层群众性自治组织。不设区的市、市辖区的人民政府或者它的派出机关对居民委员会的工作给予指导、支持和帮助。居委会协助不设区的市、市辖区的人民政府或者它的派出机关开展工作。

根据《城市居民委员会组织法》规定，社区居委会的主要任务是：①宣传宪法、法律、法规和国家的政策，维护居民的合法权益、教育居民履行依法应尽的义务，爱护公共财产，开展多种形式的社会主义精神文明建设；②办理本居民地区居民的公共事务和公益事业；③调节民间纠纷；④协助维护社会治安；⑤协助人民政府或者它的派出机构做好与居民利益攸关的公共卫生、计划生育、优抚救济、青少年教育等项工作；⑥向人民政府或者它的派出机构反映居民的意见、要求和提出建议。

2010年，中共中央办公厅、国务院办公厅印发了《关于加强和改进城市社区居民委员会建设工作的意见》，进一步明确城市社区居民委员会的主要职责，主要包括三个方面：第一，依法组织居民开展自治活动；第二，依法协助城市基层人民政府或者它的派出机关开展工作；第三，依法依规组织开展有关监督活动。

（二）城市社区居民委员会的组织机构

1. 居民会议或居民代表会议

按照《城市居民委员会组织条例》和《城市居民委员会组织法》的相关规定，居民委员会组织架构的制度设计主要采取"议行合一"体制，即居民会议或居民代表会议是居民委员会辖区中最高权力机构，代表全体居民的根本利益，对涉及全体居民利益的重要问题进行研究、决定，选举产生居民委员会，并有权撤换和补选居民委员会成员。居民会议由18周岁以上的居民组成，居民会议可以由全体18周岁以上的居民或者每户派代表参加，也可以由每个居民小组选举代表2至3人参加。居民会议必须有全体18周岁以上的居民、户的代表或者居民小组选举的代表的过半数出席，才能举行。会议的决定由出席人的过半数通过。居民会议或居民代表会议由居民委员会召集和主持。

2. 居民委员会

居民委员会是居民会议或居民代表会议的执行机构，具体执行居民会议或居民代表会议的有关决策、决定，主持居民委员会的日常工作，向居民会议或居民代表会议负责并报告工作。居民委员会由主任、副主任和委员共5至9人组成。居民委员会主任、副主任和委员，由本居住地区全体有选举权的居民或者由每户派代表选举产生；根据居民意见，也可以由每个居民小组选举代表 2 至 3 人选举产生。居民委员会根据需要下设治安保卫、人民调解、公共卫生、民政福利等委员会。居民较少的居民委员会可以不设下属的委员会，由居民委员会的成员分工负责有关工作。

社区居民委员会也设立各种专业服务机构。为更好地完成社区管理和服务任务，辖区人口较多、社区管理和服务任务较重的社区居民委员会，根据工作需要可建立社区服务站（或称社区工作站、社会工作站）等专业服务机构。按照"专干不单干、分工不分家"的原则，社区专业服务机构在社区党组织和社区居民委员会统一领导和管理下开展工作，以形成工作合力。社区居民委员会有足够能力承担应尽职责的社区，可以不另设专业服务机构。

（三）城市社区居委会的自治功能

1. 财产自治

居民委员会的财产受国家法律保护。《城市居民委员会组织法》第四条规定："居民委员会管理本居民委员会的财产，任何部门和单位不得侵犯居民委员会的财产所有权。"居民委员会的财产来源主要有三方面：一是政府拨付，用于行政开支；二是向本居住区居民和单位筹集，用于公益事业；三是明确居民委员会可以开展便民利民的社区服务活动，兴办有关的服务事业。

2. 选举自治

选举是自治机构产生管理人员的法定途径。居民委员会的组成人员必须由居民会议或居民代表会议依法选举产生，居民代表会议具有依法随时补选因故出缺的社区居民委员会组成人员的权力，具有依法罢免、撤换不称职的社区居民委员会组成人员的权力。完善城乡社区民主选举制度，应进一步规范民主选举程序，通过依法选举稳步提高城市社区居民委员会成员中本社区居民比例，切实保障外出务工农民的民主选举权。

3. 管理自治

居民委员会对于本居住区的公共事务进行自主管理，同时，社区居民委员会通过自治的方式，协助政府管理社会事务。政府及其派出机关与居委会的关系是一种指导与被指导的关系。但社区居委会所承担的各级政府交办的事情过多，居委会负担过重的情况较为突出。因此，要推进社区减负增效，依据社区工作事项清单建立社区工作事项准入制度。应当由基层政府履行的法定职责，不得要求居民委员会承担。依法需要社区居民委员会协助的工作事项，应当为其提供经费和必要工作条件。

4. 服务自治

社区居民委员会可以根据社区成员的需求，通过兴办便民利民服务事业，建立志愿者协会组织，开展社区志愿者活动等形式为社区成员提供各种生活服务。社区居民委员会运用社区成员喜闻乐见的形式，对社区成员开展遵纪守法和依法履行公民应尽义务的教育，组织社区成员开展精神文明建设，倡导和弘扬邻里互助、尊老爱幼、破除迷信等文明新风，创办群众性社区文化艺术组织，开展自我教育活动。

（四）城市社区居民委员会的发展

城市社区居民委员会是具有传统优势的城市社区自治组织，在新中国成立初期就在社会管理中发挥了重要作用。进入 21 世纪以来，随着社会主义市场经济体制的不断推进，20 世纪 90 年代以来，我国的城市社区建设进入一个稳步发展的时期，但在发展过程中也存在着自治功能衰弱、居民参与不足、居委会干部素质较低等问题。提高城市社区居委会的自治能力，应从以下几个方面入手。

1. 明确城市社区居委会的角色定位

从法律上来看，街道办事处与城市社区居委会之间是指导与被指导的关系。但实际上，两者之间存在着领导与被领导的关系。因此，应建立街道办事处与居委会之间的新型互动关系，改变城市社区居委会"行政化"的趋势。街道办事处对社区居民委员会的工作给予指导、支持和帮助，加强政府各部门对社区居委会的支持力度。进一步加强基层群众性自治组织规范化建设，合理确定其管辖范围和规模。促进基层群众自治与网格化服务管理有效衔接。

2. 完善社区居委会的选举制度

发挥社区自治组织的基础作用，要完善城乡社区民主选举制度，进一步规范民主选举程序。不仅要通过依法选举稳步提高城市社区居民委员会成员中本社区居民比例，还要切实保障外出务工农民民主选举权利。进一步规范社区民主选举程序，稳步扩大社区居民委员会直接选举覆盖面。社区党组织要加强对社区居民委员会选举工作的领导和指导。

3. 探索社区居民自治的机制与形式

推广社区党员或党员代表议事制度，深入开展以居民会议、议事协商、民主听证为主要形式的民主决策实践。开展以自我管理、自我教育、自我服务为主要目的的民主管理实践。推进以居务公开、民主评议为主要内容的民主监督实践，从而全面推进居民自治制度化、规范化和程序化。积极探索网上论坛、民情恳谈、社区对话等有效形式，鼓励社区居民和驻区单位广泛参与，切实保障社区居民的知情权、参与权、决策权、监督权。建立健全居务监督委员会，推进居务公开和民主管理。充分发挥自治章程、村规民约、居民公约在城乡社区治理中的积极作用，弘扬公序良俗，促进法治、德治、自治有机融合。

4. 健全社区居民委员会日常工作制度

社区居民委员会要把工作重点进一步转移到社区管理和服务上来，按照居民活动空间最大化、服务设施效益最优化的要求，改进社区居民委员会服务场所管理，方便居民群众使用。建立健全社区居民委员会与驻区单位协商议事制度，推行分片包块、上门走访、服务承诺、结对帮扶等做法，密切社区居民委员会工作人员与社区居民的关系。实行错时上下班、全日值班、节假日轮休等工作制度，方便群众办事。建立健全社区党组织与社区居民委员会联席会议制度，规范社区居民委员会财产、档案、公章管理，确保社区居民委员会工作有效运转。随着城市化的加速发展，城市新建住宅区、流动人口聚居地还没有建设社区居民委员会组织，为了加强基层社会管理与服务，应加快城市新建住宅区、流动人口聚居地的社区居民委员会组建工作。

二、社区社会组织

社区社会组织在社区自治管理中发挥着重要的协同作用。党的十八大报告把形成政社分开、权责明确、依法自治的现代社会组织体制，作为中国特色社会主义社会管理体系的重要内容和目标。党的十九大提出发挥社会组织作用，实现政府治理和社会调节、居民自治良性互动。社区社会组织是在基层发展起来的社会组织，在基层社会管理中发挥着重要的协同作用。

（一）社区社会组织的概念

1. 社会组织的概念

"社会组织"不同于社会学中的社会组织概念，是指与政府组织、企业组织相区别的组织类型。我国一直将政府组织、企业组织之外的组织类型称为"民间组织"，以"社会团体"来称谓这种类型的组织。

1998年，国务院分别出台了社会团体和民办非企业的管理条例，以法律法规的形式对两种形式的组织成立予以制度性规范，在《社会团体登记管理条例》和《民办非企业单位登记管理暂行条例》两个文件中，分别对社会团体和民办非企业单位进行了基本的概念界定，指出：社会团体主要是指中国公民自愿组成，为实现会员共同意愿，按照其章程开展活动的非营利性社会组织，而民办非企业单位主要是指企业事业单位、社会团体和其他社会力量以及公民个人利用非国有资产举办的，从事非营利性社会服务活动的社会组织。1999年，中共中央办公厅、国务院办公厅发布的《关于进一步加强民间组织管理工作的通知》，明确规定了对民间组织实行业务主管单位和登记管理机关双重负责的管理体制，该文件还正式提出了"民间组织"的官方称谓。2004年，国务院出台了《基金会管理条例（试行）》又正式将基金会从"社会团体"中分离出来，成为民间组织中相对独立的一种类型。至此，社会团体、民办非企业以及基金会成为相互独立的三种类型，隶属于"民间组织"。

2007年11月，民政部在南京召开全国社会组织建设与管理工作经验交流会，正式提出了"社会组织"的概念。"社会组织"是指政党、政府和企业之外的各类民间性的社会组织，主要包括社会团体、基金会、民办非企业单位、部分中介组织以及各种休闲娱乐类团体。社会组织开始与"民间组织"的称谓并存，并逐步过渡到"社会组织"的概念。

2. 社区社会组织

社区社会组织是以本社区为基本活动范围，以社区居民为主体，通过开展各种活动和服务来满足社区居民物质和精神需求的一种社会组织形式。与不同类型的社区相对应，主要有城市社区社会组织、城镇社区社会组织、农村社区社会组织三类。其中城市社区社会组织的发展程度较高，其数量远远大于其他社区社会组织类型。城市社区社会组织是指以非营利性和志愿性为主要特点，以城市社区为主要活动范围，在政府、市场、社会之间发挥服务、沟通、协调等作用，以扩大社区成员参与、反映社区成员诉求、支持社区发展为目标的社区层面的社会组织形式。

社区社会组织主要是基于社区层面的社会组织，有时也被称为"草根"组织或"草根"NGO。对照社会组织的分类，结合社区社会组织的发展实践，目前，我国社区社会组织既包括在社团登记管理部门登记的社会团体（如计划生育协会、老年协会等）、民办非企业单位等，又包括众多未经登记的自发性的群众群体。主要有以下几种类型：①公益型组织，活动内容包括扶贫助残、帮助再就业、房屋协管、关心下一代等，其组织形式包括房屋综合管理服务社、关心下一代委员会等；②自我管理型组织，活动内容有社区安保、环境整治、邻里纠纷调解、计划生育等，如各类计划生育协会、公益服务保洁社、业主委员会等；③互助型组织，主要是志愿者组织和老年人、妇女组织以及各类便民、利民服务组织，如社区志愿者服务总站、老年人协会等；④兴趣爱好型组织，此类组织数量较多，且形式多样，只要是具有某种共同爱好的人群，都可能成立一个此类组织，如社区文体俱乐部、社区活动团队等。

目前，我国正在统筹发挥社会力量的协同作用。制定完善孵化培育、人才引进、资金支持等扶持政策，落实税费优惠政策，大力发展在城乡社区开展纠纷调解、健康养老、教育培训、公益慈善、防灾减灾、文体娱乐、邻里互助、居民融入及农村生产技术服务等活动的社区社会组织和其他社会组织。

（二）社区社会组织的功能

社会组织在社区具有广泛而深厚的基础，社区管理是社会组织大有可为的领域。具有非营利性、公益性的社会组织，在社区公共事务、社区服务和社区公益事业等方面，发挥着越来越重要的协同作用。推进社区、社会组织、社会工作"三社联动"是发挥社区社会组织的协同作用的重要机制。

1. 提高政府社会管理效率，推进服务型政府建设

20世纪70年代末，西方的新公共管理运动对传统的行政管理进行了反思，力求重塑

政府管理自身和社会事务的手段、过程和方法，提高政府管理社会的效率。通过对市场和社会群体力量的利用，大力推行公共服务社会化，通过政府业务合同出租、公私合作、授权社区等方式，鼓励更多的市场主体和社会主体参与到提供公共服务的活动中，使政府从繁重的公共服务细节中解放出来，重点做好监管和协调，提升公共服务供给的效率和质量。多元化社区社会组织的存在与发展有利于政府选择最佳的服务提供者，并对其实行有效的监督，保证高水平服务的方向性和有效性。同时可以缓解政府的基层社会管理的压力，使政府摆脱对具体服务的直接提供、促进"强政府、大社会"格局的实现。

2. 提升社区服务水平，满足社区居民的多元化需求

社区社会组织承担部分社区公共事务及社区公益事业的管理，承接社区公共服务工作，有利于降低成本，提高公共物品的供给效率。社区公共服务的提供者在外在竞争压力下和内在发展动力的推动下，不断提高人员的组织和管理水平，以求不断提高服务质量，谋得生存与发展。社区社会组织参与提供公共服务也有利于服务资金来源的多样化，社区服务运作方式的灵活机动，使社区服务充满活力。目前在我国城乡社区治理中，正在推进社区、社会组织、社会工作"三社联动"，完善社区组织发现居民需求、统筹设计服务项目、支持社会组织承接、引导专业社会工作团队参与的工作体系。

3. 扩大社区参与，提高居民参与意识

社区社会组织是社区参与的重要组织载体。社会组织致力于各种社会问题的解决，积极参加社区建设、地方自治、公共政策的制定和执行等公共管理过程。社区社会组织也为社区居民参与社区治理提供了平台。如，鼓励和支持建立社区老年协会，可以为老年人参与社区治理搭建平台。积极引导驻社区机关企事业单位、其他社会力量和市场主体参与社区治理。

4. 增加就业，保持社会稳定

在西方国家，非营利组织大都是存在于社区层面的，由于其在社会经济发展、吸引就业等方面的特殊作用，以至于"社区经济"的概念应运而生。如，加拿大的16万非营利组织在经济社会生活中发挥着巨大的作用。2003年，加拿大非营利组织的产出占全国GDP的6.8%，还创造了200多万个就业机会，有650多万志愿者做了200多万个小时的志愿工作。[1]

（三）我国社区社会组织的发展

为更好地促进我国社区社会组织参与社会建设，必须制定培育、扶持社区社会组织发展的有效制度与政策，建立社区社会组织良性发展的有效机制。促进政府管理社区社会组

---

[1] 李培林，等. 当代西方社会的非营利组织——美国、加拿大非营利组织考察报告[J]. 河北学刊，2006（2）：71-80.

织的规范化与制度化，增强社区社会组织参与社区管理的能力。①

1. 发挥政府的主导作用

在社区社会组织的发展过程中，政府发挥着主导作用。这种主导作用主要体现在制定完善孵化培育、人才引进、资金支持等扶持政策，落实税费优惠政策，以促进社区社会组织的发展。通过法律、财政、税收等手段为其营造良好的环境，提供必要的支持和保障。当前我国社区社会组织发展质量不高的首要原因就是政府的重视程度不够。政府应转变对社区社会组织的管理理念，加强对社会组织的培育，努力将社区社会组织的发展纳入基层政府的经济社会发展的总体规划、整体目标中来。

政府应对社区社会组织实施严格的监督，规范其行为，明确规定从事社区服务产生的利润必须全部用于社区发展的再投入，不得挪作他用，以保证社区服务的提供和社区服务的质量。要在社会组织中发展党员，加强社会组织的党组织建设。社区居委会在政府与社区社会组织以及社区居民中间起着中介作用。应及时向政府和社区社会组织反映社区居民的需求，表达社区居民的愿望，代表社区居民对所提供的社区服务项目实施管理和评估，并及时反馈社区居民意见。

2. 完善社区社会组织的登记管理制度

我国现行的社会组织登记注册制度为社会组织的合法化在行政上、经济上设置了过高的门槛，致使很多草根型社会组织有的因为找不到上级主管部门，有的由于资金不到位等原因而不能登记注册，最后他们要么无奈地到工商部门注册登记为企业，要么转入地下、半地下状态，更多的则自生自灭。大量分散于基层的社区社会组织更是如此，社区社会组织的发展亟待寻求管理制度上的突破。

南京市在登记制度上的大胆创新值得借鉴。2011年6月，南京市在全国首创了"两级登记、两级备案"的社区社会组织管理体制。在登记制度方面，在不违背国家法律基本精神的前提下，南京市制定了"三简、四免、五宽、六许"的登记制度，授权社区居委会或其他具备条件的组织作为社区民间组织的业务主管单位，社区民间组织应在街道备案，并由街道负责日常管理工作。区县民政部门负责本辖区内社区民间组织的综合协调、指导和管理工作。市民政局负责全市社区民间组织的统筹规划、监督管理和指导协调工作。这种体制既降低了社区民间组织备案门槛，促进了社区民间组织的发展，同时也强化了街道和居委会的管理责任，加强了对社区民间组织的监督管理，有效地引导社区民间组织更好地服务于和谐社区建设。

3. 扶持社区社会组织的发展

从欧美国家的经验来看，政府对社区非营利组织发展都提供了积极的支持，主要有三

---

① 高红. 社区社会组织参与社会建设的模式创新与制度保障[J]. 社会科学, 2011 (6): 76-83.

条渠道：政府财政与税收优惠等政策支持、社会捐赠、非营利组织自身的服务收费，其中前两种途径占主要地位。社区基金会是政府支持社区社会组织的典型案例。在20世纪初的美国，社区基金会是一个地区的居民为更有效地解决本地区的公共问题而设立的社区层面的非营利组织。20世纪60年代末美国实施税法改革，为它制定了比私募基金会更为宽松的优惠政策而使它获得很大发展。社区基金会的建立可以使资金的来源多样化，增加了社区社会组织的资金来源渠道。

由于缺乏公民社会的文化传统和社会根基，我国社会组织发育先天不良。要促进社区社会组织发展，需要建立社会组织发展的支持和孵化机制。建立加快社区社会组织发展的扶持机制，为社区社会组织的发展提供制度化的支持。一方面，参照国外非营利组织的税收政策，制定完善的、可操作的社区社会组织税收优惠政策，为社区社会组织发展创造良好的制度环境；另一方面，政府可以大力推行政府购买公共服务，即政府设立特定的公共服务目标，通过各种模式与非营利组织建立契约关系，由非营利组织等主体来提供公共服务，而政府支付相应的酬金。这种模式有利于政府与社会组织建立规范化的合作关系，对于政府和社区社会组织来说是一种双赢。

4. **加强社区社会组织的人才建设**

社区社会组织的发展亟须一批专业化、职业化的社区社工队伍，但是目前我国这方面的情况并不理想。随着我国社会工作专业教育的不断发展，具有系统的社会工作专业知识和专业技能的大学毕业生不断增多，会有越来越多的专业人员输送到社区工作者队伍当中。由于社会工作者社会认同度不高，社会工作者的待遇、地位低等原因，其吸引力并不大。政府应出台社区社会组织服务机构员工就业、社会保障等方面的政策和法规，完善社会组织税收及从业人员的社会保障措施，增强社会组织对优秀人才的吸引力，提高社会组织的发展能力。

5. **鼓励社区居民广泛参与**

社区社会组织的发展需要社区居民大量的志愿参与。作为服务于社区的非政府、非营利性组织，要把社区居民调动起来参与到社区建设之中。一方面，可以增强社会组织服务社区的能力；另一方面，社区居民的参与网络也有利于社区社会资本的培育与形成。但是我们也应看到，目前我国城市社区居民社会组织参与的积极性不高。应通过政府制度创新来激发社区居民的志愿精神，培育志愿组织，引导和规范志愿活动。鼓励民众参与志愿活动，通过一些制度上的规定给志愿组织以财力上的支持。在社区公共服务的供给上，可以通过"政府出钱、志愿组织办事"的方式进行，政府出钱购买志愿组织的服务，而不是直接提供公共服务。可以借鉴国际上通行的"爱心银行"这一模式，建立志愿服务时间储蓄制度，将志愿者参与志愿活动的时间记录下来，使志愿活动成为"付出、积累、回报"的爱心储蓄。政府还可以通过定向培训制度，培训志愿服务积极分子，为志愿活动的开展提供人力资源上的保障等。

培育社区社会组织，不能仅仅等待社区社会组织的自然成长，而应由基层政府和社区自治组织强力扶持，并主动将其引入社区网络化治理体系之中。基层政府应明确社区社会组织所承担的使命与任务，对其发挥资源引导作用。选择适宜其发展的沟通渠道与合作方式，引导社区社会组织自觉参与社会服务，注重提高自身发展质量，主动适应形势发展和社会需求。由政府向社区社会组织购买服务，为社区社会组织提供了更广阔的发展空间与机会，有利于促进社区社会组织更好地发展。

第三节　物业管理与业主自治

由于城市现代化的发展，城市中出现了大量商业性住宅，物业管理随之应运而生。物业管理不仅是一种房产管理模式，更是城市社区管理体制中的重要组成部分。社区物业管理机构与业主委员会构成了城市社区管理的重要主体，在城市社区管理中起着不可缺少的补充作用。

一、社区物业管理

（一）物业与物业管理

1. 物业的范畴

物业是不动产（real estate/property）的别称，是与房屋住宅的所有和使用相关的法律意义上的概念，是指以产权为基础，以土地及土地上的建筑物形式而体现的不动产，既可指单元性的地产，也可指单元性的建筑物。因此，物业强调以共有所有权为纽带、以各业主的专有所有权为核心的权利体系。在我国，关于物业管理的法规大多把"物业"界定为"住宅区内各类房屋及相配套的公用设施、设备及场地"。物业既包括供居住或非居住的建筑物本体，也包括附属公共设施，同时还包含物业所在的特定面积的场地。在我国的物业管理实践中，物业也分为居住物业和非居住物业。

2. 物业管理

物业管理（property management）诞生于19世纪60年代的英国。英国的奥克托维亚·希尔女士为了管理名下出租的房屋，制定并组织实施一套有效的管理办法。经过百余年的发展，在西方已经形成了一套比较完善的物业管理制度体系。物业管理在中国内地的发展开始于20世纪80年代初。1981年，深圳为了打破长期福利性的房管模式，借鉴香港的经验，成立了内地第一家物业管理公司，之后各种物业管理组织在全国范围内迅猛地发展起来，使物业管理开始走入平常百姓家庭。

物业管理在我国的发展是随着城市管理体制的改革逐渐推进的。在发展初期，物业管理的独立性很低，管理水平并不高，管理内容单一，管理也不规范。进入 21 世纪之后，我国物业管理逐渐步入规范化管理的轨道。2003 年 6 月 8 日，国务院颁行了《物业管理条例》，这是我国关于物业管理的第一部行政法规。各地方随之相继制定和修改了各自地方性的物业管理规章。2007 年 10 月通过的《物权法》对社区物业管理以及业主委员会做了相应的规定。我国物业管理进入有法可依的发展阶段。

《物业管理条例》将"物业管理"界定为业主通过选聘物业服务企业，由业主和物业服务企业按照物业服务合同约定，对房屋及配套的设施设备和相关场地进行维修、养护、管理，维护物业管理区域内的环境卫生和相关秩序的活动。这种物业管理具有委托和有偿服务的两个基本特征，即委托方与受委托方双方签订物业服务合同，并按照规定交纳费用。一般而言，物业管理包括三部分。①常规性的物业管理与服务，如房屋的管理，设备设施的管理及维护，社区安全保卫与消防管理，社区环境保护与社区绿化管理，社区道路与车辆管理，社区物业保洁等。②有针对性的专项服务，针对特定业主和使用人的特定需要所设立的服务项目，如日常生活、商业服务、文教卫生、中介服务等，物业管理企业将服务内容、质量与收费标准公布于众，由业主自行选择。③委托性的服务。这一部分服务通常在物业合同中没有规定，在专项服务中没有设立，是由业主或使用人提出需求的项目。

物业管理具有以下特征。①专业化。由于现代物业管理的规模不断扩大以及复杂性不断提高，不具有专业性的管理公司难以胜任，故而物业管理已成为必要选择。《物业管理条例》规定，从事物业管理活动的企业应当具有独立的法人资格。物业管理企业必须按照物业服务的合同，依法进行物业管理和服务。从事物业管理的人员也需要具有专业资格才能上岗。②市场化。物业管理是一种通过服务而获得报酬的管理活动，是非生产性的企业活动，即专业化的物业管理企业及其从业人员，为满足业主的需要，而提供的相应的体力和智力的有偿服务。③社会化。物业管理是一种综合性的经营性管理活动，融经营、服务、管理于一体，在服务中改善经营和管理，在经营与管理中为人服务，三者相互联系、相互促进，实现社会效益、环境效益和经济效益的同步增长。

（二）物业管理与社区管理的关系

在城市生活中，社区管理与物业管理是在时间上、空间上同时运行，又在参与主体、运行体系、运行目的上各不相同的两种管理。[1] 社区管理与物业管理既有差异也有相同点，两者之间相互促进、相互补充，共同承担现代城市社区管理的任务。二者的组织结构

---

[1] 陈淑云. 城市居住区物业管理与社区管理有效整合机制［J］. 华中师范大学学报（人文社会科学版），2009（5）：49-55.

如表 1 所示。

表 1　社区管理与物业管理的组织结构比较

	依据的法规	主管部门	经费的获得	主要功能	最终目标
社区管理	《居委会法》	民政部	以政府拨款为主，社区服务收入为辅	代替政府管理城市；提供公共服务的同时，提供其他经营性服务	居民自治
物业管理	《物权法》《物业管理条例》	住房和城乡建设部	通过市场交换物业服务商品获得	受业主委托维护和管理所拥有的物业	获得利润；获得良好的居住条件及居住环境

1. 物业管理与社区管理之间的差异

物业管理和社区管理虽然都是对居住社区的管理，但两者之间存在着明显的差异。①从管理的性质来看，物业管理是由市场机制配置的企业化、公司化行为，以追求利润最大化为其根本目标。物业管理的全方位综合服务的特点和提供高效、优质的商品化劳务的本质要求，物业管理成为市场经济条件下社区管理的主要支柱。而社区管理是政府管理与居民自我管理相结合的产物，体现的是行政管理和自治管理的机制。②从管理方式来看，物业管理主要从养护和完善物业及其周围的环境来体现以人为本的宗旨；而社区管理主要从协调人际关系入手，通过建立良好的人际关系，创建良好的社区文化，来体现以人为本的宗旨。

2. 物业管理与社区管理之间的功能互补

(1) 管理与服务的对象相同。

物业管理应市场的需求而产生，既是社区设施的管理者，又是社区居民的服务者。社区管理的对象也是社区居民，两者的范围具有重合之处。社区管理对象的范围一般要大于物业管理的范围，但在为居民提供优质服务的问题上，物业管理与社区管理具有一致性。无论是物业管理还是社区管理都是建立在一定地域范围内的与居民生活紧密相关的各种设施基础之上的，其中包括住房、道路、供水和文教卫等设施，所以两者在同一地域之内、在同一套基础设施之上的管理存在"硬件共享"的情况。

(2) 物业管理与社区管理的目标相近。

社区管理与物业管理都是以"人"为中心开展活动，为人的生存、发展提供各种方便及服务。物业管理虽然是以市场为导向的，但做好物业管理的本职工作，还要注重所管区域的整体文化的培养，注重企业经营理念与住区业主的文化认同。这样不仅可以降低企业管理机制的运行成本，而且可以为企业积累无形资产，如创立企业品牌，最终达到文明小区或示范小区的目标。从实现社区和谐发展的目标而言，物业管理与社区管理具有相同的目标,从而达到功能上的互补。

(3)物业管理与社区管理都具有自治管理组织。

改革开放以来,我国城市社区自治的民主在发展中有了进一步提高,除了社区居民委员会以及与之相连的各种社区自治组织之外,与物业管理相连的业主委员会,也成为城市基层社区民主的一种基本的组织形态。在我国很多城市中,业主委员会在管理社区公共事务、促进社区方面起到了积极的作用。居委会、业委会和物业公司构成社区治理的"三驾马车"。

二、业主自治管理

(一)业主自治管理的概念

《物业管理条例》将业主界定为"房屋的所有权人"。从法律意义上说,业主是指经不动产登记的物业所有权人,经不动产预购登记的人视为业主。《物业管理条例》规定,物业管理遵照业主自治管理与委托物业管理企业专业管理服务相结合的原则。业主自治管理就是指全体业主组成一个管理团体自行管理其所属物业。物业委托管理则是由业主将物业管理的一定事项委托专业性的管理公司予以管理,此时业主与管理人之间属委托关系,并且其相互间一般存在委托合同。

业主自治管理的权利来源于业主自身所享有的建筑物区分所有权,包括专有权、共有权和成员权。因此,业主不仅必须通过组成团体设置自治机构及订立公共规约来协调相互间的关系,并自行进行部分必要的、力所能及的物业管理活动,而且还对专业化物业管理公司享有选聘、委任权,并且对物业管理公司之管理行为享有监督权,有权解除委托合同以剥夺物业管理公司物业管理权。在物业管理的整个环节中,业主及业主自治团体始终应当处于主导地位,这不仅是基于业主对其物业所享有的财产权利,也是强化业主利益保护的必然要求。[①]

(二)业主自治管理的组织机构

业主大会和作为业务执行机构的业主委员会,构成业主自治管理体系的两大支柱。2009年,住房和城乡建设部根据《物权法》和《物业管理条例》等法律法规的规定,制定了《业主大会和业主委员会指导规则》,以规范业主大会和业主委员会的活动,维护业主的合法权益。

1. 业主大会

业主大会是社区物业管理的权力机构。根据有关法律法规对于业主大会的组成和权限

[①] 程信和,等. 房地产法[M]. 北京:北京大学出版社,2001:187.

的规定，业主大会由物业管理区域内的全体业主组成，代表和维护物业管理区域内全体业主在物业管理活动中的合法权利，履行相应的义务。业主大会根据物业管理区域的划分成立，一个物业管理区域成立一个业主大会。业主大会采用会议制形式，享有处理社区自治的公共事务的权力，依法行使物业管理的民主自治权利。业主大会是社区内的群众性自治机构，又是各业主自治管理体系中的表达集体意愿的权力机关。

具体而言，业主大会行使的职权主要包括以下几个方面。①制定物业区域内的自治管理规约并监督实施。②选举、决定和罢免本自治管理组织的组成人员，选举、决定和罢免本自治管理组织的组成人员，选举业主委员会主任委员、副主任委员和其他委员，根据主任委员的提名决定聘任相关管理人员，并有权依照规定程序予以罢免。③听取和审议业主委员会的工作报告和物业公司的服务工作报告。④监督业主委员会的工作，有权改变或撤销业主委员会不适当的决定。⑤审查和批准本自治辖区的物业管理年度计划和计划执行情况报告。⑥决定涉及业主共同利益的重大事项，如物业的重大改善或改良、建筑物的增建或重建、社区环境的整治、以业主集体名义提起诉讼或应诉等。

成立业主大会应遵循一定的程序。符合成立业主大会条件的，区、县房地产行政主管部门或者街道办事处、乡镇人民政府应当在收到业主提出筹备业主大会书面申请后60日内，负责组织、指导其成立首次业主大会会议筹备组。首次业主大会会议筹备组由业主代表、建设单位代表、街道办事处、乡镇人民政府代表和居民委员会代表组成。筹备组应当自成立之日起90日内完成筹备工作，组织召开首次业主大会会议。业主大会自首次业主大会会议表决通过管理规约、业主大会议事规则，并选举产生业主委员会。

2. 业主委员会

根据我国物业管理的相关法规，业主委员会是物业管理区域内业主自我管理、自我教育、自我服务、实行业主集体事务民主制度、办理本辖区涉及物业管理的公共事务和公益事业的社会性自治组织。业主委员会由业主大会依法选举产生，履行业主大会赋予的职责，执行业主大会的决定，接受业主的监督。业主委员会是业主大会的常设执行机构，在业主大会闭会期间行使业主集体自治权利，包括执行业主大会的决定和决议、召集和主持业主大会、报告物业管理实施情况、与业主大会选聘的物业服务企业签订物业服务合同等。

业主委员会是业主参与和实现民主管理的组织形式，也是对外代表其辖区全体业主的独立自治组织实体。业主委员会要及时了解业主、物业使用人的意见和建议，监督和协助物业服务企业履行物业服务合同，监督管理规约的实施，督促业主交纳物业服务费及其他相关费用，组织和监督专项维修资金的筹集和使用，调解业主之间因物业使用、维护和管理而产生的纠纷，承担业主大会赋予的其他职责。

业主委员会作为社区物业自治管理的常设性管理机构，是由业主大会会议选举产生，由数量为单数的 5 至 11 位委员组成。业主委员会委员应当是物业管理区域内的业主，并符合相应的规定。业主委员会委员实行任期制，每届任期不超过 5 年，可连选连任，业主委员会委员具有同等表决权。

（三）基层政府与物业管理、业主自治的关系

物业管理和业主自治必须在基层党组织和政府部门的指导和监督下开展工作。业主自治组织与活动是基层社会管理的重要内容之一。政府的管理主要体现在对业主自治组织地位的确认以及对业主自治活动进行的指导上。《物业管理条例》明确规定，同一个物业管理区域内的业主，应当在物业所在地的区、县人民政府房地产行政主管部门的指导下成立业主大会，并选举产生业主委员会。召开业主大会会议，物业所在地的区、县房地产行政主管部门和街道办事处、乡镇人民政府应当给予指导和协助，并积极开展物业管理政策法规的宣传和教育活动，及时处理业主、业主委员会在物业管理活动中的投诉。如果业主委员会做出的决定违反了法律、法规，物业所在地的区、县人民政府房地产行政主管部门应当责令限期改正或者撤销其决定，并通告全体业主。

业主自治组织应在政府指导下开展工作，同时也要接受社区居委会的指导，业主大会、业主委员会应当积极配合相关居民委员会依法履行自治管理职责，支持居民委员会开展工作，并接受其指导和监督。召开业主委员会会议以及会议做出的决定，应当告知相关的居民委员会，并听取居民委员会的建议。业主自治是物业管理制度的核心。业主自治制度的完善有助于增强业主自治权利意识，通过民主的程序来管理自己的家园，同时也有助于物业管理纠纷的减少与解决，最终实现物业管理市场的健康发展。

三、我国城市物业管理与业主自治的发展

（一）完善物业管理与业主自治的法律制度

业主自治组织法律地位的明确对于理顺物业管理中的各种法律关系，更好地维护广大业主的合法权益具有重要意义。《物业管理条例》是我国第一部全国性的物业管理法规。条例是从规范物业管理活动的角度制定的，更多地表现为一种对物业管理企业的管理办法，而非业主权利的保护法，所以对业主行使自治权利的规定并不完善。《物权法》颁布后，国务院对《物业管理条例》也相应地进行了修改，对业主大会和业主委员会的成立、职责范围和权利行使等方面做了较为详尽的规定，但对于业主大会和业主委员会的法律地位，仍然缺乏明确规定。因而业主大会和业主委员会在行使其日常职能，如，在维护社区私人业主的合法权益与地位、通过市场选聘物业公司的时候，存在着很多的难题。

业主自治组织的法律地位问题是物业管理中的一个薄弱环节，已影响到了物业管理的

健康发展。通过明确和规范业主、业主大会、业主委员会在业主自治制度中的地位、作用和相互间的权利义务关系,为业主自治制度作用的发挥提供充分的依据和保障显得尤为必要。①

(二) 正确处理社区管理、物业管理与业主自治三者之间的关系

社区自治组织、物业管理公司以及业主自治组织是现代城市社区管理中的三个重要主体,共同维护着城市社区的生活秩序和居民福利。但在现实生活中,业主委员会、居委会、物业公司三者之间存在着复杂的关系,因此,冲突与矛盾时有发生。

1. 物业管理公司与业主委员会之间的关系

一般说来,根据相关规定,业主委员会作为业主自治管理的核心,代表业主对住宅区的房屋、公共设施、环境实行自治管理。具体的物业由业主委员会委托专业的物业公司进行管理。从理论上讲,物业公司直接对业主委员会负责,它们之间的关系是雇佣与被雇佣的关系。社区里涉及业主权益的事宜由业主委员会决定并和物业公司协商解决,物业公司负责和业主委员会沟通并基于自己的专业性来解决社区内的一些具体事宜。

在现实生活中,物业管理公司与业主委员会之间的矛盾成为城市社区管理中突出的问题。物业管理与业主委员会之间的冲突往往集中于物业管理公司的管理资格问题。在开发商完成开发建设并出售房屋前,往往由物业管理公司承担小区的物业管理,开发商在出售房屋时搭售物业服务,业主往往没有接受或不接受的自由。由于一些客观条件的限制,业主委员会的成立与运作还存在着一些问题。如果物业管理公司自身的管理水平比较低,造成业主对于物业管理的不满,同时没有通过适当的渠道来表达意愿的话,就很容易产生物业管理与业主之间的矛盾与冲突,影响社区正常的生活秩序。

2. 业主委员会与居民委员会之间的关系

居民委员会与业主委员会同为城市社区管理中的重要主体。但是居民委员会与业主委员会的地位不同,承担着不同的职责。业主委员会面对的利益群体是住宅小区的业主,维护的是小区业主的利益。居民委员会面对的是所有社区居民(含业主),维护的是全体社区居民的利益。两者均是居民与业主利益的代表,维护居民的合法权益,同时也都是围绕城市服务、创建良好居住环境、塑造文明社区、改善居民生活质量来开展工作,可以说所要达到的目标是一致的。

虽然业主委员会与居民委员会具有相同的组织目标,但两者之间不能相互替代。业主委员会不能取代居民委员会,因为小区管理包含的范围更广,不仅是对物业进行日常管理,还包括一些行政管理和社会工作的内容。要做好这些工作,业主委员会的职能是有限

---

① 肖立梅. 论物业管理中业主自治组织的法律地位 [J]. 理论学刊,2009 (4): 85-89.

的,而社区居民委员会作为社区建设的主体组织,从自身的职能出发,责无旁贷地要承担起为社区居民提供更好服务的重任。居民委员会是业主委员会顺利处理日常事务的依靠力量。居委会在遇到日常工作涉及小区物业或小区居民之类的问题时,由业主委员会出面去协调解决将会节省解决问题的成本且更有利于问题的解决。因此,在日常生活中应协调处理好业主委员会、物业公司与居委会之间的利益关系。

为了改进社区物业服务管理,应加强社区党组织、社区居民委员会对业主委员会和物业服务企业的指导和监督,建立健全社区党组织、社区居民委员会、业主委员会和物业服务企业议事协调机制。尝试在社区居民委员会下设环境和物业管理委员会,督促业主委员会和物业服务企业履行职责。完善业主委员会的职能,依法保护业主的合法权益。鼓励符合条件的社区居民委员会成员通过法定程序兼任业主委员会成员。在无物业管理的老旧小区,依托社区居民委员会实行自治管理。

(三)提高业主自我管理的水平与素质

业主的素质是制约业主大会与业主委员会发挥自治功能的重要因素。由于传统观念的影响,在我国,财产所有人维护自己权益的观念差,很多业主作为产权人缺乏法律意识,有的业主不具备最基本的公共精神。面对"公共物品",很多业主表现出"搭便车"的心理,即便出现问题,也不愿意主动站出来支持业主大会或业委会维护自己的权益。怕麻烦、怕惹事、得过且过是很多业主的心理。这不仅影响到了业主委员会的产生,也影响到了业主委员会具体工作的开展。因此,提高业主的法律意识和参与水平很有必要。

关键术语:

社区自治;社区参与;社区自治组织;社区社会组织;物业管理;业主自治;业主大会;业主委员会。

阅读书目:

1. 陈伟东:《社区自治:自组织网络与制度设置》,中国社会科学出版社,2004年版。

2. 梁莹:《基层政治信任与社区自治组织的成长:遥远的草根民主》,中国社会科学出版社,2010年版。

3. 王邦佐:《居委会与社区治理:城市社区居民委员组织研究》,上海人民出版社,2003年版。

4. 杨寅:《公共行政与社区发展》,浙江人民出版社,2005年版。

案例分析：

社区直选奠定社区自治基础[①]

41岁的宁波市江东区百丈街道划船社区主任景华芬组织好义务献血赶回社区时，几名社区居民已在办公室等着她了。在听完居民的反映后，景华芬决定跟随71岁的居民史久撰到他家看看，现场处理史与邻居的防盗门纠纷。景华芬对也在等她的市民政局干部表示歉意："居民们选我当这个社区主任，我不能让他们失望。"景华芬自我定位为群众自治组织聘用的社工。去年7月，景华芬通过社区直选，当选为划船社区主任。在此之前，她是社区党委副书记，但并不是本社区居民。

宁波市江东区百丈街道划船社区地处江东区繁华地段，社区总面积0.41平方公里，现有住户3891户，居民8953人，其中党员808名，包括在册党员361名，在职党员447名。

2007年7月1日，是全国文明社区——宁波划船社区直选日。作为社区主任的候选人，景华芬与社区另一名候选人共同竞争主任职位。社区所设的一名副主任职位也有两位居民竞选，另5名居委会委员从7名候选人中产生。划船社区共有74个居民小组，都推荐景华芬为主任候选人，这让景华芬十分感动。到划船社区工作两年多的景华芬凭着朴实、热心、干练的作风很快赢得了居民的信任。

在选举前期，候选人能够与居民见面，通过彩车巡游、张贴海报、公开演讲等形式进行"拉选票"活动。正式选举前，每名候选人面对居民代表、辖区单位代表做"施政演讲"。景华芬的承诺是：居民素质有新提高，居民生活有新变样，社区环境有新改善，社会治安进一步好转，居民养老养残有新的突破。

选举从上午6时30分开始，5个小区都设有投票点，另设有两个流动票箱上门为行动不便的残疾人、老人和病人服务。社区居民的选举热情很高，上午8时30分，投票已过半。下午15时正式唱票。划船社区参加选举的居民有4825人，投票率达98%。景华芬的得票数为4455张，得票率为92%，名列首位，当选为社区主任。当选为副主任的是年近七旬的机关退休干部马关林，得票数为4177张。马关林在居民中德高望重，威信很高，担任了墨香缘等多个社区民间组织的负责人。

看到选举结果，景华芬激动地流下眼泪。许多居民走来向她表示祝贺，一位大妈拉着景华芬的手说："我也投了你一票，以后可多为我们居民办事啊。""说实话，选举前我心里没底，现在直选全是老百姓说了算。我又高兴又感到压力很大"，景华芬说。

当选的居委会委员中除了4名专职委员外，另外的3名兼职委员都是普通居民，其中

[①] 魏娜. 社区管理原理与案例[M]. 北京：中国人民大学出版社，2013：139.

两名是退休人员，一名是物业公司普通职工。但他们热心社区工作，都有一技之长，在划船社区居民中有较高的知名度。这些来自各行各业的精英人士被居民慧眼识中，推选到为他们服务的居委会中，是这次宁波城区社区直选的一大亮点。宁波市海曙区文昌社区新当选的居委会委员中有辖区内的小学校长、大酒店副总和煤气公司负责人，这些人与居民日常生活密切相关。

时任宁波市民政局副局长许义平认为，直选后的居委会聚集了各行业精英——官员、老板、企业高管、学校校长等。他们本身亦可调动较多社会资源，参与社区建设与治理，从而惠及社区居民。这种认识在后来的实践中得以印证。大酒店提供就业岗位，煤气公司的惠民便民服务、志愿者队伍与社区孤寡老人结对，学校为社区提供培训教育、文体场地。划船社区新当选的副主任马关林利用他的名望和社会资源，与背街小巷建设指挥部协调，很快在社区开了三道边门，解决了背街小巷建设中居民的行路难题。

思考题：

根据案例，分析我国社区自治组织对于社区治理结构的作用以及发展方向。

第四章 社区服务管理

[提要] 社区服务是社区管理的基础性工作。服务居民、造福居民是社区管理的出发点和落脚点，提高社区服务供给能力是提升城乡社区治理水平的重要途径之一。社区服务是在社区范围内开展的具有福利性、公益性和互助性的社会服务。社区服务主要面向弱势群体，关系到社区居民的社会福利和社会公平。在社区服务管理体系中，政府、社区自治组织、志愿者组织以及居民都发挥着不可替代的重要作用。社区社会保障是社区服务的重要组成部分，同时也是社会保障体系的基础。

第一节 社区服务概述

一、社区服务的内涵

（一）社区服务及其相关概念

1. 社区服务

社区服务的本义是福利服务或公益性服务，是社区范围内的一种社会服务。在西方国家很少直接使用"社区服务"一词，而常常使用"社会服务""社会福利服务""社区照顾"或"社区照顾服务"等，这些概念所表述的活动都属于社区服务的内容。在西方国家，在社区中的服务、由社区提供的服务以及为社区的服务，都可归入社区服务的范畴。

社区服务是一个颇具中国特色的概念术语。在我国政府的文件中，社区服务一般定位于社会公共服务，对社区服务的界定也比较宽泛。2007年5月，民政部和国家发改委联合制定了《"十一五"社区服务体系发展规划》，其中把社区服务定义为"以各类社区服务设施为基础，以社区居民、驻区单位为服务对象，以满足社区居民公共服务和多样性生活服务需求为主要内容，政府引导支持，多方共同参与的社会公共服务"。这类社区服务的定义主要强调民政部等政府部门制定的社区服务政策。

我国学术界关于社区服务概念的界定比较强调社区服务的目的和功能内容。如，有的观点强调社区服务的目的性，认为社区服务是指在政府的统一规划和倡导下，以社区组织为依托，以生活在一定社区地域内的全体成员为对象，通过社区成员间的互助性服务，解决本社区内的社区问题。① 有的观点注重其公益性功能，如，社区服务是以社区为单位提供的服务，它是用服务的形式满足社区居民共用性消费需要的社会公益产品。② 也有的观点强调社区服务活动的内容，认为社区服务是指在政府倡导和支持下，以街道办事处和居委会等组织机构为依托，发动和组织社区成员，利用和开发社区资源，为满足社区成员的各种需求而开展的本质为社会福利性质的社会服务活动。③

综合已有研究，我们认为，社区服务是指在党和政府的主导下，以社区组织和社区居民为主体，为社区成员提供福利性、公益性和互助性服务的活动与过程。社区服务的对象主要是社区中的弱势群体，具体包括老人、孤儿、残疾人、生活困难居民家庭以及优抚人员等。同时，社区服务也面向社区中的一般居民，为全体社区成员提供便民利民服务。

2. 社区公共服务

公共服务有广义和狭义之分。广义的公共服务基本等同于政府的全部职能，涉及国防、外交、经济发展和社会生活等方方面面；狭义的公共服务是指政府为公众提供的各项服务，包括社会保障、公共卫生、公共教育、公共基础设施及管理等。

近年来，我国政府和学术界开始使用"社区公共服务"的概念来代表社区范围内的公共服务。所谓社区公共服务就是在社区范围之内的公共利益、公共事务的管理和维护以及通过公共财政向社区居民提供的各种旨在满足居民生产生活基本需求的就业、教育、卫生、社会保障等各项服务。一般而言，社区公共服务与社区服务可以在同等意义上使用，两者都是为社区成员而提供的公共服务设施以及服务活动。这些服务将社会效益放在首位，是最具有福利性和公益性的公共服务。

社区服务与社区公共服务之间存在着一定的区别。社区公共服务既是现代社会为了社区的需要而提供的社会公共服务，也是社区本身为了满足自己的需求而安排的共有服务。社区公共服务除了政府所提供的基本公共服务之外，还包含社区范围内的组织和个人提供的满足社区居民需要的各种服务。社区公共服务的范畴要大于社区服务，社区服务是社区公共服务的组成部分之一。社区公共服务更强调政府作为社区服务的供给主体在城乡社区公共服务体系建设、提高社区服务水平中的主导作用。社区公共服务包括与城乡社区居民利益密切相关的劳动就业、社会保障、卫生计生、教育事业、社会服务、住房保障、文化体育、公共安全、公共法律服务、调解仲裁等公共服务事项。而社区服务则偏重于社区公共服务中的社会保障以及弱势群体的救助性服务等方面。

---

① 娄成武，等. 社区管理学 [M]. 北京：高等教育出版社，2006：274.
② 杨团. 推进社区公共服务的经验研究——导入新制度因素的两种方式 [J]. 管理世界，2001（4）：24-35.
③ 夏建中. 社区工作 [M]. 北京：中国人民大学出版社，2005：157.

(二)社区服务的内容

相对社区公共服务而言,社区服务更侧重于社区福利服务或社区公益服务。社区服务主要是指在政府的指导和扶持下,在民政部门的倡导和组织下,以街道和居委会为依托,以社区居民的自助互助为基础,关注弱势群体,面向社区全体居民,以提高社区居民生活质量为目的的社会福利性服务。社区服务以维护、确保社会弱势群体,如老年人、残疾人及其他特殊群体的最基本生活为出发点和归宿,这是其福利宗旨最明显的体现。同时社区服务也面向一般的社区居民,为其提供便民利民服务。具体而言,社区服务包括以下内容。

1. 社区养老服务

社区养老服务是指由所在社区通过有组织的运作机制向老年人提供各种服务,满足老年人的养老需求,包括生活服务、医疗保健服务、文体娱乐服务、法律服务等内容。随着我国进入老龄化社会,除了家庭养老以外,社区养老服务的作用越来越重要,社区养老服务成为社区服务的重要内容与任务。社区养老服务可以使老年人生活于熟悉的社区环境中,获得更多社会支持,有利于老年人的身心健康,节约社会资源、推动养老的社会化。

2. 残疾人服务

残疾人服务是指面向残疾人所提供的社区服务,具体包括康复服务、生活服务、特殊教育服务、劳动就业服务、生活娱乐服务等。由于生理或心理障碍,残疾人在生活中会遇到诸多常人无法想象的困难。为残疾人提供社区服务,目的在于保证其平等地参与社会生活,平等地享受社会发展成果。

3. 社会贫困救助和优抚服务

社会贫困救助主要是针对社区中的贫困群体,如下岗工人就业困难、无经济来源的贫困户等。通过建立当地的最低生活保障制度,确保贫困群体的基本生活需要得到满足。优抚服务主要是国家和社会依照法律法规对优抚对象实行的褒扬性和保障性的物质帮助和精神鼓励,如军属、烈属和退伍、转业军人等。主要是开展多种形式的拥军优属活动,帮助优抚对象解决生活困难。

4. 便民利民服务和社会化服务

便民利民服务是指面向一般社区居民的日常生活的社区服务设施与服务活动。针对社区居民经常遇到的困难和实际需求,提供各种有偿或低偿服务。便民利民服务是社区服务的补充与延续。社会化服务主要是面向社区单位及其职工,承接单位向社区转移的各种服务,如子女教育、后勤服务、医疗服务等。服务的形式主要是提供便利的服务设施,包括社区服务中心、卫生站、社区商店等。

二、社区服务的特点与功能

(一) 社区服务的特点

1. 地域性

社区服务的地域性,主要指社区服务所具有的区域性特征。①社区服务的主体主要是本社区内的居民、单位和群体、组织。②社区服务的客体也是社区内的成员,每个社区的社区服务都是根据本社区成员的需要和愿望,解决本社区存在的问题,为本社区成员提供多样性服务。③社区服务的活动范围主要局限于社区之内,即使是商业性的服务网点,其服务对象也主要是本社区成员。④每个社区的社区服务都会受到本社区地理环境、文化条件、人口状况要素的影响,在服务内容、服务方式等方面都带有这些要素的印记。社区服务的地域性特征要求在开展社区服务时要做到因地制宜,立足于本社区的客观实际,形成具有本社区特色的特殊服务体系。

2. 群众性

社区服务从本质上说,就是一种群众性的自助互利服务,既要依靠群众,又服务于群众。只有依靠群众,才能具有深厚的群众基础,获得巨大的力量和资源。只有服务于群众,真正为他们解决实际的困难,使广大群众得到实惠,才能获得群众的支持,吸引居民积极参与到社区服务活动中,形成"人人为我,我为人人"的风气。同时,社区服务工作计划的制订,服务项目的实施;人力、物力、财力的组织;服务活动的协调和管理,都要符合大多数居民的意愿和需要,依靠居民自己来办。

3. 福利性

福利性是社区服务的本质特征。社区服务要以维护、确保社会弱势群体的基本生活为出发点和归宿。社区服务的福利性是一个不断增长的过程,随着国家和社会支持力度的不断加大,社区服务的对象也在日益扩大。社区服务要把社会效益摆在第一位,不能以营利为目的。当然,由于国家和地方财力有限,为了使社区服务得以正常提供,保持社区服务发展的后劲,某些社区服务项目可以实行有偿服务,但应以低偿为主,这些服务的盈余不能成为主办单位或从业者个人的利润,而只能用于社区福利事业。

4. 公平性

社区服务是以非营利性为特征的公益服务活动,体现着社会公平的价值目标。社区服务要让社区居民平等享受社区公共服务所提供的各种机会和权利,如,社区卫生保健、环境保洁、文化体育等公益性服务和公共空间、公共生态等公共设施服务。公益的本义是使社区居民都有平等地享有公共服务的机会和权利,而不管居民的收入状况和社会地位的高低。社区服务不以营利为目的,即便从事一定的经营性服务,但所取得的利润一般不能在成员间进行分配，只能用于服务事业的发展，所追求的终极目的是社会效益。

5. 互助性

社区服务提倡社区居民的互帮互助。通过社区志愿者开展扶贫济困，帮助老人、残疾人等弱势群体的活动，传递爱心和温暖，这体现我国邻里互助的传统美德，也体现了自己的事情自己办的自强自立原则。居民既是服务的参与者，又是服务的受益者。形成互助风尚、互助服务是社区服务的原初形态，互助服务的实施有助于增进居民间的相互了解和情感交流，有利于增强居民的社区归属感和认同感。同时，互助服务也可以填补政府、社会机构以及社区组织的服务空白。

（二）社区服务的功能

社区服务体现着以人民为中心的发展思想和社会发展与社会公正内在统一的基本原则。对于我国而言，社区服务具有更为重要的现实价值。随着社会主义市场经济的发展和城市化进程的加快，越来越多的"单位人"转为"社会人"，城乡社区在经济社会发展和谐发展中的地位更加重要，城乡居民对于社区服务的需求也日益提高。社区服务对于提高人民生活质量、扩大就业、化解社会矛盾、促进社会和谐发展具有重要的意义。

1. 保障社区弱势群体的基本生活

社区服务的保障作用是由福利性服务这一社区服务的本质特征所决定的。它表现在地方政府提供资金、政策，通过社区组织实施，维护居民的基本生活权利，尤其对孤寡老人、残疾人、下岗失业人员、农民工、贫困家庭等弱势群体提供社会救助服务及生活供养、疾病康复、社区照顾以及维权服务等。对现役军人、退伍军人、军人家属、烈士家属等提供国家抚恤、生活照顾及就业安置等方面的优抚服务。保障弱势群体的生活是社区服务首要而基本的服务。

2. 提高社区生活质量

社区服务是为居民服务，解决居民的后顾之忧，方便居民的生活。社区服务水平直接影响着社区生活质量。社区服务要动员和组织各方面的人力、物力、财力，为居民谋利益，改善居民的生活条件，创造良好的社会环境。社区服务不仅使不同阶层的居民拥有了共同的利益基础，而且也为不同社会阶层的人提供了情感交流的机会和场所，使他们在各自的生活之中找到共同点，进而融洽彼此之间的关系，加强对社区的归属感和依赖感。

3. 促进社会主义精神文明建设

社区服务是社会主义精神文明建设的一种重要形式，是社会进步和社会文明程度的重要标志。社区服务应把群众性精神文明建设和社区管理服务有机结合起来，通过开展自助互助活动、尊老爱幼助残济困活动，使我国传统美德进一步发扬，开展社区服务活动，能够增强人们的亲情、友情，促进人与人之间的和睦共处。社区服务有助于丰富社区居民生活内容，形成健康向上的社区风尚，进而形成丰富多彩的社区文化，增强社区凝聚力和认同感，维护社会和谐稳定发展。社区服务对于培养青少年的思想道德，增强其社会责任感和公民意识也具有重要的作用。

4. 维护社会和谐稳定

社区服务是社会建设和社会管理的基础环节。我国的改革开放带来了社会经济的巨大变化，也使得社区服务的功能越来越明显地体现出来。社区承担着越来越多的社会管理事务。社区承担着社会治安、社会救助、就业再就业、计划生育等多项管理和服务工作。社区作为居民的生活家园，已成为居民组织活动、交流信息、提供服务的平台。随着我国市场经济体制的建立，社区成为社会矛盾的交汇点。完善的社区服务对化解社会矛盾、维护社会稳定的作用越来越重要。

三、西方国家的社区服务模式

社区服务是工业化、现代化的产物，最早起源于19世纪80年代的英国。早期的社区服务是作为资本主义社会福利的一种形式出现的，目的是为了解决工业革命的发展所引起的失业和贫困等社会问题。1869年，伦敦成立第一个以济贫为主要功能的社区服务组织，即"慈善组织会社"。这一组织将伦敦划分为若干区，每区建立一个分支机构和志愿委员会，主持本区的救济分配工作。1884年，伦敦建立了第一座社区睦邻中心"汤因比馆"。随后这些社区服务形式传播到世界各地，迅速发展起来，产生了极大的社会影响。1886年，美国建立了第一个社区中心。20世纪30年代后，社区服务事业被纳入一些国家和地区政府的公共福利政策范畴，并伴以相关的法律保障。

二战后，西方发达国家的社会结构和生活方式发生了巨大变化，各种社会问题进一步突出，广大居民的生活需求不断提升，这促进了社区服务的迅猛发展，社区服务步入了新的发展阶段。西方发达国家普遍建立了同资本主义市场经济相适应的社会福利制度，促进了公共服务的扩大和发展。英国、美国、加拿大等国家都形成各具特色的社区服务模式。

（一）英国的社区照顾

英国的社区照顾是当代西方发达国家社区服务的一个范例。社区照顾是指在政府的推动和支持下，利用社区资源，使社会弱势群体能在自己生活和熟悉的社区内获得各种照顾和支持。一般来说，社区照顾包含"社区内照顾"（care in the community）和"由社区照顾"（care by community）两个概念。"社区内照顾"是指被照顾者集中在社区内的小型服务机构或分散于各自住所中，接受带薪专门人员的照顾。"社区内照顾"通常是由政府部门或以政府部门为主承担和提供的，也称为"正规照顾"。"由社区照顾"（非正规照顾）是指家人、亲友、邻居及志愿者出于道德人伦而提供的服务。

英国的社区照顾始于20世纪50年代，最初针对无依无靠的老年人和残疾人提供住院式集中照顾，较好地解决了被照顾者的生活困难，但也导致政府的财政负担却越来越重。由于被照顾者脱离长期生活的社区，精神生活的需求难以满足。在这种情况下，英国开始改变住院式集中照顾，推行社区照顾。社区照顾可以使被照顾者像正常人一样在自己熟悉的社区环境中生活，而不会产生被抛弃感，因而受到普遍欢迎。

英国的社区照顾主要针对老年人等弱势群体。主要形式有社区老年公寓、家庭照顾、短期护理机构、上门服务、社区老人院等。社区老年公寓是政府为社区内有生活自理能力但身边无人照顾的老年人提供的一种服务形式。家庭照顾是政府为使老人留在社区、留在家庭而采取的一种政策措施。由家庭成员进行照顾，政府发放适当津贴。短期护理机构主要是为了解决因家庭其他成员外出而得不到照顾的老年人、残疾人的问题，有时是几小时，有时是几天或几星期。上门服务主要是指对居住在自己家中，但生活不能完全自理的老人提供的一项服务。开办社区老人院是为了集中收养生活不能自理又无家庭照顾的老年人。

英国的社区照顾模式主要有以下特点：①政策引导。英国政府既制定社区照顾这一社会福利政策，又采取具体的措施，以使社区能切实承担起这一职能。②政府出资。英国的社区照顾在财政出资上体现了以政府为主的特点，很多服务设施都是由政府资助的，社区、家庭和个人支出并不多。③依靠社区。英国的社区照顾主要是立足社区、依靠社区，以社区为依托，各种服务设施都建立在社区中，且社区照顾的方式尽量与老年人的生活相融合。④体系完整。各种社区照顾机构既有政府出资、社区举办的非营利性的机构，也有私营的、商业性的服务机构。提供服务的人员既有政府雇员，也有民间的专业工作人员和志愿服务人员，形成了多主体、多层次的服务体系，以满足不同情况的老年人的需求。

（二）美国的社区服务

美国的社区服务具有西方自治型社区管理模式的共同特点，同时也具有自己的独特优势。托克维尔在《论美国的民主》一书中曾经指出，美国是一个义工的国家。美国社区服务的大量工作都需要社区志愿者来完成。社区服务中的志愿者参与是美国社区服务最重要的特征。美国不仅要求成年人参与各种类型的社区服务，同时在其教育体系中也安排了社区服务的教学内容，以培养青少年"回馈社会"的理念。这就是美国的服务学习。

服务学习（service learning）是指通过学校和社区的合作，将提供给社区的服务与教学联系起来，让学生参与到有组织的服务实践中以满足社会需求并培养他们的社会责任感的一种教育方法。服务学习于20世纪60年代在美国兴起，20世纪80年代中后期逐渐成为一种完善的教育方法，被广泛运用于小学、中学及大学教育的各门学科中。在美国政府1990年颁布的《国家和社区服务法案》和1993年颁布的《国家服务信任法案》的支持下，服务学习从教育的边缘发展成为教育的主流,成为改善教育教学的有效策略之一。学生通过在其中学习,获得知识和技能,提高与同伴和其他社会成员合作分析、评价及解决问题的能力。

服务学习不同于一般的社区服务,服务学习的核心是课程、服务与反思的结合,比社区服务多了课程整合与反思的过程。服务学习有着共同的实施原则,如,强调学习质量、学术要求和目标、严格选择社区服务服务基地、建立服务学习的机制、激发教师与学生在服务学习中的积极性、发挥服务学习对培养学生社会责任感的作用等。美国服务学习在高等教育中得到充分发展。高校服务学习也有严格的实施步骤,可以分为准备、行动、反思、庆祝、评价等步骤。① 美国服务学习不仅促进了教育发展和未来的积极公民的培养,而且对于社区服务具有重要的作用。服务学习有利于满足社区的需要,促进社区发展,这是服务学习的重要作用之一。学生的服务活动能够解决社区的一些现实问题,其中有社区长期积累下来的问题,也有当前急需解决的问题,在很大程度上促进了社区的发展。

(三)加拿大的社区服务

加拿大社区服务组织涉及政府、私人和非营利部门,它们共同为生活在社区中的个人和家庭提供服务。政府部门包括联邦、省级、地方政府和公共机构,私人和非营利部门包括业界、工会、慈善组织、基金组织等。

加拿大社区服务管理的主要特点有以下几个方面:①政府与私人和非营利部门之间结成伙伴关系。非营利部门通过人道服务、娱乐、文化活动服务社区。当社区出现问题时,非营利部门是第一回应者。省和地区在多数情况下负责制定地区服务供应政策、标准和规定,并公布监管的结果。政府作为合作伙伴,对提供服务的私人和非营利组织给予资金等方面的支持,并对志愿部门的资金使用情况和服务绩效进行定期评估。②社区服务资金由政府拨款和个人捐赠相结合。在资金来源上,加拿大联邦政府通过向省政府和地方政府拨款,或者通过直接向社区服务项目拨款来资助儿童照顾和家庭照顾等。③权力下放、明确责任。加拿大联邦政府将社区服务的权力下放给地方政府、非营利部门,并明确各方在服务供应中的责任。④社区服务的市场化运作。为了筹集资金并提高家庭照顾的效率,加拿大实行自我管理照顾计划。自我管理的社区服务改变了过去仅由政府提供公共服务的单一模式,充分利用了市场机制对社区服务的调节作用。它考虑到了社区环境、服务供应者的类型和服务使用者的不同需求等方面,它是对传统社区服务供应的有效补充和改进。②

---

① 黄孔雀. 美国高校服务学习的实践及启示[J]. 复旦教育论坛,2014(1):93-98.
② 毛丹,等. 加拿大:非制度性社区服务的类型[J]. 宁波大学学报(人文社会科学版),2008(4):28-32.

第二节 社区服务管理体系

一、我国社区服务的发展历程

我国社区服务是在改革开放以后兴起的概念。在我国历史上，社区服务实际上早已存在。在新中国成立之初，按照党和中央政府的部署，为了解决国民政府统治时期遗留下来的社会问题，我国政府就已采取措施，安置、改造和救济部分困难和边缘社区成员。20世纪50年代以后，在传统计划经济体制下，个人只要进入国家的再分配体制，就可以获得较好的生活待遇，个人依附于单位获得国家的资源分配。但还有许多社会成员因为各种原因无法进入国有或集体单位，而成为计划经济体制下的社会弱势群体或边缘群体。这一部分人只有通过街道、居委会组织进行安置，在本社区从事生产就业，获取生活来源。所以，此时的社区服务是中国主流社会生产组织方式的补充和辅助，是社会边缘、弱势群体生产就业、生活来源的基本形式。

我国社区服务是从20世纪80年代开始，以社会主义市场经济体制改革为契机发展起来的，可以说是与政府相关部门的直接推动有密切关系。目前社区服务已成为社区管理与社区建设的中心任务和基础性工作。大体分为以下几个阶段。

1. 20世纪80年代的倡导探索阶段

我国的社区服务是从传统的"民政服务"发展而来的。1987年，民政部在大连召开社区服务座谈会，指出社区服务是"在政府的倡导下，发动社区成员开展互助性的社会公共服务活动"。同年9月，民政部又在武汉主办了一次全国性的社区服务工作座谈会，再次对社区服务的性质、目的与功能做了定位，即"在社区内为人们的物质生活和精神生活所提供的各种社会福利与社会服务，它的目的就在于调节人际关系，缓解社会矛盾，创造一个和谐、良好的社会环境"。在民政部的倡导下，我国城市社区服务开始启动。一些地方政府开始将社区服务作为深化城市社会福利事业改革的重大措施来实施，作为推动民政工作的重要任务来落实，作为为民办实事的项目来建设。

2. 20世纪90年代的快速发展阶段

20世纪90年代初，随着经济体制改革的深化，政府和企业开始逐步将部分社会服务与社会管理职能剥离出来交还于社会，城市职工的"单位人"属性也开始向"社会人"转变。国家对社区服务的需求越来越紧迫。1993年颁布的《关于加快社区服务业的意见》指出，"社区服务业是在政府倡导下，为满足社会成员多种需求，以街道、镇、居委会和社区组织为依托，具有社会福利性的居民服务业"。根据这一意见，各地大力发展社区服务业。至20世纪90年代末，在街道层面上普遍建立了社区服务中心、职业培训与职业介绍所，不少居委会还建立了老年人活动室，开展了社区居家养老和助老活动。同时，街道办事处和居委会都以发展社区服务、第三产业为名兴办了许多赢利性的商业网点。

尽管社区服务在20世纪90年代有了长足的发展，但这一时期的社区服务除了民政系统主管的"社会福利进社区"有所拓展以外，最大的特点就在于社区第三产业的迅猛发展。这种第三产业在给居民提供生活上的某些便利的同时，又因其在居民区占用公共空间、违章搭建而侵害了居民的公共利益。因此，居民对这种商业性"社区服务"的认同度普遍不高，对社区服务人员的社会评价普遍低下，社区服务中心的居民参与率、享用率普遍较低。

3. 21世纪后的转型发展阶段

进入21世纪以来，随着我国政府管理体制改革以及社区治理的推进，社区服务也进入了转型发展时期。2006年4月，《国务院关于加强和改进社区服务工作的意见》进一步明确了新形势下社区服务工作的指导思想、基本原则和主要任务，着重强调了政府、社区居委会、民间组织、驻社区单位、企业和居民等各类主体在社区服务中的重要作用。我国社区服务的管理体制与机制逐渐完善，社区服务组织呈现出多样化、加速发展的态势，各种社区服务组织，包括基金会、慈善组织等发挥着越来越重要的作用。社区服务的质量也在不断提高，社区服务工作者与从业人员的素质日益提升。当然，在这一过程中，仍然存在着很多亟待解决的问题。

二、我国社区服务管理体系

我国的社区服务是在政府的推动下发展起来的，基层政府和社区自治组织在这一过程中发挥了主体作用。同时，社会各界和广大居民群众也积极参与进来。我国社区服务的运作体系可以归纳为"政府推动，基层组织主办，社会各界广泛参与"。

（一）社区服务管理中的政府职能

在我国社区服务管理模式中，政府起着不可替代的主导作用。我国社区服务工作是以政府搭台、民政牵头、有关部门相互配合的方式开展的。各级政府的主要领导组成了社区服务工作的指导协调机构。在社区服务的设施建设、项目开发的启动中政府发挥了主渠道的作用，给予了大量资金投入，促进了社区服务的发展。此外，政府还利用各种媒体对社区服务工作进行广泛宣传，推动社区服务的发展。基层政府发挥行政动员、政策指导、组织参与等主导作用是社区服务发展的前提条件。

1. 政府政策和制度支持

在社区公共服务供给中，政府应加强对社区服务的政策支持，完善社区服务的制度设置，如推行首问负责、一窗受理、全程代办、服务承诺等制度。注重提升城乡社区公共服务能力和水平,更好地满足居民群众的社区服务需求。政府还应在社区规划中发挥主导作用,探索建立社区公共空间综合利用机制,合理规划建设文化、体育、商业、物流等自助服务设施。鼓励和引导各类市场主体参与社区服务业,支持社区商业设施的建设。推动机关企事业单位积极参与城乡社区服务活动,面向城乡社区开放文化、教育、体育等活动设施,注重运用市场机制优化社区资源配置。

2. 政府财力物力保障

政府资助是指政府对社区服务机构或组织的资金投入,具体的资助形式包括资金支持、免税或其他税收优惠、低息贷款、贷款担保等多种方式。归纳起来主要有五种方式:①投资性资助,即在社区服务基础设施兴建时,政府给予一次性投资;②补贴性资助,即对福利性社区服务单位,按照有关规定在财政预算中给予全额或差额拨款;③对社区公共服务项目提供低息贷款或贷款担保等;④实物性资助,主要是指政府无偿提供社区公共服务的场所和设施等;⑤工作性资助,即政府各工作部门根据各自的工作需要,对自身领域内的社区服务所做的资金投入。

政府应投入大量资金加强社区综合服务设施建设,将城乡社区综合服务设施建设纳入当地国民经济和社会发展规划、城乡规划、土地利用规划等,按照每百户居民拥有综合服务设施面积不低于30平方米的标准,以新建、改造、购买、项目配套和整合共享等形式,逐步实现城乡社区综合服务设施全覆盖。加快贫困地区农村社区综合服务设施建设,率先推动易地搬迁安置区综合服务设施建设全覆盖。不断拓宽城乡社区服务资金筹集渠道,鼓励通过慈善捐赠、设立社区基金会等方式,引导社会资金投向城乡社区服务领域。

3. 社区公共服务供给方式创新

政府购买服务是指政府部门为满足一定社区服务对象的需求而向各类社会服务机构直接购买服务的行为。这种方式有利于实现政府财政效率的最大化。政府应将城乡社区服务逐步纳入政府购买服务指导性目录,完善政府购买服务政策措施,按照有关规定选择承接主体。当前政府购买社区公共服务主要包括以下几种途径。一是由政府部门出资,向民办福利院、敬老院、托老所购买服务,对确有需要又无力承担费用的对象提供居家养老服务;二是在继续教育和培训方面,向民办培训机构购买服务,提供面向下岗失业人员的职业资格培训和劳动技能培训,面向社区居民的文化教育、普法教育及简单的实用技能培训等;三是对其他社会急需发展但投入有限的社区教育、卫生、文化、科技、体育等社会事业,通过政府购买服务等有效措施予以补贴、资助。

(二)社区自治组织在社区服务中的作用

社区自治组织是社区服务的主要依托和服务主体,社区服务主要由社区居民委员会提供和安排。作为居民自我管理、自我教育、自我服务的基层群众性自治组织,居民委员会本身就担负着开展便民利民、社会保障、失业救助等多项社区服务的任务。因此，组织开展社区服务是居委会义不容辞的职责。居民委员会能够直接有效地为社区居民提供服务。作为城市中的基层群众性组织，居委会可以清楚地了解社区居民的实际生活困难，可以有的放矢地为社区居民及时地提供各种服务，有针对性地解决居民的现实困难，为广大居民群众提供良好的生活环境和生活条件，从而增强社区凝聚力。

1. 开展社区公共服务活动

社区居委会协助政府提供社区公共服务。政府按照"费随事转"的原则，为社区居委会开展社区公共服务提供条件，包括社区居委会开展有关服务所必需的房屋、设施和工作经费等。政府应积极指导社区居委会，定期听取居民对社区公共服务的意见。居委会采取适当的形式，组织社区居民，对城市基层人民政府及其派出机构在社区开展的工作进行民主评议，并将评议结果积极向政府反映，促进社区公共服务质量的不断提高。

2. 组织社区居民自我服务

社区居委会可以组织社区成员开展自助和互助服务，动员驻社区单位和社区居民开展邻里互助等群众性自我服务活动，为居家的孤老、体弱多病和身边无子女的老人提供各种应急服务。社区居委会还可以组织居民参与文化、教育、科技、体育、法律、安全等进社区活动。积极发展社区商业，为社区居民生活提供便利条件。

3. 处理社区服务各主体的关系

社区居委会是社区服务的主体组织，在协调各种社区服务组织之间的关系中发挥重要作用。社区居委会对于社区物业管理企业具有指导责任，积极支持物业管理企业依法经营，同时对于业主委员会具有工作指导的职责。应鼓励支持符合条件的社区居民委员会成员通过法定程序兼任业主委员会成员，在无物业管理的老旧小区应依托社区居民委员会实行自治管理。

（三）社区服务机构

我国城乡社区服务主要由社区服务中心和社区服务站来具体提供。社区服务中心主要是指区级社区服务中心和街道社区服务中心，社区服务站则是指在社区居委会层面设置的社区服务机构。我国政府一般将社区服务中心定位于多功能综合性的服务事业单位。社区服务中心既有管理指导社区中一般社区服务的职能，自身也提供服务，起示范作用，发挥辐射功能。从运行机制上看，社区服务中心是复合型的，既有行政管理人员负责管理社区中的一般便民利民网点，也有社区工作者去推动、激励社区的互助服务和志愿性服务；既有向弱势群体提供福利服务，同时也提供收费的经营性项目。社区服务中心的运行大多采取先期投入，然后与政府脱钩的方法。目前社区服务中心已成为城乡各级政府的民心工程，政府应大力推进公共服务机制改革，使社区服务中心发挥出服务社区居民的福利性和公益性的基本职能。

进入 21 世纪以来，我国社区服务机构得到突飞猛进的发展。截至 2016 年底，全国共有各类社区服务机构和设施 38.6 万个，其中社区服务指导中心 809 个（其中农村 27 个），社区服务中心 2.3 万个（其中农村 0.8 万个），社区服务站 13.8 万个（其中农村 7.2 万个），社区养老服务机构和设施 3.5 万个，互助型养老服务设施 7.6 万个，其他社区服务设施 11.3 万个，社区服务中心（站）覆盖率 24.4%，其中城市社区服务中心（站）覆盖率 79.3%，农村社区服务中心（站）覆盖率 14.3%。城镇便民、利民服务网点 8.7 万个。社区志愿服务组织 11.6 万个。

（四）社会力量在社区服务中的协同作用

社区服务是我国社区参与的一个重要领域，社区内的企事业单位与居民参与是社区服务管理的组成部分，也是社区服务不可缺少的资源。"社区共建"是我国城市社区服务管理模式中的一个突出亮点，是指社会各界对于社区服务工作的广泛参与。"社区共建"主要依靠社区内机构团体、社区外机构以及社区居民对社区服务的参与。

1. 社区内机构团体的参与

街道辖区各个政府派出机构，如民政、公安、税收、城建、工商等部门都积极参加社区工作的协调组织。另外，青年团、妇联等组织也积极参与社区工作的组织和具体活动。企事业单位开放其内部服务设施，组织志愿者为社区居民服务，积极参与联建、共建等各项活动，为社区居民提供特定服务。

2. 社区外机构团体的参与

社区利用本社区居民的社会关系，主动与社区外的机构团体建立联系，积极引进社区外的社会资源，特别是人才资源，来推进社区服务工作。在这一方面尤其以教育、科技、文化、体育、卫生等机构团体为主要参与者。

3. 社区居民的参与

我国许多城市街道、居委会都开展了丰富多彩的社区服务活动，社区居民已经成为这些活动的主要参与者和志愿者。社区居民对于社区服务的参与具有重要的意义。社区居民往往比政府专业部门更了解他们需要解决的问题，参与社区公共服务能够使社区问题的解决更有效率，有效提高了社区公共服务水平。同时，社区居民的参与所提供的互助性服务，更有利于社区意识的提高和社区认同感增强。

（五）社区志愿服务

1. 社区志愿服务的概念

社区志愿服务（volunteer service）是由社区居民或志愿者提供的，以解决社区问题为目的,以社区居民为服务对象,自愿贡献时间、才智或金钱,不图报酬的社区服务。志愿服务起源于19世纪西方国家宗教性的慈善服务。志愿服务最初是指一种慈善行为。20世纪70年代以来,随着第三部门理论的兴起,志愿服务从慈善行为的范畴中独立出来,成为一个专门概念。志愿服务是任何人自愿贡献个人的时间和精力,在不取得物质报酬的前提下,为满足社会需要,促进人类发展、社会进步和社会福利事业而提供的服务。志愿服务具有自愿性、公益性、劳务性、无偿性和非职业性。

2. 我国社区志愿服务的成就

我国志愿服务主要是政府在推动社区服务过程中有意识地引导、培育和组织的。社区志愿服务的发展成就主要表现在以下几个方面。

(1) 志愿服务精神广泛传播,投身志愿服务渐成风尚。自开展社区服务以来,我国社区志愿服务活动得到深入持久的开展,志愿者服务精神在全社会广泛传播,受到社会各界的普遍认同。投身志愿服务者工作,参与社会服务,已经成为青少年为主体的广大社会成员的自觉行动。志愿服务弘扬了社会主义道德风尚,是促进社会主义精神文明建设的重要内容与途径。

(2) 志愿服务队伍不断壮大,人员构成日益多元化。20世纪80年代以来,随着社区服务的开展,社区志愿服务活动日益活跃,社区志愿者队伍不断壮大,为社区建设注入了新的活力。社区志愿服务不仅成为青少年的自觉行动,而且受到各个年龄段社会成员的积极响应。社区志愿服务主体所覆盖的行业、领域日益宽广,人员构成日趋多元化,服务内容更加多元化。

(3) 志愿服务组织网络体系初步建立,社会化工作机制初步建立。随着我国社区建设的不断推进,我国已初步建立了社区志愿者组织网络。各种类型和级别的志愿者组织协会以及社会工作协会成立起来,同时政府有关部门也加强了对社区志愿者组织的规范化管理。志愿者组织、招募、管理、考核、表彰和志愿服务活动开展等各个方面有机衔接,协调一致,形成了完善的工作运行机制。

(4) 社区志愿服务工作扎实展开,互动类型日益多样化。我国社区志愿服务工作一方面继承了我国传统的志愿服务活动形式,另一方面,也结合社会发展的需要,创造了许多新的社区志愿服务活动形式,增强了社区志愿服务的影响力,受到社会各界的好评。目前,社区志愿服务已成为社会主义精神文明建设的重要载体。

3. 我国社区志愿服务的发展

我国社区志愿服务开展的时间较短,各方面还存在着很多差距和不足之处,具体表现为以下几个方面。①参与不足。由于各种社会客观和主观因素的影响,社区志愿服务的资源没有得到充分的调动。社区志愿服务还缺乏激励公众参与的机制。②资金短缺。缺乏充足的资金支持是社区志愿服务活动开展的障碍。国外志愿服务事业发展较早,已形成比较稳定、有效的融资机制。而我国社区志愿服务刚刚起步，各方面制度、措施还有待完善，志愿服务活动面临着资金短缺的问题。③缺乏法律保障。近年来，我国部分省市相继颁布了地方性的志愿服务条例或规章，但却很难落实，缺乏应有的约束力。社区志愿服务的规范化、网络化建设还相对落后。很多地方社区志愿服务的随意性较强，相对稳定的志愿服务队伍较少。

发展社区志愿服务是加强社会建设的重要内容。做好社区志愿服务工作需要从以下几个方面入手：①充分发挥社区组织、群众团体在社区志愿服务中的重要作用，形成社区志愿服务网络。②建立和完善志愿者工作的长效机制，推行志愿者注册制度，完善社区志愿者招募制度，规范人员登记办法等。③加快社区志愿服务的立法进程，积极支持地方政府出台地方性法规或者规范性文件。④充分发挥示范和激励作用，引导社会形成新的时代风尚。①

（六）社区服务中的社区商业服务

1. 社区商业的概念

社区商业服务是以社区范围内的居民为服务对象，以满足和促进居民综合消费为目的的商业类型。最早于20世纪50年代在美国出现，随着逆城市化的发展趋势日益明显，城市居民大量向郊区扩散，由此产生了专门为郊区的新建社区居民服务的社区商业。

我国的社区商业服务是进入21世纪以后发展起来的。随着我国经济的发展，社区居民对于社区服务的需求发生了巨大的变化，与居民生活密切相关的服务消费快速增长，但我国社区商业设施严重不足，网点布局不合理、服务功能单一等状况仍然存在，尤其是社区商业服务水平与居民的消费水平也不相适应。

2. 社区商业的作用

社区商业服务是社区服务管理体系中的有机组成部分，发挥着不可替代的重要作用。社区商业服务的重要作用主要体现在以下几个方面：①社区商业服务使社区服务的内容更加丰富完善。社区居民对于社区服务的需求是多层次的，单纯的政府公共服务或非营利组织的公益性社区服务无法满足不同阶层居民的需求，因此，必须要有多样化、多层次的社区商业服务。②社区商业服务能够及时跟踪和满足社区居民对社区服务的需求。社区商业服务是由企业实施的营利性服务，受利润的驱使，商家对居民的需求信息比较敏感，能够主动捕捉居民的需求信息，根据居民的需求信息及时提供服务，由此可使居民的服务需求得到及时的满足。③社区商业服务可以为社区居民提供较多的就业岗位。居民对社区商业服务的强烈需求要求更多的社区商业企业提供服务，因此社区商业企业可以获得更为广阔

---

① 詹成付. 加强和改进社区服务工作读本[M]. 北京：中国社会出版社，2007：123-139.

的发展空间。由于社区商业服务具有劳动密集型的特点,从而为社区居民创造更多的就业岗位和机会。

3. 社区商业的发展

进入 21 世纪以来,我国各地在大力发展社区商业服务的过程中,根据各地实际,摸索出一些行之有效的好做法。例如,上海市根据居民消费圈在地域、规模和人口构成的特点和差异,形成了社区商业中心、居住区商业、邻里中心和街坊商业四种形态。

促进社区商业的发展应从以下几个方面入手:①政府推动。政府应从构建社会主义和谐社会的高度提出社区要从满足人民群众的生活需求做起,完善社区服务和保障,对社区商业提出新的要求,制定切实可行的发展措施。②制定规划。政府要对社区商业的开发建设进行指导,制定标准,合理规划,促进有序发展。社区商业的规划包括社区商业的总量规模、形态布局、业态配置、管理措施等。③规范管理。对市区和郊区发展社区商业进行分类指导,大力实施品牌战略,推动连锁商业品牌企业进入社区。例如,天津市的社区商业服务采取了政府引导、市场运作、连锁经营、便民利民的方法,建立市、区两级联动的组织系统,制定政策标准,推进连锁经营,争取社会的重视、支持和理解。

第三节 社区社会保障

社区社会保障是我国社会保障体系的重要基础。它既是整个社会保障在社区的具体落实,又是具有区域性和文化特征的特殊保障。社区社会保障是社区服务管理的重要组成部分。

一、社区社会保障的概念与功能

(一)社区社会保障的概念

社区社会保障是以社区为依托,以社区居民为主要保障对象的社会保障。社区社会保障是整个社会保障体系的组成部分。如果社区内部分成员在享受了法定社会保障、单位系统补充的保障后,仍因各种自然和社会原因导致家庭生活贫困,那么可以由社区根据国家的法律法规向他们提供各种帮助,解决他们的困难,从而促进社区物质和文化生活质量的不断改善。社区社会保障是以社区作为社会保障的落脚点,以社区居民作为社会保障的对象,以保障居民的基本生活权利和需求作为基本任务。

改革开放前,我国的社会保障主要是计划经济体制下的单位保障而不包括社区保障的内容。20 世纪 80 年代以来,随着社会主义市场经济体制的建立,社会保障的职能分化越来越明显,出现了社区社会保障这种新形式。

社区社会保障是社会保障社区化的产物。在社会保障制度改革的过程中，传统的由政府负责提供的社会福利逐渐转变为社会化的社会保障工作。社区服务和社区社会保障得到空前发展，社区社会保障将社会救助、扶贫济困和下岗工人再就业等工作融入社区，在很大程度上保证了基层社会的稳定，保证了经济体制改革的顺利进行。同时我国在农村地区按村级社区、乡级社区和县级社区三个层次，进行了农村社会养老保险的探索和试点。①

（二）社区社会保障的功能

1. 社区社会保障是社会保障制度的发展趋势

随着现代化和城市化的推进，社区正逐步取代单位成为人们参与社会生活的主要领域，社区发展成果对个人的影响日益显著，因此社区成员对社区发展的期望越发增强。社区社会保障作为城市社区发展的重要组成部分，对维护社会秩序、化解众多社会矛盾、实现社会稳定与发展，发挥着越来越重要的作用。自20世纪70年代以来，西方发达国家社会保障制度出现了诸多危机，都不同程度地对社会保障制度进行了调整和改革。虽然从改革实践上看，西方各国的社会保障制度有着明显的差异，但在强化社区社会保障的地位和作用这一点上是非常一致的，都把社区看成是社会保障实施的一个基本"单位"、一个强有力的支撑点、一个联系政府与居民的中介，并且已经形成规范的社区社会保障实施运作机制。

2. 社区社会保障是保证我国社会保障功能有效发挥的重要途径

党和政府非常重视发挥社会保障的作用，重视社会保障制度的改革和完善。随着政府职能的转变，社会保障功能的发挥必然更多地落在社区的层面。社会保障项目的具体实施需要有社区的介入，社区组织作为落实社会保障制度的最基层组织，承担着国家和地方行政部门交办的众多社会保障事务。社区福利服务、贫困救助、职工互助互济、最低生活保障和再就业等工作，都需要通过以居民社会生活共同体为基点的社区建设，来满足人们对高质量生活和全面发展的需要。

3. 社区社会保障是维持城乡社会稳定、构建和谐社会的重要基础

社区社会保障制度是市场经济发展的基础，是社会进步的"稳定器"、经济运行的"减震器"和社会公平的"调节器"。社会转型引发的种种社会问题，使城市居民及家庭迫切需要完善的社会保障。我国人口老龄化问题的解决、贫富差距的调节以及其他社会问题的预防等都需要以社会保障作为依托，这些都加大了对社会保障的需求压力。不断增强社区社会保障的功能，可以为满足社会多元需求提供有力的支撑。

---

① 徐永祥. 社区发展论 [M]. 上海：华东理工大学出版社，2006：210.

二、社区社会保障的内容与特征

（一）社区社会保障的内容

社区作为我国社会保障制度的基本落脚点，已开始承接越来越多的社会保障具体事务。社区社会保障工作的内容在社区工作中占的比例越来越大，社区社会保障已经成为我国社会保障体系的重要组成部分。从目前来看，我国社区社会保障工作主要包括以下内容。

1. 社区社会救济

社会救济制度是保障人民群众基本生活的最后一道安全线。城市社区要保证各种失业、受灾和残疾孤弱人员最基本的生活需要，这是城市社会保障的最底线。社区在为居民提供最低生活保障方面具有重要作用。社区要承担大量的城市最低生活保障工作，负责指导居民对社会保障金的申请，并对提出申请的城市社区居民进行条件审查，对符合条件的予以确认并发放社会救济金。城市社区不但可以在资金上给失业人员提供帮助，而且还可以给他们提供精神上的安慰；对那些有再就业能力的社会成员进行再就业培训，使他们重新走上工作岗位。

2. 社区社会保险

社会保险是以国家为主体，在有工资收入的劳动者暂时或永久丧失劳动能力或虽然有劳动能力而无工作，即丧失生活来源的情况下，通过立法手段，运用社会力量，给予这些劳动者一定程度的收入损失补偿，使之继续维持基本生活，从而保证劳动力再生产和扩大再生产的正常运行。社会保险包括养老保险、医疗保险、失业保险、工伤保险、生育保险、残障保险等。社区社会保险是在社区范围内的社会保险服务。

在医疗保险方面，探索医疗保险制度的改革，实行属地医疗，推广家庭病床，加大城市社区医疗的比重，形成"小病不出门，出门找社区"的多层次医疗体系。城市社区医疗在城市社区社会保障中发挥着独特的作用。

在养老保险方面，实现企业离退休人员社区社会化管理服务，即按要求建立独立于企事业之外的社会保障体系，实行退休人员与原单位相分离，养老金实行社会化发放，人员由社区管理。具体来说，要建设社区社会养老保险服务中心，建立企业退休人员的人事档案和企业离退休人员基本数据库，并与市、区社会养老社会化服务中心联网。

在失业保险方面，实现社会保险对象的管理和服务社会化，逐步将用人单位剥离出来的社会保障事务性工作（社会保险和经办就业服务机构承接的部分除外）移交给街道和城市社区组织。为失业人员进行登记，为下岗职工、失业者及新增就业人员提供就业服务。

3. 社区社会福利

社区社会福利是指在社区范围内，以社区居民的福利为导向，针对社区内那些处于弱势地位的个人或家庭而形成的补救式福利举措。通过社区社会福利，社区内的老年人、儿童、残疾人等弱势群体，都能在社区中满足其多元化需求，在最大程度上让服务对象按照一般人的生活方式，正常地生活。面向残疾人群体的社区康复事业，可以利用残疾人及其家人、社区居民等社区资源进行服务，从而促进社区融合。

（二）社区社会保障的特征

1. 区域性

社区保障是整个社会保障的一部分，是社区在自身的区域范围内，依法履行其社会保障的职能，保障和服务的对象是本社区的居民。社会保障的实施过程是一个依法履行保障权利和义务的过程，社区保障的法定权力范围就在其自身的区域内。不同的社区面临的具体保障需求和保障问题是不同的，在使用国家和社会的保障资源之外，社区可用于保障的补充性资源也是各不相同的，因此也需要社区针对区域的特殊性，发挥其区域性保障载体的特殊功能。

2. 补充性

社区保障的主要职能是在社区实施和落实国家的社会保障制度。社会保障制度的社会性决定了社区还需要运用其自身的资源，发挥其对整个国家社会保障制度的补充作用。在现阶段，就不同类型的社区而言，这种补充性有着不同的地位和作用。在城市社区主要是通过社区居民的互助和社区的公共管理服务，充分挖掘社区的资金、人力和设施，为国家社会保障资金和服务的不足，提供力所能及的补充。在农村的情况就有所不同，农村社区所实施的区域性保障是现阶段农村社会保障事业发展的重要基础，特别是一些先富裕起来的农村，利用自身的社区资源和经济实力，对村民实行养老、医疗、教育、五保救济等资金和服务保障。这一类社区保障的发展，已经成为目前我国农村地区社会保障事业的重要补充。

3. 服务性

根据我国现阶段社区发育的水平和条件，除了少数已经富裕起来的农村以外，绝大多数城乡社区在发挥社区保障补充作用的时候，主要依托的不是社区的资金而是社区的服务。现代社会保障体系不仅需要资金保障，还需要服务保障，无论是老人的照顾、失业者的就业培训、残疾人的康复还是军烈属的优待等，都不仅需要资金而且需要服务。高素质的社会福利服务已经成为现代社会保障制度的重要支柱。

我国正处于社会和经济急剧变迁的历史时期，人口众多，而社会经济发展的总体水平还不高，可用于社会保障的资金相对不足。面对巨大的社会保障需求，发展社会福利服务，特别是依托社区发展有针对性的福利服务，可以弥补保障资金的不足，增强社会保障的整体功能。社区在履行其社会保障职能时，发挥其特有的服务资源的优势，通过社区专业化的社会福利服务、广泛的志愿者服务和居民的互助服务，可以提高社区的公共福利水平,帮助社区的弱势群体克服困难,改善生活,满足社区的保障需求。社区是居民的家园,社区为社会成员提供的保障性服务,是其他社会组织和机构都难以替代的。①

三、社区社会保障的发展对策

社区社会保障作为社会保障体系中的重要组成部分,其发展趋势和目标取向与社会保障是一致的。社会保障制度改革的目标,是要建立起适应社会主义市场经济体制需要的资金来源多渠道、保障方式多层次、权利和义务相对应、管理和服务社会化的社会保障制度。根据这一目标要求,构建新型的以社区保障为主体的多层次社会保障体系,应其从以下几方面着手。

1. 明确社区社会保障中的政府职责

虽然社区社会保障的主体是社区组织,但政府在社区社会保障中承担着重要的职责。政府的作用是任何社会组织、个人和机构所不可替代的。社区社会保障是社会公益性事业,服务保障的对象主要是需要提供服务的弱势群体。因此,政府在建立新型社区保障体系的过程中应成为领导、协调、规划、评价、监督的主体,以保证社区保障制度建设的正确方向。政府的领导地位,主要体现在建立和完善相应的法律法规,以及制定扶持社区组织发展的相关政策,并对社区社会保障的相关组织进行监督,保证社区社会保障的顺利实施。社区社会保障的实施和有效运行必须以法律法规为依据。社会保障法律制度是整个社会保障制度得以规范和有效运行的客观依据和准则。

2. 完善社区社会保障体系及其功能

完善社区社会保障功能要建立与完善社区社会保障的制度体系。根据不同社区居民的生活习惯、消费水平、保障意愿等实际情况,建立社区服务体系、管理体系和资金运营体系。具体应以设施服务为基础,以社区组织服务为主体,以居民互助为服务补充,努力造就一支专职、兼职、志愿者相结合的服务体系。加强社区服务及管理人员的道德素质建设,把提高服务水平,满足多层次、多样化服务需求作为社区保障建设的重点。进一步提高社区服务与管理的现代化水平,提高服务、管理效率,完善服务管理网络。

3. 探索多方筹集社区社会保障资金的方式和渠道

充足的资金来源是实施社区社会保障的关键和根本保证。因此,政府要加大财政支持力度,要通过税收或财政转移的方式为社区社会保障注入更多的资金。但社区社会保障资金不能只依靠国家财政拨款,必须坚持筹资渠道多元化、形式多样化,广泛发动民间募集、企业、团体、个人捐助等,通过各种义演、义卖、彩票等渠道来筹措社区社会保障基金。政府应允许基金会、慈善机构、互助机构的设立和运行,并给予必要的资助、引导和

---

① 吴亦明. 现代社区工作——一个专业社会工作的领域[M]. 上海:上海人民出版社,2003:305-307.

监督。同时社区也应形成自我监督机制，对社区社会保障资金的筹集、运营、发放等进行有效的监管。

4. 吸引社区社会组织参与社区保障服务

有活力的社区社会组织参与社区社会保障，不仅可以发挥其自我管理、自我服务的功能，达到服务社区、服务社会的目的，而且还可以加强政府和社会的联系，发挥社区社会组织所特有的桥梁和纽带作用。社区社会组织要在社区社会保障领域真正承担起主体责任。应对社区社会组织在我国新的社会保障体系中的地位给予明确界定，将其视为社会保障制度中的有机组成部分。同时对社区社会组织进行政策扶持，对社会组织参与社区保障提供优惠和鼓励，同时根据法律的规定保障社会组织的发展，积极引导其参与社会公益事业。[1]

5. 增强社区保障意识

由于受计划经济影响，人民习惯于国家大一统式的保障模式，生活中遇到困难找政府、找单位，社会保障意识淡薄，而市场经济的理念是自由竞争、优胜劣汰。在竞争中的落伍者或被淘汰者，可以从社会保障中得到经济上的支持、生活上的救济、精神上的安慰。所以，要加强对社会保障的认识，做到超前防范。只有社会公众普遍具有了保障意识，才能有相应的保障行为以及对保障的关注和参与。

关键术语：

社区服务；社区公共服务；社区照顾；服务学习；政府购买服务；志愿服务；社区共建；社区商业；社区社会保障。

阅读书目：

1. 徐永祥：《社区发展论》，华东理工大学出版社，2000年版。
2. 杨团：《社区公共服务论析》，华夏出版社，2002年版。
3. 陈云山：《社区服务》，中国人民大学出版社，2011年版。

案例分析：

政府购买公共服务的"锦江模式"[2]

四川省成都市锦江区探索实行社会组织登记备案双轨制，采取加大政府购买服务、设

---

[1] 王琳. 完善城市社区社会保障制度的对策分析 [J]. 中国行政管理，2007（5）：42-44.
[2] 李斌，等. "锦江模式"三问——成都市锦江区政府"购买公共服务"的背后 [J]. 四川党的建设（城市版），2012（1）：34-36.

立专项扶持资金、建立"孵化器"等方式,解决社会组织生存难问题。比如,一个经过备案的社会组织,只要运行一年并经过相关机构评估合格,就能得到最高5000元的扶持资金。

2010年,锦江区财政安排培育扶持社会组织发展专项经费200万元。同时,政府运用市场手段,向具有一定资质且符合条件的社会组织购买服务,并根据项目完成情况支付服务费用。据不完全统计,2011年1—10月,锦江区用于政府购买公共服务的费用超过6000万元。在利好政策刺激下,新的社会组织如雨后春笋般不断揭牌成立。锦江区水井坊社区内,"老年人关爱中心""爱有戏""牵手互助中心""与孩子一起成长·家长志愿者协会"等社会组织就有29家。

锦江区委社工委相关负责同志介绍,锦江区购买公共服务要经过几道"工序"。首先是项目的来源。项目的来源必须符合《锦江区政府购买公共服务项目指南》相关要求。其次,购买公共服务必须按照《关于规范政府向社会组织购买公共服务工作流程的意见》要求,从项目的收集、发布、确定项目实施机构、项目运行监督到项目评估结算,都必须公开、规范。再次,凡属动用政府财政资金向社会组织购买的公共服务均要按照《政府向社会组织购买公共服务项目绩效评估管理暂行办法》之规定,由项目评估小组根据合同要求和考核标准对购买的服务事项的实施情况进行评估考核。项目经费预算金额超过10万元的或专业性较强的项目,应由项目购买主体单位委托第三方专业评估机构进行专业评估,最大限度地提高政府购买服务的质量和效果。"要购买什么服务,基于两方面,一方面是老百姓真正需要,另一方面是社会组织本身。比如说,水井坊辖区有大量的空巢老人和残疾人,需要得到周到的服务,那么我们街道办事处就决定列出专项资金10多万元,向社会组织购买专业服务;又比如社会组织'爱有戏'推行的'义仓',这种服务能让社区和谐,提升社区'义文化',我们觉得这个项目不错,也就购买过来。"水井坊街办主任王闯说,街办领导班子思想都开放了,能剥离的就剥离,该放手的就让市场运作。他们不为政绩去搞项目,为了招标而招标,而是从老百姓的需求出发,同时也给这些社会组织一个宽松的环境。锦江区社会管理"三大改革"是多赢——政府轻松了,群众满意了,拿到钱得到发展壮大的社会组织兴奋了。

购买服务的标准往往是比较模糊的。提供哪些服务比较清楚,但是提供到什么程度,怎么样把握和衡量,其标准和规范不是很清楚。因此,购买后如何监管直接关系到政府购买服务能否走上良性发展的轨道。"我们在借鉴发达地区经验的基础上,已经形成了比较完善的监管考核机制",锦江区委社工委相关负责人说,"我们与'爱有戏'签订的购买'义仓'服务项目中,服务的任务、质量都很清楚,违约责任也一目了然"。水井坊街办还对社会组织进行包含数十项内容的综合评估,"在购买社会服务的过程中,我们会向政府推荐评估成绩较好的社会组织,而将评估结果不达标的社会组织从街道的社会组织备案名单中删出",锦江区委社工委相关负责人称,按锦江区的奋斗目标,"力争用3到5年时间,以社区居民代表会议和社区工作委员会、社区居民为主体,构建一批门类齐全、覆盖广泛的社会组织,鼓励支持一批信誉度好、服务力强、运作规范、作用明显的社会组织,形成社区公共服务供给主体多元化的格局,实现政府、市场和社会组织三者间的良性互动"。

思考题:

根据案例,分析政府购买公共服务的必要性和改进对策。

第五章　社区公共事业管理

[提要] 社区公共事业是指在社区层面为了满足社区居民的需要而开展的公共事业。社区文化、社区教育以及社区卫生与体育都属于社区公共事业的范畴。加强社区文化、社区教育、社区卫生与体育管理，对于社会稳定与和谐发展具有重要的推动作用。社区文化、社区教育、社区卫生与体育的管理主体包括政府部门、社区自治组织、社区社会组织以及城镇公共事业部门等。社区公共事业管理是社区管理的重要组成部分。

公共事业是关系到社会全体公众的事业，通常是指社会政治、经济、军事之外的社会活动领域，即教育、科学、文化、卫生、体育等社会活动领域。公共事业又可以称为社会事业，具有公共性、非营利性、事业性、服务性等基本特征。从公共物品的角度看，公共事业主要由公共物品和准公共物品构成。所谓社区公共事业，是在社区层面为了满足社区居民的需要而开展的公共事业。社区公共事业在本质上属于公益性事业，关系到社区居民的生活质量和共同利益。目前在我国社区管理领域中，社区公共事业主要是指社区文化、社区教育、社区卫生与社区体育等内容。

第一节　社区文化管理

社区文化是社区构成要素之一，文化与社区是不可分割的。社区文化在社区管理中发挥着重要作用。社区文化管理要强化社区文化的引领能力，以培育和践行社会主义核心价值观为根本，大力弘扬中华优秀传统文化，培育薪火相传的城乡社区精神，增强居民的社区认同感、归属感、责任感和荣誉感。

一、社区文化的概念

（一）社区文化的内容

作为社会文化的一种具体形态，社区文化有广义与狭义之分。广义的社区文化是指在特定区域内，社区居民在长期实践中创造出来的物质财富和精神财富的总和。吴文藻的社区文化概念就属于广义的界定,他认为,社区文化即"某一社区内的居民所形成的生活方式"①。狭义的社区文化则是指社区居民在特定区域内长期活动过程中形成的、具有鲜明个性的群体意识、价值观念、行为模式等文化现象的总和。美国社会学家桑德斯认为,社区的文化"包括在它的语言文字、公共象征、知识信仰、价值体系及有关行为程序中的管理、规则与特定方式"②。一个社区的文化特质是将它与其他社区区别开来的重要标志。从广义上来理解,社区文化的内容可分为四个方面。

1. 社区物质文化

社区物质文化是社区文化的外在表现,主要是指社区的硬件文化设施,包括社区的博物馆、图书馆、文化馆、电影院、群众活动广场、公园、文化活动室等,各种公益文化活动通常以此为依托展开。社区文化设施越先进、越丰富,社区文化就会越繁荣兴盛。

2. 社区行为文化

社区行为文化是社区成员在生活、交往、休闲娱乐、学习、经营等过程中进行的文化活动。社区文化既包括各级政府及文化事业单位自上而下组织开展的群众文体活动,又包括群众自发的、自娱自乐的文化活动。社区行为文化内容丰富,形式多样,更易为社区居民所接受。

3. 社区制度文化

社区制度文化是指在社区范围内,与社区精神、社区价值观、社区理想等相适应的一系列规章制度以及相应的组织机构等。社区制度文化指导和约束着社区成员的日常行为,调节社区成员之间的关系,团结社区成员,实现社区共同的目标。社区制度文化既包括正式的法律制度,也包括风俗习惯、乡规民约等非正式制度。非正式制度是正式制度的扩展和补充,正式制度和非正式制度都通过组织的运作发挥各自的作用。

4. 社区观念文化

观念文化是社区居民在长期的社会活动中培养形成的人生观、价值观、社区意识、伦理道德、审美观、艺术修养、生活情趣等思想观念的总和,也称社区精神或社区意识。安布罗斯·金认为,社区有三个分析尺度。第一是物质尺度,社区是有一个明确边界的地理区域;第二是社会尺度,在该地区内生活的居民在一定程度上进行沟通和互动;第三个尺度是心理尺度,这些居民有共存感、从属感和认同感。③ 正是由于社区居民的认同,社区文化才能有效发挥心理凝聚、价值导向、行为规范的重要功能,从而使居民形成独有的社区归属感。

---

① 吴文藻. 文化表格文明 [J]. 社会学界,1939 (10):219.
② (美)桑德斯. 社区论 [M]. 徐震,译. 台北:黎明文化事业股份有限公司,1982:94-95.
③ 周晓虹. 现代社会心理学:多维视野中的社会行为研究 [M]. 上海:上海人民出版社,1997:506.

（二）社区文化的特点

1. 地域性

社区是一个地域性的社会，带有强烈的地域概念，社区文化也具有地域性。当人们开始在共同的地域从事社会活动，就必然要发生互动，发生种种社会联系，必然会逐渐形成某种共同的社会心理、语言与思维方式、生活方式及价值观念、习俗与风尚、规范与制度等。社区所在地区的特殊气候、特别地貌、特有生态都是社区文化地域性特点形成的本原性因素，对社区文化具有决定性影响。

2. 共享性

社区文化是社区成员在实践活动中共同创造的，它必然会为全体社区成员所共享。社区成员不仅是社区文化的参与者、创造者，也是社区文化的维护者、受益者。他们在自娱自乐中愉悦身心，在相互观摩与切磋中增强人际沟通，在互帮互助中创造良好的社区氛围。正是由于社区文化的共享，社区文化富有特色的优秀部分，如风尚、礼仪、民俗和民间艺术，才得以保留与传承。从文化的整体性来说，社区文化是属于普通群众的文化，而不是特殊个体的文化。从文化活动的主体和客体来看，活动组织的主体、表现的主体都是社区群众，而作为客体的被组织者和观摩者也都是社区群众，因而社区文化还属于群众文化。

3. 普遍性

社区文化是一种群体文化，它同其他形式的文化一样，都是由群体内在的价值观念、群体精神、信仰、道德习惯、规范等要素构成。与其他群体文化不同的是，社区文化是一种松散型的群体文化。社区文化存在于日常生活当中，它对社区居民的心理与行为的影响与约束，更多的不是靠规范化管理，而是靠舆论引导、榜样示范，以健康向上的社区文化氛围对社区居民进行熏陶和感染，使之在潜移默化中受到教育。

4. 开放性

社区文化，尤其是现代城市社区文化，与传统的农村文化的宗族血缘性、排他性特征的最明显差异，就在于它能以持续开放的结构特征接纳和融合不同的文化形态。因此无论是本土文化与外来文化、乡土文化与都市文化，传统文化与现代文化、精英文化与大众文化、公益文化与商业文化，行业文化与市井文化，都能在社区内找到自己的落脚点。各种文化交融，呈现出与时俱进的特色。

（三）社区文化的功能

社区文化在社区发展中占据着举足轻重的位置，社区发展离不开社区文化的发展。社区结构的关系模式、社区组织的特征、社区居民的行为方式和社区经济发展的速度与方向，无不受到社区文化的制约。社区文化构成了社区运行与发展的内在机理，从深层制约着社区经济、政治和其他领域的发展。

1. 生活娱乐与社会化功能

社区居民文化需求的不断增长，推动着社区文化的不断更新，社区文化也因此更加丰富多彩。社区文化对社区成员具有强烈的吸引力，使人们重视自己的休闲时间和心灵的充实，重视自己生存的空间。用庄子的话说，就是让人们"甘其食，美其服，乐其俗，安其居"。也就是安民、乐民、育民。一个人从生到死无不在一定的社会环境中度过，社会学把一个人从出生到成长的过程称为社会化的过程。社区通过健康的、积极向上的文化活动创造一个良好的客观环境，不仅丰富了人们的业余生活，而且促进了社区成员之间的交流和沟通，使参与者产生认同感和归属感。社区文化有利于增强团体意识和社区意识，改善社区中的人际关系，为社区成员，特别是青少年的健康成长提供了有利的社会环境。

2. 自我完善与素质提升功能

现代社会中，人们更加重视人的自身发展，社区文化活动是实现这种发展的一个好途径。社区文化是人们自娱、自乐、自学、自教的形式，它立足基层，贴近生活，因而具有广泛的社会基础。由于人们对文化生活的需要是多层次的、经常性的，社区多种多样的文化活动可以满足各个不同层次居民的需要，吸引不同的居民参加。在文化活动中，随着经济的发展和人们生活水平、文化素养的提高，不少人不再满足于欣赏别人的表演和创作，而是有积极参与和表现自我的欲望，即自我创造、自我表演、自我娱乐、自我教育。人们通过这种自娱自乐的形式，表现自我，充分发挥自己的主动性和创造性，有利于自我价值的实现。

3. 价值调适与整合功能

社区文化倡导社会认同的积极的价值观、人生观和行为模式，并能够对社区内存在的种种问题、困难甚至冲突给予解释和导向，使人们能够趋同存异，共生于一个社区之中。社区组织各种群众性的文化活动，提供健康的活动场所，使社区成员在潜移默化中受到感染和教育，从而提高人们的素质，培养高尚的道德情操。社区文化强调特定的文化理想、价值观念、行为方式，规范人们的行为模式，并排斥社会所否定的价值观念与行为模式。它既可以鼓励人们与现实相调和，又可以引导人们积极追求人生理想和目标。因此，应将社会主义核心价值观融入居民公约、村规民约，内化为居民群众的道德情感，外化为服务社会的自觉行动。重视发挥道德的教化作用，建立健全社区道德评议机制，发现和宣传社区道德模范、好人好事，大力褒奖善行义举，用身边事教育身边人，引导社区居民崇德向善。

4. 文化传承与融合功能

任何一个社区在历史的发展过程中都会形成自己独特的文化。社区文化将社区中居民创造的人文精神固化下来，并加以革新、改造，再流传下去，这使优秀社区文化得以延续传承。从纵向来说，社区文化与一般文化一样，保存和发展着代代相传的文化，是文化在历史纵向上的传递。文化是由社会中的人们在共同生活中一代一代传递的。从横向来说，社区文化具有渗透性。社区文化与民族文化、外来文化不断融合。每一种文化体系都有自己独特的结构和历史个性，在文化的传播、接触、采借、移植的过程中，不同的文化体系经过调整，产生新的文化体系，这种相互适应、相互调整的过程就是文化的融和。① 优秀的社区文化会对社区的经济社会发展发挥积极的促进作用。

二、社区文化管理体系

（一）政府在社区文化管理中的主导作用

1. 以社会主义核心价值观引领社区文化

社区文化属于意识形态领域，有着明显的价值取向，建设社会主义精神文明是城市社区文化发展不可动摇的大方向。虽然从总体上讲，我国社区文化是与主流文化一致的，但也不能否认其受到落后消极社区亚文化的影响。20 世纪 50 年代，人类学家刘易斯（Oscar Lewis）在对墨西哥市贫民区的研究中发现，由于墨西哥市贫民区里的居民过着一种"从口到手"的生活，"做一天和尚，撞一天钟"，对未来没有憧憬，所以不会为下一代的教育操心；而年轻一代又是在缺乏良好教育和父母自暴自弃的环境中长大，自然也过着和上一代大同小异的生活，形成一种贫困的恶性循环。② 这种观点提出了社区文化会和主流文化不同，但却能对社区的居民产生重要影响的文化现象，说明社区亚文化必须和社会的主流文化相协调，否则，受亚文化影响的居民就很难融入和适应主流社会。现阶段我国社会的主流文化是中国特色社会主义的文化，即先进文化。以先进文化引导社区亚文化沿着正确的方向前进，是党和政府的重要职责，应加强基层社区党组织的建设，发挥其思想上的核心引导作用。

2. 制定有利于社区文化发展的法律政策

政府对于社区文化的宏观管理主要体现在制定有利于文化发展的法律和政策上。我国社区文化建设从一开始就形成了以政府为主导的自上而下的动力机制。政府是社区文化组织模式中最大的动力来源，政府与社区之间的文化互动成为整个组织模式中的主脉或主干。③ 在这种模式中，社区文化是建立在行政社区的基础上，作为政府工作的重要内容而存在的。我国各级政府都设有文化机构，在区政府一级有文化局，在街道办事处一级也有

---

① 张健，等. 论城市社区文化的功能与发展 [J]. 学术交流，2001 (1)：80-83.
② 卢汉龙. 经济多元化发展中的社区文化建设 [J]. 江苏社会科学，2000 (4)：89-95.
③ 孙慧民. 社区文化发展的三个层次都要加强指导和管理 [J]. 探索与争鸣，2000 (10)：8-9.

文化工作的管理部门。基层政府是社区文化建设的决策主体、组织主体，甚至是参与主体。

3. 鼓励和组织开展社区文化活动

基层政府的引领作用，还表现在高度组织化、有计划、有目的的专题性文化活动的工作模式，这是社区文化活动的主渠道。实践证明，高度组织化的社区文化活动的优点在于它能够紧密配合一定时期的中心工作，能造成声势浩大的宣传效应，同时在社会教化功能方面体现主流社会的价值观念，避免了非组织化的文化活动有可能造成格调低下的问题。组织化的社区文化活动已经成为社会主义精神文明建设的一个很好的载体，调动了社区居民的参与热情，使体现或贴近群众真实文化需求的群众自发性的文化体育活动，成为社区公众日常生活中不可缺少的内容之一。在新形势下，发挥政府对社区文化的引领作用，还应在社区文化管理方式上进行创新。

（二）社区文化管理中的多元主体

1. 社区自治组织

社区居民委员会是社区文化管理中的重要主体。政府应发挥居委会在社区文化活动中的组织作用，使之成为社区文化发展的主体力量。为此，不断增强居民委员会的自治特征，才能使其在城市社区文化发展中的作用越来越明显地表现出来。在城市社区文化的发展中，居委会是具有传统优势和发展潜力的主体力量。

目前我国业主委员会还刚刚处于起步阶段，业主委员会的任务主要是维护业主的经济权益和处理公共事务。随着城市社区的不断发展，业主委员会在开展社区文化活动，提高社区成员的文化素质和修养等方面的作用，将会越来越明显地显现出来。因为，社区是一个重要的社会化场所，对于少年儿童的成长具有非常重要的影响。业主对社区文化设施、素质、氛围的关注，也会不亚于他们对于住房质量和小区外在环境的关注。由业主委员会出面组织的社区文化活动会成为城市社区文化的一种重要形式。

2. 社区文化社团

社区文化社团是社区社会组织的一种类型，是指社区内以文化休闲与健身锻炼为目的的兴趣性自治组织，在形式上有正式组织和非正式组织之分。它们是社区文化活动的中坚力量，是社区文化的黏合剂。以社区文化社团的活动为纽带所营造出的良好的社区文化氛围，为社区共同体的形成奠定了基础。社区文化团体是社区居民参与社区文化的最为适宜的载体，体现了社区文化的本质属性。从个人角度来看，人们的兴趣活动超出了过去完全由单位或街道支配的格局，出现了一定的自由选择的空间。这种自由组合扩展了人们社会联系的广度，使具有相同爱好，分属于不同单位的个人组织在一起，参与自己喜爱的活动。从组织的角度看，文化社团以新的组织方式将有共同兴趣的爱好者联系在一起，开展以满足成员需要为目的的文体活动，单位和政府也卸下了"办社会"的包袱，不必大包大揽。

从我国城市社区文化社团的发展状况来看，社区文化社团还存在着对于政府的依赖，很多文化社团还需要政府牵头，缺乏相应的自治能力。社区文化社团在规章制度等管理上缺乏自我管理的能力，存在组织松散和自律性差的问题，还有一些社区文化社团存在着能力、水平以及品位的问题。社区文化社团要发挥在社区公共文化服务中的作用，需要提高社团成员的文化素质、组织水平和独立开展活动的能力。从政府的角度来看，也需要转变观念，明确社区文化社团在社区文化发展中的作用，并给予有效的正面引导和扶持。

3．社区内单位组织

按照功能和目标进行分类，可以将组织分为经济组织、政治组织、整合组织和模式维持组织。我国城市社区中有多种组织类型，从外在形态来看，城市社区内存在着各类企业事业单位，如公司、商业机构、学校、医院等单位组织形式。社区内企事业组织与社区有着相互促进、互成网络的关系。在社区建设初期，社区单位组织对于社区文化的网络支持作用，主要体现在通过提供资金、场地、人力等，直接参与社区文化建设。社区事业单位组织干部职工参加社区义务演出、公益活动和军警民共建等活动，社区内企业组织的物力与财力捐助也为社区文化活动提供了重要支持。目前来看，社区单位共建在城市社区文化中仍然发挥着作用，应积极推动社区内单位对社区文化建设的参与。

4．社区内文化机构资源

社区内的文化机构是社区文化发展的重要精神资源，尤其是社区中的高等院校。大学是文化生活的中心，是该社区文明的摇篮。一个社区如有一所大学，对于提高该社区的文化层次具有不可低估的能量。竺可桢曾说："大学是社会之光。"大学的文化可以辐射到其所在社区，从而提升该社区的文化素质和文明生活方式。在西方国家，大学是没有围墙的，同时也是当地社区的一个组成部分，不仅对在校学生开放，也对全社区开放。布鲁贝克认为，20世纪60年代以来的美国大学"不仅是美国的教育的中心，而且是美国生活的中心，它是次于政府的社会服务者和社会变革工具"。相对而言，这个重要的社区文化资源在我国没有受到应有的重视。

（三）社区文化管理中的市场化机制

我国城市社区文化的发展中，政府处于主导地位。但在市场经济条件下，政府不能作为文化事业直接的经营者或主办者，政府在社区文化的发展中应该起着宏观指导、宏观管理、宏观引导的主导作用。这种地位与作用在社区文化发展中不可缺少，意味着政府不能完全退出社区文化领域而任其自由发展。从目前来看，在我国城市社区文化发展的实践层面，对于社区文化的产业性与公益性资源的有效整合已经有很多成功的运作模式。

1. 公办私营型模式

这种模式的特点是社会多元投资、社团参与管理。在这种模式中，政府处于宏观指导的地位，主要的经营管理交由民间非营利性服务团体负责。比较典型的是上海市浦东新区罗山市民会馆。罗山会馆是由浦东社会发展局、浦东社会发展基金会、上海基督教青年会和罗山街道办事处联合投资创办的社区文化服务机构。它主要由民间社团上海基督教青年会承担会馆的经营，而作为政府部门的浦东社会发展局以"合同管理"的方式监督会馆的运作，为会馆的发展提供政策性支持，保证会馆运作的公益性方向。而会馆则拥有独立的经营权利，作为民间组织发挥其方便灵活的优势，打破了政府部门条块管理的限制，全方位地满足城市社区居民的多层次需求。

2. 政府—企业合作发展型模式

这种模式的特点是政府与企业双向合作、双向发展，以达到双赢结果。政府处于宏观指导地位，运用社区文化项目的形式，采用冠名开发等做法，与企业达成合作意向，快速吸收社会资金，注入公益性社区文化建设。这种模式的兴起是进入21世纪后城市社区文化发展的一个新的亮点。

3. 企业经营型模式

这种模式的特点是由企业投资建设并独立经营，此类模式的文化产业虽然具有一定的公益性，但更多的是经营性和营利性，通过开展经营服务活动取得收入，维持正常的运转支出。当然社区文化的市场化运营也要把社会效益放在首位，社会效益和经济效益要统一起来，提供丰富的精神食粮，满足社区居民的文化生活需要。

三、我国社区文化管理的发展方向

（一）我国社区文化管理中存在的问题

1. 社区文化建设目标片面化

在我国城市社区文化建设的启动时期，基本上把社区文化建设的目标定位于社区文化的外显部分，或者说"硬件"部分，因而造成了社区文化在发展目标上的实用化和狭义化，即偏重于外在物质形态的文化。长期以来，我国城市社区文化事业的欠账太多，这使得社区文化建设从一开始就面临着基础设施薄弱的局面。很多基层政府部门在制定社区发展规划时，更关注政府投资建设的社区文化设施以及开展的文化活动，如更新改造影剧院、街道文化站、文化馆、图书馆等，开展形式繁多的群众性文化活动等。在评价城市社区文化建设的成就时，往往首先将社区文化的硬件设施数量作为重要根据，在社区文化发展中存在着只重硬件设施，忽视软件建设的"短期效应"问题。

2. 社区文化建设资源单一化

社区文化离不开强大的资源支持。在我国社区建设的诸多模式中，政府财政投入始终是社区文化发展唯一强大的后盾。社区文化的发展资金主要来自于市、区、街道各级政府的拨款投资,市、区财政主要负责市、区一级的投资项目,街道主要负责街道和居委会一级的文化投资。社区文化的投资渠道单一,一旦出现资金紧张,就会影响到社区文化的发展。在政府主导型的资源模式中,也普遍存在着"三多三少"的资源配置现象,即对有形资源重视多,对无形资产重视少;对现有资源使用多,对潜在资源挖掘少;对自由资源管得多,对盘活资源协商少。

3. 社区成员参与度低

在城市社区文化建设中,社区成员参与度较低,往往处于被推动、被教育的地位,还没有充分显现社区成员的自主性力量。城市社区文化发展的动力更多来自于政府行政力量的推动,很多社区居民则处于被动参与的境地。虽然政府开展城市社区文化的主观目的在于满足社区成员的精神文化需求,但在大多数情况下,城市社区文化的实效却远远达不到这一目的。无论从广度还是深度来看,社区成员对社区文化的参与热情都与社区文化的本质要求相去甚远。从社区文化参与者的广度来看,存在着老、少两个年龄段的群体参与率较高,中青年参与较少的不平衡现象。从社区文化的参与深度来看,社区成员对于参与的理解仅仅限于参加与到场,并没有把自己摆在决策者、组织者和创造者的主体位置。

4. 农村社区文化发展水平较低

随着我国农村城市化步伐的不断加快,农村经济取得了很大的发展,农村生活水平也有了很大的提高,农村的社区文化也在发生着转变。虽然农村社区文化条件有了改善,但农村社区文化中还存在着公共文化服务资金匮乏、设施短缺、文化队伍建设亟待加强、文化资源利用率低、农村居民参与率低等现象。农村社区文化对于增强农村社区活力,带动社区经济社会发展具有重要作用,因此,需要进一步加强农村社区文化建设。

(二)加强社区公共文化服务体系建设

1. 加强政府在社区公共文化服务体系建设中的主导地位

社区文化是社会发展和精神文明建设中的一个独特组成部分,是城市文化软实力的重要体现。政府应当在社区公共文化服务体系建设中占据主导地位。①重视社区公共文化的作用。转变重经济、轻文化的思路,把社区文化建设放在重要的位置上,把社区公共文化服务体系的建设作为政府绩效管理的重要指标。②加大对社区公共文化服务体系的资金投入。保证公共文化服务体系建设经费随着国民经济发展逐年提高,在总体上满足公共文化服务体系建设的经费需求,不断提升社区公共文化服务的水平。③完善社区公共文化服务体系建设规范,出台合理有效的社区公共文化服务体系建设指标和服务指标,构建公共文化服务产品配送网络体系,保证文化服务的基本性、均等性和便利性目标的实现。[1]

---

[1] 陈胜云. 社区公共文化服务体系建设的困境与对策[J]. 学习月刊, 2015 (12): 16-17.

2. 推动社区物质文化与精神文化同步发展

在社区公共文化服务体系建设中，应坚持社区物质文化和精神文化的同步发展。在我国社区公共文化服务体系建设中一直存在两大问题，一是社区物质文化设施相对不足。在这方面，我国与发达国家存在着巨大的差距。例如，美国的一个有6.5万人口的城市社区，其社区图书馆的面积为4000平方米，藏书量为15万册，每年的借阅量为30万册。在我国不同的城市中，也存在社区文化物质性资源在拥有量上的巨大差异。二是在处理社区物质文化与精神文化建设的关系问题上，也存在重物质、轻精神、重硬件、轻软件的问题。在社区建设中，往往有人把社区文化的发展理解为物质文化资源的开发与建设，认为只要有资金和设备，什么问题都解决了，而将社区文化的软件置之不顾。有些社区耗巨资建成设备齐全的文化馆、文化娱乐中心，结果健康的文化活动却难以开展起来。① 由此看来，社区文化的发展不仅仅是一个"物质"的问题，更重要的是"精神"的问题。要建立健全社区公共文化服务体系，必须协调好物质文化和精神文化的发展。

3. 多元主体协同参与社区公共文化服务体系建设

我国社区文化公共服务体系正处于加快建设和不断完善的阶段。我国城市社区文化要实现跨越式的发展，必须形成公益性和产业性文化资源的有效整合机制，这不仅符合经济全球化条件下我国文化事业发展的总趋势，也使社区文化服务具有强劲的动力。只有引入产业和市场机制，才能使城市社区文化逐渐进入良性发展的轨道，逐步摆脱对政府办城市社区文化的依赖，以"自立、自养、自兴"为发展策略，发展城市社区文化产业。在社区公共文化服务体系建设中，要发挥社区自治组织的主体作用，社区公共文化资源的分配决策权应由居民实际享有，对政府划拨的建设经费、场地使用及部分项目收费所得的经费使用等拥有决策权。注重培育专业化文化服务社工队伍以激活社区文化活力。

4. 保护社区文化的历史资源

政府对社区文化的管理不再局限于琐碎的文化活动，而是针对市场和民间力量不愿或无力涉及的文化领域，如大型标志性社区文化设施、社区历史文化遗产保护、社区文化风格的确定、社区环保意识的培养等问题，政府需担负起应尽的管理和服务职责。政府在社区文化发展中的指导地位，并不意味着政府应该完全退出城市社区文化发展的领域，无所作为，而是在城市社区文化的宏观管理上发挥作用。

现代大众文化使城市社区具有了可随意选择的、适合本社区特色和阶层的文化形式，但同时现代大众文化所具有的标准化、易复制特征，在使城市社区文化深入人心的同时，也不可避免地使城市社区文化失去了特色与个性。众多城市社区不仅在外在形象上显现出较强的一致性或相似性，而且在文化活动形式上也趋于雷同。"千城一面"的城市让人难

---

① 陈宁. 社区文化建设中应正视的几种文化障碍 [J]. 中共杭州市委党校学报，2003 (2)：65-68.

以辨别,失去了城市社区文化赖以存在的地域个性。许多设计者缺乏对社区自然环境和历史文化的深思熟虑,又不以尊重和保障每个社区成员的生活发展权利为前提,只满足于轰轰烈烈的"形象工程""面子工程",使人造景观、假古董当道,造成了巨大的资源浪费。因此,应因地制宜地设置村史陈列、非物质文化遗产等特色文化展示设施,突出乡土特色、民族特色。

由于城市化、城市现代化是相对于传统的一种全面的"革新",而城乡社区文化的传承性,恰恰能够保留与维系现代城市人与传统的联系,成为社区文化积淀与现实交融的结晶。我国很多城乡社区都拥有丰富的历史文化资源,如北京市的胡同文化和四合院文化已经成为北京城市社区文化的一个显著特色。丰富的历史文化资源不仅有利于社区文化活动的开展,而且也是城市社区文化的个性与特色形成的根本基础。21世纪的社区文化发展中,现代文化资源的引进与历史文化资源的保护,具有同等重要的作用,两者相互促进,协同一致,才能形成既有现代文化气质,又有历史文化底蕴的社区文化。

第二节 社区教育管理

一、社区教育的内涵与功能

(一)社区教育的概念

"社区教育"(Community Education)这一概念在国际上得以正式确立和广泛使用,是在20世纪50年代之后,但社区教育的实践史却可以追溯到很早以前。社区教育与一定的民族、国家和地区相联系,带有自身特定的人文、社会和地域特征。国外对社区教育的概念有很多具体化、本土化的理解和表述。

社区教育是社区发展的重要内容。联合国教科文组织对社区和社区教育做了如下界定,"社区是指都市或农村的、被限定在一个区域内的居民,他们同属一个群体,具有共同的思维方式或对某一事物具有共同关心度。而社区教育并不是仅仅指有关社区的教育,或为了社区发展的教育;社区的居民对教育拥有决定权,并为创造社区教育而负有责任。"[1]

社区教育就是社会教育,这个观点在日本比较流行。日本法律规定,社会教育是《学校教育法》所规定的学校教育活动之外的教育,这种社会教育的主要对象是社区全体成员,而且必须要有组织地开展,其中,又规定了"公民馆"是实施社会教育的基地。社区

---

[1] 吴遵民. 关于对我国社区教育本质特征的若干研究和思考——试从国际比较的视野出发[J]. 华东师范大学学报(教育科学版),2003(3):25-35.

教育的目的是根据实际情况为某一特定区域的人群进行文化以及技能方面的培训，以此提高社区居民的综合素养，拥有健康体魄和丰富的精神生活等。在日本，"社会教育"与"社区教育"这两个专业术语是非常接近的。

社区教育是向社区提供教育服务的非正规教育。在美国，一般认为社区教育是为整个社区各年龄、各种职业，包括退休者、无业者在内的所有社区成员所提供的非正规的教育服务。从社区发展的观点来看，人们一般把学校看作是社区的公共设施，强调学校要面向社区，为社区服务，而且重视发挥学校等教育机构的作用，使它成为社区文化教育中心。社区教育要覆盖社区内所有的成员，通过实施多种计划，多渠道筹措资金，实现共同合作。国外学者对社区教育的内涵有着不同的理解，对其目标设置和内容的确定存在不同的侧重，对实施社区教育的形式和方法也有不同的选择。

我国关于社区教育的理论研究虽然时间相对较短，但经过我国社区教育理论研究者和实际工作者的实践和探索，对社区教育的理解不断深化，并取得越来越多的共识。综合国内外学者的研究以及我国社区教育的实践，我们认为，社区教育是在社区范围内，在政府主导下，以社区居民为教育对象，由社区组织、教育机构等多元主体共同提供的，旨在提高社区居民的文化素质，促进社区协调发展的教育服务以及各种具体的教育活动。

社区教育包含如下内容：①社区教育的对象是社区全体成员。社区教育是为社区内所有成员提供的教育服务。②社区教育的目的，是为了培养社区居民的社区意识，提高他们的整体素质和生活质量，同时也是为了解决社区问题，推动社区发展。③社区教育是学校和社区相互开放、沟通和结合的产物，需要社区内所有的教育机构、教育资源、教育功能之间的协同整合。

（二）社区教育的特征

社区教育从其本质上说是一种教育与社区生活相结合的教育形态。社区教育不同于一般的学校教育，它具有一般学校教育所没有的特征。

1. 区域性

社区教育是一种在特定社区内发生，并与特定社区密切结合的教育。无论是社区教育的目标、内容、功能，还是其主体、对象或方式方法，都同特定社区的人文、社会与地理条件联系在一起。社区教育具有鲜明的地域特征，这不仅表现在社区教育的规模、类型、方式方法上，而且表现在其目标、内容和层次上。社区教育要为学校（院）所在的社区服务，其专业、课程设置、教学内容都要依据社区发展需要进行研究或调整。社区教育的开展同普通教育相比，具有较大的灵活性。社区教育既能充分集中社区内的人、财、物及舆论优势，营造良好的育人环境，又能充分调动区域内各方力量参与其中，提高教育水平。社区内各种因素的相互作用，能够形成强大的区域合力，培育社区文化，培养社区成员的归属感,具有普通教育无可比拟的精神凝聚作用。①

2. 社会性

社区教育的根本理念在于教育与社会的紧密结合。①社区教育是社区自主开展的教育活动。具体来说,社区教育由社区自主办学,由社区自主决定教育目标,自主决定教育计划,自主选定教学内容和撰写教材,自主把控教学过程和质量。社区教育也由社区自主管理,由社区自主建立社区教育管理体制,自主形成社区教育的师资队伍,自主发展社区教育的场地设施,自主制定社区教育的配套政策。社区居民积极参与,居民是社区教育的主角。②社区教育是教育与社会密切交织的过程,是教育社会化和社会教育化的产物。所谓教育社会化,主要是指既要改变传统社区教育孤立和封闭的状态,又增强其对社会的服务功能。社区教育既主动争取社会的支持和参与,又自觉地接受社会的监督和评估。所谓社会教育化,是指社区教育为一切社会成员提供多种多样可供选择的学习机会,不仅教育部门,社会的所有部门在行使自己的专业职能的同时,也要行使教育职能,积极参与教育活动,使多种多样的教育形成一个整合的体系。②

3. 全程性

社区教育是终身教育的全程性和全民教育的普遍性这两个维度的教育,是终身教育和全民教育在社区这个特定的地域范围内的交叉和结合。社区教育使社区内的全体居民在人生的各个年龄阶段,都能在所属社区环境中,享有接受良好教育并参与学习的机会。社区教育的全程性体现在三个方面。①社区教育是从人的生命开始到人的生命结束的全过程教育。社区教育使社区内的全体居民在人生各个年龄阶段都能享有接受良好教育的机会,每个人终生都在其所属社区的社会环境中学习,它突破了传统教育固着于人生某一阶段的模式。②社区教育是面向社区内不同人群,满足其生存和发展的多方面终身学习需要的教育活动。社区教育覆盖面广,面向社区全体成员,既包括婴幼儿、少年儿童、青年,也包括成年人、老年人。社区教育的对象是社区内所有成员,重点对象为社区内的成年人,特别是弱势群体,包括下岗失业人群、无业人群、残疾人群、老年人群、外来务工人群等。③社区教育的内容可谓包罗万象,既包括政治思想教育,又包括专业知识的教育;既包括职业技术教育,又包括生存能力的教育;既包括健身与休闲方式的教育,又包括自理能力的教育,还有社区矫正教育等。从总体上看,社区教育的内容与形式更加灵活与开放。

4. 务实性

务实性是社区教育的生命力所在。开展社区教育的根本目的是为了最大限度满足社区居民多样化的教育需求,使居民享有接受良好教育的权利和机会,有效地提高居民的教育水准和生活质量,从而促进社区文明建设和社区全面发展。社区教育是为社区全体居民服

---

① 汪大海. 社区管理[M]. 北京:中国人民大学出版社,2003:221.
② 黄焕山,等. 社区教育概论[M]. 武汉:武汉出版社,2005:26.

务的，社区教育应当使居民群众从物质上和精神上得到更多实惠，从而得到社区居民较高的认同度、参与度和满意度。因此，社区教育必须从社区实际出发，解决社区的问题，满足社区居民对社区教育的特殊要求。社区居民需要什么，社区教育就教什么，根据社区居民的不同需求来组织课程。

5. 公益性

社区教育与一般教育不同的地方在于其更加面向全体社区居民，尤其是弱势群体或特殊群体，满足他们基本的学习需要，具有促进社会公平的性质与功能。哈格雷斯（D. Hargreaves）提出，社区教育的内涵侧重于以下五个方面：①发展社会和教育再分配策略，以创造更公正和公平的社会；②促进地方的政府机构和志愿机构之间更密切的协调和合作；③支持地方政府主动推进社会发展，使人们更有能力控制自己的生活；④鼓励更开放、更民主地获得教育系统的人力和物力资源；⑤重新界定课堂和学习过程的概念。[①] 社区教育的发展目标之一是维护社会安定，促进地区居民的安居乐业，因而为社区内的弱势群体或特殊群体提供基本的教育服务是社区教育的重要内容。社区教育要为那些居住在本社区内的外来务工人员及下岗人员举办免费的职业训练、法律知识介绍并提供就业信息，从而提高社区居民的就业能力。

（三）社区教育的功能

1. 提高社区居民的道德素质和公民精神

社区教育对于提高社区居民的思想道德修养有着重要作用，有助于形成良好的社会风气和社会氛围。社区教育需要所有社区成员的紧密合作。这种紧密合作的基础在于共同的社会责任，个人、企业和公私机构等都有责任教育社区的全体成员。社区公民有权利和义务参与影响他们生活的决策和实施过程。社区教育为促进居民的社区参与、培育公共精神提供了有利的条件。

2. 提高社区居民的科学文化素质

社区教育的全面性使得社区成员在提高德行的同时，综合素质也得到提升。社区成员可以按照自身的意愿与需要接受各类教育。个体素质的提高对于整个社区的建设与发展具有积极的促进作用。在城市化加速发展的背景下，社区教育有助于培育新市民文明素质。人的城市化是城市化进程中的关键所在。要解决这个问题，就要依靠城乡社区教育。通过社区教育使农民的价值观念、思维方式、生活方式、行为方式等实现转变，提高其文明水平。社区教育不仅使转移农民融入城市，实现人的城镇化，而且促进农村地区的生活方式、生产方式、组织方式和思维方式向城镇化转变。

---

① 厉以贤. 社区教育的理念[J]. 教育研究，1999（3）：20-25.

3. 提高社区居民的劳动技能与就业能力

社区教育可以提高社区成员的专业技能，为其就业提供新的技能保障。在城市化加速发展的背景下，全国有 2.5 亿农村剩余劳动力转移到城市。要实现人的城镇化，首先要考虑就业问题，社区职业培训的开展，使进城农民懂得和掌握就业或再就业的技能，从而提高自身生存和发展能力。社区教育的发展有助于提升进城农民的就业和生存能力。

4. 提高社区居民的认同感和归属感

社区教育丰富了人们的文化生活，改变了不适合社区发展的生活方式、风俗习惯。社区成员在共同参与、共同提高、共同进步的过程中，对社区建设有了进一步的理解与认识，形成了共同的社区文化、行为规范，这种认同性的整合，无形中增强了社区的凝聚力、认同感与归属感。社区教育不仅有助于解决就业、居住、社会保障、子女就读等基本问题，而且使外来人口接受城市精神的熏陶、城市文化的洗礼，形成新的理想信念、价值观念和文明行为，更加自觉、自信地融入城市生活。

二、社区教育管理模式

（一）社区教育管理的概念

1. 社区教育管理

社区教育管理是对社区教育进行管理的过程和活动。具体而言，社区教育是对社区教育资源（包括人力、物力、财力和信息等）进行合理组合，使之有效运转，以实现组织目标的过程。社区教育也是对社区内的教育资源进行开发、利用，以实现社区教育的最终目标的一种组织活动。

社区教育管理离不开社区教育组织。现代社区教育管理组织是指组织实施社区教育的一个实体，是社区为实现对社区成员公共教育事务的有效管理，按一定的程序建立起来的组织载体。社区教育组织是教育的组织形式之一。社区教育从萌芽阶段到自然形式阶段，都是依傍于一定的社区组织或家庭组织形态进行的。社区教育发展到现代才有自己特定的组织形态，如社区学院、民众学校或社区教育委员会等。

2. 社区教育管理体制与模式

社区教育管理体制是社区教育运行过程中的管理组织机构设置、隶属关系和权限划分等一整套管理组织制度。为了使社区教育组织能有效运转，应在组织系统中设置相应的组织机构，分配一定的管理权限和确立组织统属关系，并以明确的组织形式与制度使其固定下来，这样才会有信息、能量等流通的组织渠道。

我国社区教育管理主要采用社区教育委员会的组织形式。20 世纪 80 年代，在上海首先出现了社区教育委员会的组织形式。社区教育委员会是统筹社区教育资源，沟通教育与社会的关系，促进社区教育发展的有力保障。社区教育委员会的建立与管理运作，推动了社区教育的发展，改变了传统的垂直管理体制的封闭单一模式，促进终身教育的发展以及学校与社区、教育与社会之间的相互沟通，推动了教育管理体制的改革。社区教育从根本上改变了教育与社会相互隔绝的状态，强化了教育与社区发展、社会进步之间的相互联系、相互促进，对培育社区意识、推行教育社会一体化的大教育观念发挥了重要作用。

所谓社区教育发展模式，是指在特定社区范围内，由社区教育管理体制、组织机制以及工作方式等要素构成的，旨在提高社区居民综合素质，服务于社区全面发展的具体做法和实施路径。一定的教育模式反映着社区教育的组织结构及活动方式，具有一定的普遍性和可操作性，是社区教育实践中可以参照的标准模式。社区教育模式体现着教育与社会双向管理的根本原则。教育与社会互相渗透，双向服务，相辅相成，相互调节，改变了教育部门封闭、垂直管理教育的体制，形成了教育主动为社会服务和社会自觉参与教育的良性机制。

（二）国外社区教育模式

社区教育是于19世纪中叶发端于北欧国家，并在世界各国获得长足发展。在北欧各国、美国、英国、日本等国家都已形成了各具特色的社区教育模式。

1. 北欧"民众学校"模式

北欧地区又称斯堪的纳维亚地区，包括冰岛、丹麦、挪威、瑞典和芬兰等五国，该地区是世界上经济高度发达的地区之一。这些国家既是高福利国家，又是高度重视教育的国家。北欧社区教育的主要特点是"民众学校"模式。坚持"为民众启蒙，为民众教育"的宗旨，以青年与成人为教育对象，实施以提高人文素质为主要目标的灵活多样的教育活动。发展至今，北欧发达的民众教育对世界各国构建终身教育体系产生了深远的影响。

北欧社区教育模式的主要特点是以各类民众学校为教育载体，密切联系地方和社区，强调面向社区内的所有成年人，充分利用学校开放的教育资源，对社区民众实行全员终身教育，以体现福利国家的特征。具体来说，北欧的社区教育有以下特点：①民众教育与民众运动紧密结合。北欧地区的民众教育与民众运动和劳工运动紧密结合在一起，政治派别和民众运动组织积极参与民众教育。②政府通过立法为民众教育提供保障。政府不直接介入民众教育，而是通过立法给予支持。在法律条文中明确规定民众教育的地位、教育目标、管理体制等事项，使民众教育的开展和公民参与学习有法可依。北欧国家政府既不干预民众教育组织活动，又在经费上对民众教育给予支持。③民众教育向社区进行广泛渗透。民众教育包含的人口比重大，覆盖面广。从中心城区向偏远地区社区渗透，增大了民众教育覆盖面。④民众教育注重人文精神和人的发展。北欧现代民众教育继承了以人文教育为导向，以互助、合作为特色的传统。注重人文精神，强调先唤醒，后启蒙；先生活，后知识。实行人文教育与知识教育和职业教育相结合，强调发展人独立生活的能力和善于合作的能力，发展人的创造潜力，增强其自信心和在工作、社团生活中积极发挥作用的能力。

2. 美国"社区学院"模式

美国社区教育的主要模式是"社区学院"。社区学院出现于19世纪后半叶，随着工业化、现代化的快速推进，众多成年人迫切需要更新知识，提高技能，"社区学院"便应运而生。社区学院特别重视教育和社群的关系。同属这一类型的还有加拿大、英国等国家。

美国的社区学院是实施社区教育的主要机构。社区学院的特点主要表现在以下几个方面。①多元化的教育主体。充分利用学校、培训机构等教育公共设施，促进区域内的各种机构和部门的共同合作，设立多种形式的教育活动项目并制订各种计划来提高民众素质，为训练专门人才提供教育服务。②多样化的教育对象。各种不同年龄、不同层次、不同种族的人群都包括在内。人们要根据自己的实际情况来参加不同的社区教育。③多渠道的教育资源。从多方面筹集资金，既有联邦政府和州政府的拨款，也有企业、民间团体和私人的赞助。社会知名人士、政府领导人的推动，社区教育观念的广泛宣传，以及社区教育成功典型的示范作用是推动社区教育发展的"催化剂"。④多层次的教育内容。社区学院是美国开展社区教育的主要力量，开展的教育活动内容主要有大学转学教育、补偿教育、普通教育、职业技能教育以及基于社区的教育。

美国的社区教育以社区协作为基础，通过提供各种教育机会以满足社区需要，促进社区居民发展和社区进步，为美国国民素质的提高、教育的改革及社区的发展做出了巨大贡献。美国在社区教育师资队伍建设方面也积累了丰富的经验，已形成了"兼职为主、专兼结合"的师资构成模式。

3. 日本的"公共机构"模式

二战后，日本逐渐形成并完善了自己独特的社会教育模式，形成了一套完整的社区教育体系，使社区教育适应并促进了国家振兴和社会经济的高度发展。日本社区教育模式的主要特点是以公民馆等公共机构为中心。公民馆"是中小学生课余活动、在职成人业余学习和休闲活动、家庭妇女及退休人员等学习、交往之地"。除了公民馆，类似的"公共机构"还有各种图书馆、博物馆等。日本政府十分重视发挥其他一些社会机构，如社会福利机构、职业训练机构、文化娱乐体育机构等的作用，吸引他们从事或配合社会教育活动。

日本的"公共机构"模式主要有以下几个特点：①"公共机构"模式运作得到法律的保障。日本政府为社区教育的公共机构制定了一系列的法律。通过建立社区教育法律、法规，推动社区教育深入展开，如《教育基本法》《社会教育法》《特定非营利活动促进法》《男女共同参与社会基本法》等。根据《社会教育法》的规定，日本社会教育的对象是地区内全体成员，除《学校教育法》所规定的学校教育活动之外，针对社区成员的人生发展各个时期都有有组织的社会教育活动。②在政府支持下共建共管、上下沟通。"公民馆"就是由社区居民自主策划和实施各项社区教育活动,政府和居民共同参与,既保证了国家利益和居民利益,又有利于社区教育的有效实施。③教育对象和教育内容多样化,有针对性地提供教育服务。青少年教育主要是为了提高青少年的生活能力,使其具备职业和家庭生活等方面的知识与技能。成人教育主要包括居民文化素质、道德修养以及家庭生活等方面的教育内容。社会函授教育的内容非常广泛,开设事务类、技术类、生活技术类和文化教养类等众多课程。任何年龄、任何学历的学习者都可以自主选择适合自己职业需求的专业进行学习,并在较短的时间里掌握所需的职业知识与技能。

(三)我国社区教育管理模式

20世纪80年代中期,我国社区教育从以提高青少年素质为目标的学校社区教育,逐步拓展为以提高社区全体成员的素质、生活质量和发展社区为目标的社区教育。21世纪以来,在党和政府及教育主管部门的重视和推动下,我国社区教育呈现出蓬勃发展的良好局面,形成了很多有代表性的社区教育管理模式。

1. 以街道为中心的地域型社区教育模式

地域型社区教育管理体制模式,是以区(县)或街道(乡、镇)为主体的社区教育管理体制模式,在城区一般是由区政府或街道办事处、居委会为主体,在农村一般是由县、乡(镇)、村为主体。同时政府相关部门与社会各界也参与到社区教育管理中来。这种体制模式的组织形态是区、街道社区教育委员会或县、乡(镇)、村社区教育委员会。此类模式是目前我国社区教育的主要形式。

地域型体制模式是以行政力量为主导。由于有政府机构领导和相关行政部门参与,该模式具有明显的行政属性。这一体制模式具有以下优点:①权威性高。由于党政领导直接参与社区教育的决策规划与统筹协调工作,因而有明显的行政指导性权威和较强的影响力。②统筹性强。由于社区教育委员会是按行政区划组建的,因而社区教育成为全社区各单位、各部门的共同责任。社区教育委员会可以有效地统筹社区内教育资源力量,使其合理组合并充分发挥资源效应,创造更好的教育环境。③覆盖面广。社区教育委员会统筹社区内各类社区教育形式,有利于总体规划。街道办事处相关职能科室按行政方式布置、检查社区教育工作。驻区各界参与社区教育,社会各界,尤其是学校、青少年宫、图书馆、读书会、市民学校发挥资源优势,力求形成"共建、共管、共享"格局。在这种模式中,街道办事处发挥主导作用,并可在一定限度内调动社会各界资源。

2. 以学校为中心的辐射型社区教育模式

辐射型社区教育管理模式是以学校为中心,协同所在社区单位和学生家庭联合组建而成的社区教育管理模式。在这种模式中,中小学作为区域性社区教育的组织者、协调者,利用自身办学资源和优势进行校外活动。具体类型有两种，第一种是学校为主体的社区教育委员会体制模式。这种体制模式是以学校为主体，通过多种渠道、多种形式向社区内成员辐射，社会各界通过这个组织形式参与学校教育和管理，形成"学校—社会"双向服务的社区协调管理模式。第二种是"学校—家庭—社会"相结合的社区教育管理体制模式。这种模式以学校为主体、以促进学校、家庭和社会的教育合力为目标，注重发挥教育过程中的学校、家庭和社会三方面的力量，共同促进在校学生和社区居民文化素质的提高。

这种学校辐射型体制模式带有浓厚的校外补偿教育的性质。该模式有以下特点：①学校主导。中小学校作为区域性社区教育的组织者或牵头单位，实施以在校中小学生为对象的社区教育。②资源共享。将社区居民请进校内，共享学校文体建设成果。③社会参与。邀请社会各界参与校内或校外教育活动。此模式能够充分利用中小学的办学资源，教育行为较为规范。但是，学校在调动社区资源方面存在组织层面的先天不足，社区资源整合作用难以发挥。社区居民往往将以学校名义开展的社区教育活动定位在"保育"或课外活动层面上，难以真正起到发展社区教育的作用。

3. 以社区学院为载体的综合型社区教育模式

以社区学院为载体的综合型模式是近年来在北京、上海等地出现，并日益引起关注的新型社区教育模式，主要是指社区学院作为区域性社区教育的龙头单位，通过理事会和文明市民学校以及学历教育、非学历教育手段进行文化性、职业性、专业性的社区教育。其具体运作方式为，由街道办事处、民政局或者区域内单位委托，通过专业开发、课程开发、项目开发等多种手段组织教育教学活动。

社区学院模式是以社会为主体的，适应社区成员终身学习需求的自主管理体制模式。这种体制模式有两种组织形式，一种是正规形式的社区学院（校），另一种是非正规形式的社区学院（校），如社区教育中心或社区学习中心、社区培训中心等。这种模式主要有以下特点：①社区教育管理体制及其机构设置形式比较灵活多样。②在教育时间上涵盖社会成员的全程学习。③在教育空间上全方位覆盖社区所有成员的学习需求。④在教育管理上以社会为主体的自主管理与弹性管理相结合。这种体制模式对社区教育发展以及建设学习化社会，构建终身学习体系具有促进作用。

4. 以地域为边界的自治型社区教育模式

以地域为边界的自治型社区教育模式主要是指由社会各界共同组成的社区教育协调委员会对本社区教育进行总体协调和具体策划。由驻区各行各业较有影响且热心社区教育的单位，或由某一功能齐全的单位牵头组成专门机构，利用各成员单位在各自行业的影响和资源开展"社区是我家，建设靠大家"式的社区教育活动。此模式由驻区各界参与社区建设，社区教育意识强，力求培育居民自治意识。此模式较适用于行业主体单一且占据驻区主导地位的"单质社区"。

三、我国社区教育的发展

我国社区教育是随着社区建设而兴起的。2000年4月,在教育部职业教育与成人教育司以及中国成人教育协会的共同推进下,建立了首批8个社区教育实验区,以创建学习型社会为主要目标。从2000年开始,教育部已经先后批准了四批共114个国家级社区教育实验区,覆盖了全国绝大多数的省、市、自治区和计划单列市。

(一)创建学习型社区是社区教育发展的目标

社区教育是教育与社会的有机融合,社区教育是学习型社会的缩影,是学习型社会在区域范围内的体现。社区教育以社区居民为对象,以生存教育、发展教育、工作教育、职业技能教育、创新创业教育等为内容,以网络教育、学校教育、家庭教育、培训活动、实践活动等为形式,满足社区内各类人员的学习需求。社区教育可以满足全民学习、终身学习的要求,有助于实现学习型社会的建设。

学习型社区是指以学习型组织和终身教育体系为基础,以学习者为中心,保障社区各年龄段成员的基本学习权利满足其积极主动的终身学习需求,从而促进社区成员素质和生活质量的提高以及社区可持续发展的新型社区。在学习型社区中,应有一个高效协调和管理社区教育的机构,比较完善的社区教育实体体系以及规范学习型社区建设的成文的制度体系。社区内形成了浓厚的学习风气,主动学习已成为主流。社区内各类学习型组织普遍形成,社区内的教育资源、学习资源得到较充分的利用。总之,在学习型社区中应形成尊重知识、崇尚学习、珍惜时间、主动自学的良好风尚,形成"人人是学习之人,处处是学习之所,时时是学习之时"的良好局面。社区多数成员的素质和生活质量明显提高,社区可持续发展的能力明显增强。这是学习型社区形成的综合性标志。学习型社区建设是社区教育发展的方向,加强社区教育是学习型社区建设的基础和途径。[①]

(二)加强政府对社区教育的领导与规划

社区教育的发展要有各级政府的重视和领导。教育部有关文件指出,社区教育应由"政府统筹领导,教育部门牵头,有关部门配合,社会积极支持,社区自主活动,群众广泛参与"。按国家教育部要求,应把社区教育纳入党委、政府的重要工作议程,作为一项重要工作来抓。各有关部门认真履行职责,大力合作,形成社区教育合力。

1. 完善社区教育领导机制

社区教育由党政主要领导挂帅,各职能部门分头实施,形成强有力的领导管理模式。

---

① 李继星. 学习型社区论[J]. 高教探索, 2003 (2): 50-53.

要采取抓点带面、分层推进的思路，逐步形成市级有社区教育指导委员会，区级有社区教育基地，街道（镇）有学校，居（村）委会有教育点（站）的四级社区教育体系。采用社区教育自建，资源共享，党政统筹的形式，形成社区教育一体化的整合网络，形成社区教育发展的领导体系。

2. 制定社区教育发展规划

社区教育发展规划是社区教育发展方面的一种长远战略部署。它是为社区教育的发展定方向、定规模、绘制远景蓝图，激励人们斗志的一项系统工程。制定社区教育发展规划，必须以科学理论为指导，联系社区教育的实际。制定出既有科学性，又有可操作性的社区规划。社区发展规划应具有充分的前瞻性，充分考虑到社区教育发展的近期发展现状以及未来发展趋势，一切从社区实际出发，力求满足社区成员对于社区教育的多元化需求。

3. 整合社区教育有效资源

开展社区教育要充分利用、开发和整合社区内各类教育资源，包括组织资源、物力资源、财力资源、人力资源、环境资源等。最大限度地发挥社区教育资源的作用，使教育资源在社区内及社区之间相互支持、相互开放。只有有效地统筹协调社区内的各类教育资源，并进行优化整合，才能使社区教育有效运作，形成一种整体的"教育合力"，为社区发展服务。

4. 优化社区教育工作队伍

社区教育发展离不开社区教育工作者队伍的建设和优化。从总体上看，社区教育工作队伍包括四个组成部分，即各级管理人员、社区学校专职教师、社会各类兼职教师、社区教育志愿者队伍等。在社区教育队伍中，社区学校专职教师是社区教育的骨干。专职教师能力和水平的高低，决定社区教育成效的高低，优秀的教师可以给社区思想教育、技能教育、专业培训带来好的效果，使社区教育实现可持续发展。

（三）在社区建设中推进社区教育发展

社区建设的目的在于促进社会的全面进步，而社区教育则是社区建设的关键所在。社区教育与社区建设的关系是相互的。一方面，社区建设对社区教育有着制约作用。社区建设的规模决定社区教育的广度，社区建设的程度决定社区教育的深度，社区建设的力度决定社区教育的深度。另一方面，社区教育对于推动、促进社区建设与发展有着极其重要的作用。

1995年，在泰国召开的第七届国际社区教育大会通过了以下宣言："第一，没有社区的建设就没有社会持续发展；第二，一个强大的社区是医治各种社会疾病的基础；第三，良好的社区教育能够促进社区建设；第四，发展社区教育，才能使社会持续发展。因为社区精神、社区教育、社会管理是一个良好的、强有力的社区内部的三种强大力量,其中社区教育是关键。"宣言突出强调了社区建设对整个社会发展的推动作用,而社区教育则又是社区建设的重要内容和途径。社区教育促进社区建设与发展的功能,是通过作用于社区中的人来体现的。传统观念上的社会发展主要以经济增长为参照,现在人们越来越清醒地认识到,社会的发展不仅仅包括经济的发展,还应该有社会成员整体素质的提高。社区教育的主要特征之一就是"全员",是以全体社区成员为教育对象,跳出了仅以青少年的教育为主的圈子。另一特征则是"全面",社区教育的内容、形式逐步走向多样化、全面化,既要为社区成员"德"的完善服务,又要为他们"才"的提高服务;既要满足社区成员"谋生"的需要,又要满足其"乐生"的需要。

第三节 社区卫生与体育管理

一、社区卫生服务及其管理

社区卫生服务(Community Health Service)是在社区范围内,由政府、社区以及医疗机构为社区居民提供的公共卫生和健康服务设施与基层卫生服务活动。社区卫生服务是在政府领导下,由上级卫生机构进行指导,以基层卫生机构为主体,由社区组织积极参与,合理使用社区资源和适宜技术,解决社区主要卫生问题,以满足社区居民的基本卫生服务需求。

社区卫生服务强调社区卫生服务的场所必须在社区。社区卫生服务的对象是社区中所有居民,包括病人、健康人、亚健康人群、高危人群和重点保健人群。社区卫生服务必须使居民在经济上能够承担且能够方便地接受。社区卫生服务机构主要是社区卫生服务中心,工作人员的主体是全科医师。

(一)社区卫生服务的基本内容

社区卫生服务是我国医疗卫生事业改革深入发展的产物,是一种新型的可及性服务模式。社区卫生服务所提供的服务内容不仅仅是治疗疾病,而是集预防、治疗、保健、康复、教育、计划生育技术指导"六位一体"的综合性卫生服务。[①] 其基本服务内容和延伸服务内容有以下几个方面。

1. 社区预防

社区预防是指社区卫生服务机构采取综合措施,预防和控制疾病,保障和提高社区居

---

① 魏娜. 社区管理原理与案例 [M]. 北京:中国人民大学出版社,2013:73-74.

民的健康水平的过程。社区预防在社区卫生服务中占有举足轻重的地位，是社区卫生服务的核心工作。社区预防的主要内容有开展卫生宣传、实施免疫预防接种、执行疫情报告制度、开展防疫保健工作和健康状况评价、控制社区不良行为因素和生活方式等。社区预防工作的重点是疫情报告、预防接种和计划免疫及疾病监测。

2．社区医疗

社区医疗是指全科医生在全科医学理论的指导下，运用相应的中西医技术，为社区居民提供基本的医疗服务。社区医疗包括以下内容：①开展常见病、多发病、诊断明确的慢性病的治疗，并及时做好转诊、会诊等协调性服务。②为社区居民建立档案资料，通过签订家庭卫生服务合同等形式开展家庭健康咨询、家庭保健，指导慢性病患者康复。③提供急诊服务和院前现场抢救。④提供家庭出诊、家庭护理、家庭病床等家庭卫生服务。⑤为临终患者及其家属提供周到的人性化服务。慢性病防治、地方病防治和职业病防治是社区医疗工作的重点。

3．社区保健

社区保健是指社区卫生机构协同有关机构，根据社区人群的特点和卫生与健康需求，制订和实施社区保健计划，并进行检查和评估的过程。社区保健包括增进健康、预防疾病、治疗伤病和康复服务等内容。社区保健工作的重点是儿童保健、妇女保健和老年保健。社区保健涉及人群广泛，服务时间漫长，服务内容繁多。在社区卫生服务工作中，社区保健是一项任务重、周期长、不易短期见到效益的基础性工作。

4．社区康复

社区康复是指社区卫生服务机构利用社区资源，采取各种有效措施，为康复对象提供有效、可行、经济、全面的康复服务，使他们能够重返社会的过程。社区康复主要以残疾人、慢性病人和老年人为服务对象。社区康复的主要内容包括残疾预防、残疾普查、康复训练、教育康复、职业康复、社会康复和独立生活指导等。

5．社区健康教育

社区健康教育是以社区为范围，以居民为对象，普及医药科学知识，提高社区居民的健康意识和自我保健能力的过程。进入21世纪以来，随着疾病谱和医学模式的转变，改变不良的行为习惯、采纳健康的生活方式已成为现代社会预防疾病、促进健康、提高生活质量的根本途径。社区健康教育成为社区卫生服务中的重要组成部分。

6．社区计划生育技术服务

社区计划生育技术服务是在社区范围内进行的计划生育宣传教育活动以及为社区居民提供的生育技术服务。计划生育是我国长期坚持的基本国策，在社区内应贯彻落实计划生育政策。该项服务致力于宣传避孕节育、优生优育等科学知识，加强社区内流动人口的计划生育管理，宣传和落实计划生育政策，以达到控制人口增长、提高人口素质、改善人口结构的目的。

（二）社区卫生服务的特点

1. 社区性

社区卫生服务是以基层卫生保健为主要内容的。社区卫生服务机构是在充分了解社区居民主要健康问题的基础上，为社区居民提供基本医疗、预防、保健、康复等服务。社区卫生服务的对象由病人个体转向社区群体，医生与患者的关系较之于医院卫生服务行业中的医患关系更加紧密。

2. 综合性

社区卫生服务提供综合性服务。社区卫生服务的主要目标是通过服务提高社区人群的健康水平，而非单纯的治疗疾病。因此就其服务对象而言，既包括病人也包括非病人；就其服务内容而言，既包括健康促进、疾病预防、治疗和康复，也涉及生理、心理和社会文化等方面；就其服务范围而言，包括个人、家庭和社区，是一种综合性的服务。

3. 连续性

社区卫生服务是一种连续性服务。社区卫生服务人员对所辖社区居民的健康承担着长期的、相对固定的责任。因此，他们应该主动关心社区内所有成员的健康问题。社区卫生服务包含从健康危险因素的监测，到机体最初出现功能失调、疾病发生、发展、演变、康复的各个阶段，包括在病人住院、出院或请专科医师会诊等不同时期，为社区居民提供连续性的服务。

4. 协调性

社区卫生服务是协调性服务。社区医师的职责是为病人提供综合性的基层卫生保健服务，但有的服务内容仅靠社区医师是无法完成的，需要其他医疗和非医疗部门的配合。因此，协调性服务是社区医师应该掌握的基本技能之一。社区医师应当掌握各级各类医疗机构、专家以及家庭和社区内外各种资源的情况，并与之建立相对固定的联系，以便协调各类资源，及时为居民提供各种的医疗服务。

5. 可及性

社区卫生服务是可及性服务。这种可及性既包括时间上的便捷性、经济上的可接受性及地理位置上的可接近性，也包括心理上的亲密程度。社区全科医师既是社区卫生服务的直接提供者，同时也是其服务对象的朋友和咨询者，应当保证社区居民在任何时间都能够在自己的社区内得到及时而周到的医疗保健服务。

（三）西方国家的社区卫生服务

社区卫生服务是 20 世纪 60 年代在欧美等先进国家发展起来的，现已被世界各国公认为最佳的基层医疗模式。社区卫生服务提供的是一种面向社区、以家庭为单位、以个人为中心的整体化服务。西方发达国家的卫生服务一般都有"家庭首诊制"的传统,这是其社区卫生服务的发展基础。这些国家高度重视社区卫生服务的组织建设和功能拓展,逐渐形成了较为完善的社区卫生服务模式。

1. 英国的社区卫生服务

英国是现代社区卫生服务的发源地。社区卫生服务在整个卫生系统中占据着重要地位,在维护居民健康方面发挥着重要作用。英国全民免费的国家保健服务系统分为医院服务和社区卫生服务两个层次。英国的卫生经费主要来源于国家税收,医院属国家所有,医院职工为国家雇员。社区卫生服务机构的国有化程度更高,全科医生诊所、健康中心、社区医院等社区卫生服务机构亦由国家投资兴建、维护和添置设备。

英国法律规定居民就近选择全科医生注册登记,并接受连续性服务。非急诊病人就医必须先找自己注册的全科医生,经全科医生转诊才能进医院接受治疗。英国的全科医生培养需要5~6年的医学院校教育,3年的毕业后教育。这种体系培养的全科医生起点高、要求严,而且专业化程度越来越高。全科医生与国家卫生主管部门是一种合同关系,他们的收入取决于注册居民的数量、工作年限和从事预防保健的工作量等。

从20世纪70年代起,英国对社区卫生组织进行了不断的改革和发展。特别是经过20世纪90年代卫生系统改革后,社区卫生组织已不仅仅限于结构的系统和完整,而是更注重网络功能的完善。目前,社区卫生服务改革的主要内容包括引进市场竞争机制、强化经营策略、加强医院与社区卫生服务机构之间的相互联系等。

2. 美国的社区卫生服务

美国的社区卫生服务体系较为完善,社区卫生资源配置主要以市场调节为中心,而社区医疗以社区卫生服务需求为主要导向,体现为强调以家庭为中心的服务模式。社区卫生服务主要由家庭医生负责,居民就医时一般先找家庭医生,如果需要住院则由家庭医生转诊。

美国的社区卫生组织包括以下几种:①社区医院。社区医院主要由当地政府、慈善机构等出资兴建,以该地区社区居民为主要服务对象。社区医院作为专科医院与社区卫生服务中心的重要枢纽,在病人就诊、转诊中起到重要作用。②社区卫生服务中心。社区卫生服务中心作为综合性的社区卫生服务机构,在医护人员配置、软件和硬件配备上均较为全面。社区卫生服务中心主要为社区居民提供以护理为主、较为细化的家庭式生活护理服务。③长期护理机构。长期护理机构是为需要长期护理的慢性病患者、老年人和生活无法自理的人提供理疗、健康护理、专业治疗等服务的场所,其中老年人占绝大多数。

美国作为发达国家的典型,在社区卫生服务、社区卫生管理等方面都有强有力的调控手段,以需求为导向维护整个卫生服务体系的运作。美国社区卫生服务筹资主要通过以下几种形式：国家财政预算拨款、各市州拨款、个人出资和捐赠等形式。在美国，慈善机构筹建社区卫生服务机构的现象较为普遍，这也为政府和各市州减轻了压力。同时，保险对于美国居民来说是必不可少的。①

3. 日本的社区卫生服务

日本是世界第一长寿国，重视老年保健是日本社区卫生服务的主要特点。日本卫生保健制度以形式多样的健康保险构成了全民性的社会健康保险体系，在理顺多种形式的社会健康保险与社区卫生服务的关系方面的措施和经验具有一定的借鉴价值。

日本社区卫生服务的内容包括医疗、保健和社区护理三个方面，其中社区护理，尤其是对老年人的护理，是社区卫生服务的主要内容。①社区医疗。完善的全民健康保险体制为居民享受高水平和高质量的医疗保健服务提供了良好的制度保证。在日本，医院特别重视社区卫生服务，并且开展了较多的服务项目，具体包括巡回医疗、社区访视和护理、家庭医疗、日间医疗等。②社区保健。日本社区保健服务的主要对象是老年人，其主要工作内容包括发放健康手册及病人系统管理、健康教育、健康咨询、健康检查、功能训练、开展社区康复活动、上门指导等。③社区护理。为了完善居家卧床老年人的照顾体制，将社区访视和护理制度化。根据医生制定的治疗保健方案，由各种社区卫生服务机构根据自己的服务功能和病人的需要，派出相应的社区护理人员，到老年人家中提供照顾和护理服务。②

（四）我国的社区卫生服务体系

我国社区卫生服务始于 20 世纪 90 年代末。《中共中央国务院关于卫生改革与发展的决定》中明确指出："要改变城市卫生服务体系，积极发展社区卫生服务，逐步形成功能合理、方便群众的卫生服务网络。"社区卫生服务在全国迅速开展。经过长期的发展，各地根据卫生服务需求的变化，基本建立起城市社区卫生服务网络，社区卫生管理体系也逐步完善起来。社区卫生服务是健康中国战略的重要基础。人民健康是民族昌盛和国家富强的重要标志。完善国民健康政策，为人民群众提供全方位全周期健康服务是政府的一项重要工作。

1. 社区卫生管理

社区卫生管理是在社区范围内，以促进社区居民的身心健康为目的，由社区卫生服务管理者从全局出发协调各种关系而进行的一种社区管理活动。社区卫生管理以一定的社区为范围，从社区的全局利益出发，对社区内的卫生服务进行规划、监督、协调、组织和控制。社区卫生管理部门要对社区的各项事务进行综合协调、利益整合。社区卫生管理的最

---

① 李卉，等. 美国社区卫生服务体系现状及启示 [J]. 中国公共卫生，2012（2）：183-184.
② 卢祖洵，等. 国外社区卫生 [M]. 北京：人民卫生出版社，2001：142-167.

终目标是实现社区卫生事业的协调发展以及社区居民的健康水平的提高。

社区卫生服务的主体是全科医生。全科医生是指接受过全科医学专门训练的、具有全科医学知识结构和诊疗思维的医生。全科医生是综合程度较高的医学人才，主要在基层承担预防保健、常见病、多发病诊疗和转诊、病人康复和慢性病管理、健康管理等一体化服务，被称为居民健康的"守门人"。目前我国全科医生的培养和聘用尚处于起步阶段，全科医生数量严重不足。因此，2011年6月我国提出建立全科医生制度，这有助于形成以全科医生为主体的基层医疗卫生队伍，提高社区卫生服务水平。

2. 社区卫生服务管理体制

社区卫生服务管理体制是指与社区卫生服务工作正常运行有关的各组织主体以及相互之间的关系和相互作用的方式。社区卫生服务的管理组织，包括政府、卫生行政部门、相关卫生机构、社区卫生服务机构、服务人员、服务对象等。社区卫生服务的运行与发展依赖于完善的组织机制，社区卫生服务机构是社区卫生服务的组织基础。在遵循一定原则的基础上，因地制宜，多样化发展，符合当地的实际情况和具体要求，以形成良性运转的社区卫生服务运行机制。

目前在我国社区卫生服务的主要组织机构是社区卫生服务中心。社区卫生服务中心是以城市街道办事处为依托，以医疗卫生单位为主体建立的，以预防、治疗和康复为目标的社区卫生服务机构。基于原有的街道居委会医疗预防保健网，以一、二级医院为主体，三级医院和预防保健机构为依托，建设社区卫生服务网络，在街道设立社区卫生服务中心，在居委会设立社区卫生服务站。街道办事处提供服务场所和设施，医疗卫生单位负责业务指导，双方共同管理。社区卫生服务中心的建立既解决了城市基层医疗机构的经营困难，又满足了社区居民的卫生服务需求。

3. 政府在社区卫生服务管理中的主导作用

社区卫生服务具有综合性、普遍性、公平性、非营利性、公益性、福利性、初级保健性、可持续性等性质，从而决定了政府需承担财政支持、规范制定、监督管理等主要责任，具体作用如下：①高度重视社区卫生服务。政府部门应加强对社区卫生服务的认识，做好社区卫生服务的规划和布局，明确各级卫生服务机构的职责，避免由于医疗职责重叠而导致的各医疗机构的竞争或不作为。②加大财政投入。明确各级政府财政投入额度及用处，确保社区卫生服务机构的单位用房以及其他设施投入。鼓励社会力量参与或承办社区卫生服务机构，并按照有关规定享受政府补助和相应的优惠政策，为社区卫生服务发展营造良好的政策环境。③加强监管。政府要建立和完善社区公共卫生服务绩效考评体系，将公共卫生服务项目的完成情况、居民满意度、居民健康指标的改进等因素，纳入指标体系，进行综合考核评价，以此作为核拨经费补助的标准和依据。

政府部门应充分认识到发展社区卫生服务的必要性，利用政府的行政力量，为社区卫生服务项目的实施提供各项政策保障。不断从实践中探索经验,推进社区卫生服务发展。财政部门应根据卫生部门所制定的标准,协同卫生行政部门对实行收支两条线管理所需的经费进行预算。社保部门要积极探讨补偿社区卫生服务机构的途径,寻找政府补偿供方与需方之间的一个有效结合点。民政部门要以社区卫生服务为平台,继续完善贫困医疗救助制度,推行贫困人口社区首诊制,完善双向转诊制度。其他相关部门也要尽力给社区卫生服务发展提供有力有效的支持,如给予房屋优惠、提供场所,或辅助开展相关工作。

二、社区体育及其管理

(一) 社区体育管理的含义

1. 社区体育的概念

社区体育是重要的社区公共服务和公共产品。虽然社区体育有时被视作社区文化的组成部分,但随着社区居民对于社区体育这一公共服务产品的需求日益增加,社区体育逐渐成为社区管理中相对独立的目标和任务。

社区体育是指社区范围内,以社区自然环境和体育设施为基础,以社区居民为主体,以增强居民身心健康为目的的体育活动和体育服务。根据社区类型,社区体育可以分为城市社区体育和农村社区体育。社区体育的目的是通过体育活动,促进社区居民的生理、心理和社会行为三个维度的全面健康。[①] 社区体育对于增进市民身心健康、融洽社区关系、促进社区归属感、提高社区生活质量都具有重要的作用。

社区体育和一般的竞技体育不同,具有以下基本特征:①松散性。社区体育是群众性体育活动,主要由社区居民自愿参加。虽然一些较大规模的社区体育活动是有组织、有计划的,但仍由居民自发组织、自我管理、自我发展。②普及性。社区体育以社区居民为参与主体,参与人数众多,能够产生广泛影响。如广场舞、健步走等形式都深受我国城乡居民喜爱。③休闲性。社区体育具有低竞技性,形式灵活多样,所需的经费投入相对较少。④福利性。社区体育是一种公益性的体育活动。如同其他社区服务一样,社区体育注重社区弱势群体的体育服务需求。虽然也有收费的体育设施与场地,但主要不以营利为目的。

2. 社区体育管理体制

社区体育管理是以政府为主导,以社区自治组织等为多元主体,为社区居民提供社区体育服务,组织社区体育活动的管理过程。社区体育管理的对象主要有三方面,即社区体育场地设施、社区体育组织和社区体育活动。政府在社区体育管理中处于主导和核心的地位,社区自治组织是最为重要的管理主体,社会组织、专业体育组织、企业、居民兴趣爱

---

① 任海,等. 我国城市社区体育的概念、构成要素及组织特征——对我国城市社区体育的探讨之一 [J]. 体育与科学,1998 (2):12-16.

好群体都是社区体育管理的参与力量。

我国社区体育是在20世纪90年代，随着我国社区建设和社区发展而兴起的。最初，社区体育主要是由政府部门提倡和发动，并在政府主导下，形成了区、街、居三级框架的社区体育服务管理体系。目前我国的社区体育管理体制包括政府和社会对社区体育的全方位的管理体系以及基层社区内部的体育管理体制，主要是以街道办事处为依托，以社区居委会为主体，成立各种社区体育协会组织，吸纳社区中的企事业单位参与的管理体制模式。

（二）国外社区体育管理模式

国外社区体育有较长的发展历史，社区体育设施健全，居民参与城市社区体育健身活动的热情高涨，形成了良好的社区体育健身氛围，其经验值得我国借鉴。①

1. 美国的社区体育管理

美国社区体育发展至今，逐渐形成了比较适合自身国情的建设模式。二战后，美国政府拨出专款投资城市社区体育服务中心的建设，用以保证城市社区居民的基本体育健身需要，同时又把市场化的运营方式引入每一个城市社区体育活动中心。美国联邦政府虽然没有管理竞技体育的专门机构，但参与美国城市社区体育公共服务建设的就有十几个部门。城市社区体育管理以自治型模式为主，具体事务完全依靠社区居民选举产生的社区自治体育组织实行自主管理。城市社区体育活动由非营利性体育组织承担，政府根据社区体育服务成本和效果给予资助，社区企业也为居民提供私人化的体育市场服务和公益性的体育福利服务。

2. 英国的社区体育管理

英国社区体育管理中政府发挥着重要的作用。在1946—1975年政府制定的城市社区体育重整规划中，积极倡导各级政府组织、社会体育组织和公民参与城市社区体育公共服务事务，并制定和修改了一系列的城市社区体育公共服务政策，促进了城市社区体育的快速发展。20世纪80年代以来，英国政府强调社会组织、企业和公民的参与，主张自下而上地促进城市社区体育的发展，强调各类体育社团组织的免费援助在城市社区体育发展中的功能。充分发挥各种非政府体育社团组织在城市社区体育公共服务建设中的作用，重视可持续发展思想在城市社区体育公共服务管理中的落实，城市社区体育公共服务建设与社区经济社会发展与环境保护的统一，提高了城市社区居民参与社区体育公共服务的效率。

（三）我国社区体育的发展

随着城市化和现代化的发展，我国城市居民物质生活得到极大改善，闲暇时间增多，

---

① 周涛，等. 美英日城市社区体育公共服务建设经验及其对我国的启示［J］. 体育与科学 2012，33（4）：69-74.

居民对于体育服务的需求不断增加。再加上市场经济体制转轨，单位的社会功能逐渐外移，社区在体育公共产品供给中的作用日益突出。进入 21 世纪以来，我国城乡社区体育得到快速发展，社区体育设施不断完善，社区体育活动蓬勃开展。

1. 加强政府部门的主导作用

在我国社区体育管理中，政府部门发挥着政策支持、财政投入、协调监督的主导作用。社区体育一般由市、区级政府体育行政管理部门来负责。街道办事处和街道党工委在社区体育管理中发挥着综合领导、组织管理的作用，统筹协调街道范围内的人力、物力、财力，保证社区体育的健康运行。加强政府对于社区体育的管理，可以有效配置社区公共体育资源，实现社会福利的最大化。

加强政府对社区体育管理的主导作用主要体现在两个方面：①提供整体性和普遍性的社区体育服务。各级政府要加大投入，让所有城市社区体育服务的接受者都能承担得起城市社区体育公共服务的价格并享受满意的社区体育公共服务。大力建设各种社区体育公共服务设施，为社区居民提供开展社区体育活动的场地与设施。②制定社区体育政策法规和社区体育公共服务制度。在强化政府组织城市社区体育公共服务职责的同时，更加注重强化政府组织决策和监管职能。

2. 发挥社区自治组织的基础作用

社区党组织社区居委会在社区体育活动中发挥着基础作用。社区自治组织的作用主要体现在以下方面：①组织社区居民参与社区体育的决策。社区体育公共服务必须反映民众的偏好和意愿，由社区居民通过一定的政治民主程序来决定，要建立社区居民对城市社区体育公共服务需求的有效决策参与机制。②发展社区文化体育服务站等专业服务机构。社区居委会可以在社区层面组织社区居民开展社区体育活动，举办社区体育赛事，吸引社区居民踊跃参与，满足城市社区居民多样化的体育消费需求。

3. 发挥社会力量的协同作用

社区体育的发展不能由政府唱独角戏，还要大力动员社会力量积极投入到社区体育事业建设之中。①培育社会体育组织。社会体育组织是指体育社团、体育民办非企业单位、体育基金会、自发性群众体育组织等以发展群众体育为目的非营利性组织。社会体育组织已成为体育公共服务供给主体。近年来，我国社会体育组织快速发展，但适应我国社会发展的基层社区体育组织还没有形成一个较完善的体系。社会体育组织的管理运行存在政社不分、体制不顺、自身专业化能力不足等现实问题。社会体育组织与政府及社会体育指导员的关系模糊不清，造成管理上无实权、工作上无人手的尴尬局面。②发展体育产业。为了改善社区体育的设施，为社区居民造福，应吸引社会资本投入，大力发展体育产业经营。在为社区体育创造外部环境的同时，也为社区体育更好地开展积累了投入。将社区体育产业与社区经济发展结合起来，以老人儿童为中心并面向全体居民，推动社区居民体育运动的发展。①

4. 加强社区体育人才队伍建设

社区体育需要大量的专业体育人才，各级政府应加快完善针对优秀人才服务社区体育建设的激励机制，推进社区体育工作人员向专业化、职业化和社会化的方向发展。在我国群众体育发展中，社会体育指导员发挥了重要的作用。自1993年国家体委颁布实施《社会体育指导员技术等级制度》以来，社会体育指导员开始迅猛发展，已经形成了规模庞大的社会体育指导员队伍。2001年，国家体育总局颁布了《社会体育指导员国家职业标准》，将"社会体育指导员"定义为在群众性体育活动中从事运动技能传授、健身指导和组织管理工作的人员。目前，我国已形成了公益社会体育指导员和职业社会体育指导员两支队伍与两类制度并行的状态。

关键术语：

社区公共事业；社区文化；社区教育；社区学院；学习型社区；社区卫生；社区体育。

阅读书目：

1. 单菁菁：《社区情感与社区建设》，社会科学文献出版社，2005年版。
2. 陈乃林：《中国社区教育的实践探索》，高等教育出版社，2013年版。
3. （美）河内一郎等：《社会资本与健康》，王培刚译，社会科学文献出版社，2016年版。

案例分析：

社区里长出"社会组织"②

随着社会组织注册流程、资质的不断放开，加之政府的适时引导，一批植根于社区基层需求的社会组织在罗湖自发生长，社区型社会组织成为未来服务基层居民的主体之一。"社会组织不是政府一厢情愿'孵'出来的，而是从社区里'长'出来的，政府要做的是给予'野生'社会组织必要的支持。"中山大学中国公益慈善研究院负责人来罗湖考察时曾这样说。

记者来到缓坡之上的外来工聚集地——木棉岭，走进狭窄的城中村，进入位于木棉岭社区工作站的留守儿童暑期学堂——目前深圳运营时间最长的留守儿童暑期学习班，兴办已有四届。

---

① 孔祥. 城市社区体育公共服务体系建设的供给主体及实现路径 [J]. 体育与科学，2011 (4)：66-71.
② 社区里长出"社会组织" [N]. 南方日报，2013-7-29 (3).

在义工和社工的辅导下，孩子们早在一周前就已经完成了假期作业。这天上午，他们刚听曙光医院的医生讲了一节性教育总结课，在此之前，由社工设计的儿童防止性侵犯课程持续了将近一周；下午，他们又各自投入到书法、写作、跳棋等兴趣小组之中，课堂里充满了欢声笑语。

今年的夏令营比往年更加热闹。去年，夏令营人数最多时有50多人，由于场地、师资和费用的限制，木棉岭社区工作站站长陈志平婉拒了很多家长的报名请求："我们也想让更多孩子进来，可是场地和师资真的不够。今年小营员达到了87人，去年是压住不敢招，今年实在压不住。"

让陈志平有底气"扩招"的真正原因，是贵良社工服务中心的加入。今年，这家社工服务社承接了木棉岭留守儿童夏令营的项目，作为"洪湖流动党支部——的嫂互助会"的子项目，夏令营得到了来自罗湖区民政局创新资金的拨款。

过去三年里，这个暑期课堂"边走边试，摸着石头过河"，虽然得到了家长和孩子的肯定，但夏令营的作用更多的是让孩子们有个安全的地方可以玩耍和做功课。工作人员意识到暑期学堂必须借用社会资源，也曾与看守所、戒毒所、武警医院等机构合作，对小营员进行普法教育，但"孩子们忘性大，过几天就忘了，结果不太好"。

今年，贵良社工服务社为夏令营带来了4名社工、2名社工专业的实习生，他们带来了一种全新的儿童教育方式，为孩子们设计了亲情、安全、环保和公益等主题的教育和互动课程。小营员蔡潮宇的爸爸、湖北籍"的哥"蔡师傅说，孩子参加了两届夏令营，感觉今年比去年更加正规，活动也更加丰富。"我们没有那么多时间陪伴孩子，这个夏令营减轻了家长的负担和压力，夏令营组织得越来越好，孩子能学到东西，我们也很放心。"

"把事情交给专业社工机构，我们轻松多了。"陈志平说，社工们还带来了更加细致的工作方式——专为夏令营拟订的一叠厚实的活动计划书，这是疲于各种社区事务的工作人员从未准备过的。计划书中详细列明了预算和活动安排，还有可行性分析、风险预估和预案，对风险的考虑甚至包括主讲人迟到怎么办、亲子沟通活动中有两个孩子参与怎么办等情况。在活动中期，社工们还要撰写阶段性总结，这令陈志平和他的同事们感到耳目一新。

思考题：

根据案例，分析社区社会组织在社区公共事业管理中的协同作用及其发展路径。

第六章 社区公共安全管理

[提要] 社区公共安全是国家安全的基础，体现着人民安全的宗旨。加强社区治安管理、提升社区矛盾预防化解能力是社区管理的重要目标与内容。我国社区治安管理体制包括基层政府组织、治安管理的基层组织、社区治安保卫组织等多元组织。社区警务是西方国家社区治安管理的一种新型模式，对我国社区治安管理具有重要的借鉴意义。社区矫正作为社区公共安全管理的重要内容之一，是我国加强社会管理创新的努力方向。

第一节 社区公共安全概述

一、社区公共安全及其相关概念

（一）社区公共安全

公共安全是社会发展和进步的前提条件。公共安全问题的出现往往造成重大的生命和财产损失。社区是城乡社会管理的基本单元，与居民日常生活息息相关。社区作为社会管理的基本单位，在社会公共安全管理中发挥着不可替代的作用。

社区公共安全是指社区居民生产生活环境有序、稳定与可靠的程度与状态。社区公共安全涉及社会生活的方方面面，是推进社会公共安全的重要载体。社区公共安全不仅是城乡经济、社会发展的基础，而且直接关乎广大居民的生命财产安全。社区公共安全是社区生活质量的根本保障。从公共产品供给理论的视角出发，"公共安全"也可以被看作是一种公共产品。社区公共安全的生产者是社区，消费者为社区居民。

社区公共安全是一个综合性的概念，社区治安、安全社区建设、社区减灾和应急管理都属于社区公共安全的组成部分。社区公共安全的所有内容都包含在社区建设与社区管理的范畴之中，成为社区建设的目标与努力方向。例如，"平安社区""和谐社区""文明社区"等主要侧重于社会治安管理和安全事件的预防。"安全社区"主要侧重于社区各类事故与伤害的预防和应急管理。"减灾社区"主要针对自然灾害。"绿色社区"则强调污水处理等环境方面。这些社区公共安全举措从不同方面增强社区公共安全管理的能力，但也存在着缺乏整合的问题。①

社区公共安全是一个有机的整体,各个组成部分在其中所发挥的作用并不相同。其中,社区治安由于与社区居民的日常生活紧密相关,因而在社区公共安全中占据着重要的地位,受到更多的关注和重视。

(二) 社区治安

"治安"一词在我国古代的经典中就已使用。春秋战国时期的政治家、思想家在论述国家管理时,就有"治政安国""安上治民"的提法。从字面上理解,"治"常指统治、管理的方略、手段的意思;"安"就是指安全、安宁的意思。"治"是相对"乱"而言,"安"与"危"相对,"治则不乱,安而不危"。"治安"作为一个概念使用始见于公元前230年,先秦时期韩非《说疑》一文就有"民治而国安"的说法。西汉初期贾谊的《陈政事疏》,向皇帝"陈治安之策",后世称之为"治安策"。"治安"一词,在古代的含义,是指国家政治清明、社会安定的状况,内容比较广泛,既包括统治集团内部的秩序,又包括社会的秩序。近代警察制度形成以来,治安的含义变窄,仅指社会的秩序。

现代治安的含义是指政府通过法律、法规和警察行政管理所建立起来的一种社会秩序。治安管理是国家行政管理的重要组成部分,是由公安机关运用行政手段、法律手段及专业手段,维护公共秩序和公共安全,保护人民群众的合法权益,保障社会生活有序进行的行政管理活动。社区治安是指在社区范围内,以基层政府以及公安机关为主导、社区自治组织为基础,维护社区公共秩序,保护社区居民的生命财产安全,保障社区生活和谐稳定的管理活动。社区治安是社区公共安全中最为重要的组成部分,是社区公共安全的基础和保障。

(三) 安全社区

1989年,世界卫生组织(WHO)在第一届世界事故与伤害预防大会上首次提出了"安全社区"(Safe Community)概念。根据 WHO 关于安全社区的概念,一个地方社区要想被称为"安全社区"至少应该具备两个条件:"一是针对所有居民、环境和条件制订积极的安全预防计划;二是拥有包括当地政府、工商企业、消防机构和医疗卫生服务机构、志愿者组织和社区共同参与的工作网络,网络中各个组织之间紧密联系,充分运用各自的资源为社区安全服务。"安全社区通常设立了负责推动建设工作的专门机构,社区相关部门、企事业单位和居民共同参与社区安全促进工作,通过持续有效的建设工作以实现保障居民安全健康的目标。由此可见,安全社区并非仅仅以社区的安全状况为评判指标,而是

---

① 张海波. 社区在公共安全管理中的角色整合和能力建设 [J]. 江苏社会科学,2011 (6):66-71.

指一个社区建立了一套完善的程序和框架,使之有能力去完成安全目标。

安全社区建设开始于北欧社区实践。1975年,瑞典慢城(Falkoping)实施了一项涵盖了安全教育、日常管理监督等内容的社区安全计划。这一计划实施了两年多,社区内交通意外伤害、居家伤害和各种工伤事故减少了近三成,社区学龄前儿童的意外伤害减少近五成。1985年,瑞典利德雪平市(Lidkoping)也实施了类似的社区安全计划;1989年,WHO在斯德哥尔摩举行了第一届世界事故与伤害预防大会并发表了《社区安全宣言》,此次会议产生了全球第一个国际安全社区,提出安全社区建设应倡导推广"安全、健康、文化"理念。1991年,WHO在瑞典召开了第一届国际安全社区大会,确定以后每年召开世界安全社区大会,大力推动安全社区建设。

我国从2004年开始创建安全社区。济南市槐荫区青年公园街道社区于2006年成为中国大陆首个、世界第97个被WHO确认的安全社区。到2015年底,我国已经有国际安全社区91个,创建了全国安全社区575个,分布于19个省级行政区域并且覆盖了煤矿、石化、油田等行业。安全社区从无到有,类型也由单一的城区街道型扩展到企业主导型、农村乡镇型和园区学校型,极大地提升了社区公共安全建设的水平和质量。

二、社区公共安全的意义与目标

(一)社区公共安全的意义

1. 保障城市化的稳步推进

随着城市化的加速发展,我国出现了很多新的社区类型,如城市边缘区、城乡接合部、城中村、流动人口聚居区等具有过渡性特征的社区类型。这些社区面临着非常突出的社会治安问题。例如,外来人口的大量涌入使得这些社区成为各类社会不良现象和违法犯罪的高发区。在这些社区中,由于居民向城市人口转化不彻底也造成了很多社区治安隐患。由农民转化而来的社区居民在就业市场上的竞争力相对较弱,不得不面对长期的失业、半失业和隐性失业,沦为新的城市贫困群体,而最低生活保障机制、贫困救济机制、养老机制、医疗卫生机制等,都没有跟上城市化的步伐。在这些社区中,由于失地补偿机制不完善,极易引发重大的社区治安事件,影响社会的安全与稳定。为了稳步推进城市化,必须为城乡社区提供充分的社区公共安全服务,为我国经济社会发展提供安全稳定的环境。

2. 维护社会公正和谐发展

社区公共安全治理是维护公民生存权、健康权等基本权利的需要。这既是维护广大人民根本利益的民心工程,也是牵扯政治、经济、社会各个领域的系统工程。社区公共安全管理的目的是实现社区安全、民众健康和社会和谐,保障基层安全,改善居民的生产生活环境，提高生活水平和质量，最终实现社会公正和全体公民共享发展的成果。

3. 促进基层社会治理创新

公共安全管理是我国基层社会治理创新的重要领域。在城市化、现代化加速发展进程中，各级政府必须通过社会治理体制、机制与方式创新，实现社会稳定协调发展。通过完善基层社区组织建设，加强公民公共安全教育，增强公众安全意识，吸纳公众积极参与城市公共安全治理。城市社区安全与每位居民生产生活息息相关，公众参与城市社区公共安全治理有利于传达公众需求，整合公共安全治理资源。

(二) 社区公共安全管理的目标

在我国社会主义市场经济体制转型的过程中，社会矛盾较为突出，很多公共安全问题集中显现出来。这些问题大多是由人民内部矛盾激化所致，或者安全管理不严格所引发。加强社区公共安全管理，可以有效减少或弱化危害社区公共安全的各种因素，从而将各种危害因素控制在一定的范围内，维护社会秩序，使社区生活步入良性循环的轨道。

1. 建立和完善社区公共安全的法律法规

法律是保障社区公共安全的保证，没有严密而统一的法律法规，社区公共安全就无法实现。与国外相比，我国还没有这方面专门的法律，立法滞后的问题已经明显地摆在公众面前。由于缺乏明确的法律规范，各地区、各部门在社区公共安全管理中存在各行其是的状况，有的还流于形式。因此，当务之急是加快立法，使社区公共安全制度化、规范化、法制化，通过立法明确各部门的权责关系，尽快使社区公共安全管理走上有法可依、依法运作的道路。

2. 通过社区建设提升社区公共安全水平

社区公共安全管理应立足于社区，在社区建设中，社区公共安全才能得到保障。①努力创建和谐社区。充分依靠和发动社区群众共同维护好社区内的治安秩序，为广大社区公众提供安全、有序、稳定的生活和生产、工作、学习环境。形成社区良好的道德风貌和文化氛围，加强社区的精神文明建设。②充分发挥居（村）民委员会和驻区单位、社区民间组织、物业管理机构、专业合作经济组织在社区建设中的积极作用，共同参与城市和农村社区的公共服务和社会治安管理工作，实现治安行政管理和社区自我管理有效衔接以及公安机关依法行政和居民依法自治的良性互动。③通过各种方式积极与社区居民进行双向沟通，积极支持社区的公益活动。参加社区中的公益活动，可以很好地增进公安机关与社区公众的感情与交往，也是树立公安机关良好形象的必要手段。

3. 建立完善的社区公共安全管理体系

社区公共安全是一项涉及公安、司法、消防、城管、环保以及房管等多部门的系统工程，必须建立起科学有效的社区公共安全管理体系。政府有关部门应以社区公共安全为目标，形成有效的跨部门协同机制。跨部门协同是指两个或两个以上部门通过协作的，而不是相互分离的工作，努力增加公共价值的行为。跨部门协同是减少机构重叠、整合政府公共服务、改进政府与公民之间沟通交流的有益尝试，在很大程度上改变了政府工作、信息沟通以及公共服务传输的方式。围绕社区公共安全的目标，各级政府相关部门应建立起完善的领导体制、组织管理机制、保障机制、考核机制、信息沟通机制等，有效促进社区公共安全治理中的协同合作，共同为城乡社区居民创造安全、舒适的社区生活环境。

4. 创新社区公共安全治理方式

维护社区公共安全是一项极具综合性和复杂性的社会工程。各级政府应坚持改革创新，强化问题导向和底线思维，积极推进城乡社区公共安全治理的理论创新、实践创新、制度创新。弘扬社会主义法治精神，坚持运用法治思维和法治方式推进社区公共安全治理，建立惩恶扬善长效机制，破解城乡社区公共安全治理难题。以创建平安社区、安全社区、文明社区等为突破口，充分动员和组织社区居民参与开展多种形式的安全防范工作，吸纳社会力量积极参与维护社区公共安全，通过实现社区的平安进而实现整个社会的平安。社区公共安全工作模式要形成自身的特点，根据社区的实际情况，创新具有特色的社区公共安全管理模式。

第二节 社区治安管理体系

一、社区治安管理

（一）社区治安管理的相关概念

1. 社区治安管理

社区治安管理是国家治安管理在社会基层的延伸，是在社区范围内对社会治安问题的治理。在西方国家，社区治安是作为一种治安理论出现的。20世纪五六十年代，社区治安思想作为一种社区问题解决模式首先形成于美国。肯尼斯·J. 皮克和罗纳德·W. 格伦斯指出，人们重新强调社区对警察任务的认可，强调预防和控制犯罪同样重要，也意识到地方社区是对付暴力和骚乱的一个重要合作伙伴。社区治安思想认为，社区要和警察共同承担维持社会秩序的责任，两者必须相互配合，才便于确定问题，并制定出预防性的问题解决方法。警察和居民都必须具备主人翁精神，要共同决策，共担责任，长期相互支持。社区治安思想还强调要增强警察与社区成员之间的理解和信任，要支持社区的各项创新活动，通过向社区成员提供必要的信息和技能，增强他们的勇气和力量，保证他们能对治安政策发挥影响，并保证他们共同承担后果。①

在我国，社区治安管理是指公安、司法机关与社区管理部门协同，依靠社区自治组织和社区居民，运用政治、经济、行政、法律等多种治理手段，对涉及社区社会秩序和人民群众生命财产安全的问题依法进行治理，以形成稳定、和谐社区秩序的过程与活动。社区治安管理是通过治安综合治理，防止和减少社区内违法犯罪现象和治安问题的发生，维护社区居民的安定团结，实现稳定社区治安的目的。

2. 社区治安综合治理

社区治安综合治理是在建立社会治安综合治理的基础上的一种富有成效的社区治安管理新模式。社区治安综合治理是社区治安管理的主要方式，是指在党和政府的领导下，通过各部门协同配合以及社区居民的积极参与，综合运用各种治理手段，从根本上预防和减少违法犯罪行为，为社区居民创造一个安定有序的社区环境。

社区治安综合治理是我国社区治安的具体运行机制。在社区治安综合治理体制中，社区警务室是社区治安综合治理的主力军，其基本任务是在党委和上级公安机关的领导下，按照国家有关法律规定，采取多种措施，管理辖区的社会治安，维护公共秩序，预防和制止违法犯罪行为和治安灾害事故的发生，保护公共财产，保障公民合法权益，维护社会政治稳定。

（二）社区治安管理的特点

与传统社区治安管理相比，在改革开放的新形势下，社区治安综合治理具有很多新的特点。

1. 管理主体多元化

传统社区治安管理是以封闭的行政化管理为基础的，主要以政府中管辖本地区治安工作的工作机构及其派出机构作为管理主体。由于社区治安涉及千家万户的利益，尤其是面对我国改革开放过程中特定时期复杂的治安状况，社区治安必须实行齐抓共管、综合治理。因此，社区治安综合治理的管理主体呈现出多元化的趋势。不仅有各级党委、政府的领导和专门负责本地区治安工作的工作机构及其派出机构的管理，而且还有与治安工作密切相关的城市街道办事处、社区居委会、物业管理公司、社区内企事业单位的保卫部门、社区警务人员、治保会、群防群治服务队、社区保安等多种基层组织共同参与管理。

2. 管理内容多样化

社区治安综合治理包含多种内容和任务。除了要认真落实各项政策措施，严厉打击各种严重危害社会治安的刑事犯罪活动外，更重要的任务是要加强基层的基础工作，充分发

---

① 袁振龙. 社会资本与社区治安 [M]. 北京：中国社会出版社，2010：33.

挥居委会、小区物业公司等组织的宣传帮教作用。进行综合整治，消除社区内的不安定因素和安全隐患，调解各种矛盾和纠纷，把各种矛盾化解在萌芽状态，使社区真正成为维护社会稳定的"第一道防线"。

3. 管理体制立体化

传统的治安管理采用以条为主的、纵向的单一管理模式，这种模式的缺点是各种组织间缺乏协调、管理面狭小。因此，新形势下的社区治安综合治理已经转而采取条块结合、以块为主的模式，即纵向的管理与横向的协调配合相结合的、立体化的管理体制，这样便于做到点面结合，拓宽管理面。

4. 管理力量综合化

社区居委会是传统的社区管理力量，但是它力量单薄，显然不能满足人口增长和社区现代化发展的需要。随着经济的发展，我国城市化进程明显加快，城市下岗失业人员大量增加，人口老龄化和贫富分化加剧问题越来越突出。在这个过程中，城市的流动人口也大量增加，使城市治安管理的复杂性和难度大大增加。因此，新时期社区的治安综合治理必然要依靠社区内外的多种组织，动员全社会各种力量，共同努力才能取得理想的效果。①

（三）社区治安管理的主要内容

社区治安管理与社区社会生活密切相关，涉及社区生活的方方面面，包含着丰富多样的内容。目前在我国市场经济体制和城市化加速发展的背景下，社区治安管理的主要内容有以下几个方面。

1. 打击各种刑事犯罪行为与行政违法行为

社区内各种刑事犯罪和未构成犯罪的行政违法行为是严重影响社区治安稳定的首要问题。因此，打击各种刑事犯罪行为与行政违法行为，是社区治安管理的重要内容和目标之一。刑事犯罪，特别是严重刑事犯罪活动给社区生活带来的危害极大。目前我国处于社会转型期，人口流动性大，人口结构复杂，再加上社会矛盾突出，刑事犯罪事件进入高发期，社会治安形势严峻。

社区内的行政违法行为主要是违反社会治安管理处罚条例的行为，该种行为是指扰乱社会秩序，妨害公共安全，侵犯公民人身权利、侵害公私财产，尚不构成刑事处罚而应当给予治安管理处罚的行为。目前一些地方的群众性治安事件呈上升态势。群众性治安事件是指一定数量的人为了某种目的或利益集合在一起违反治安管理处罚条例的行为。群众性治安事件一般都是群死群伤事故，对社会造成很大的破坏和影响，社会危害性极大。

为了打击各种刑事犯罪行为与行政违法行为，社区治安管理主体要大力加强普法宣传

---

① 王建军，等. 社区管理的理论与方法 [M]. 成都：四川大学出版社，2008：21.

教育，还要通过对社区社会情况的调查，掌握社区动态，分析研究可能引发群众性治安事件的因素与条件，及时采取有效措施，并尽最大可能将事态控制在最小范围内。对于一些潜在矛盾或者刚刚凸现的矛盾，要及时做好调解工作并完善上访渠道，将矛盾及时化解。

2. 维护社区公共安全和秩序

社区公共安全和秩序涉及社区公共场所的治安防范、消防、交通安全等方面的内容。所谓公共场所，是指向社会开放的、供社会成员进行社会活动、社会共有、公众共用的场所，包括公路、街道、广场、车站、码头、商场、公园、影剧院、展览会、运动场所、公共交通工具，以及其他社会成员活动的公共场所。社区公共场所是指设在社区的以上这些公共场所，这些场所是人们经常聚集和活动的地方，是社区居民生活不可缺少的设施。随着经济的发展，社区公共场所在数量、种类、形式上不断增加，不规范行为和非法活动呈现不断增多的趋势。如果不严加管理，社会上的黄赌毒以及封建迷信活动等很容易在此滋生。有些公共场所治安措施不到位，存在着安全隐患，也容易导致生命财产的损失，因此必须经常进行安全检查，消除治安隐患。

3. 做好社区户口管理

社区户口的管理是社区治安管理的基础，这是一项常规工作，其内容包括户口登记、户口迁移、户口调查、户口档案、流动人口的管理、人口卡片管理、人口统计等工作。在城市化加速发展的背景下，流动人口管理是社区治安管理的重中之重。流动人口是指跨越一定地域范围而不改变常住户口的各类移动人口。流动人口对城市经济发展、市政建设、市容环境等都发挥了积极的作用。然而，流动人口也带来了一些消极的影响。城市流动人口的增长给城市治安管理带来了许多不安定因素，使本来已经十分严峻的城市治安形势更加复杂。流动人口人员构成十分复杂，活动范围广泛，增加了城市治安管理的难度。有些流动人口因为各种原因走上犯罪道路，进行诈骗、盗窃、抢劫、赌博、卖淫、嫖娼等违法犯罪活动。也有一些流动人口违反工商行政管理的有关规定，在城市乱设摊点、乱搭乱建、出售伪劣商品、偷税漏税、倒买倒卖、哄抬物价，这些行为严重扰乱了市场，冲击了市场管理，增大了城市公共秩序的管理难度。为了使流动人口流动有序，生活稳定，社区管理者必须采取科学有效的管理措施和方法。

4. 积极开展人民调解工作

人民调解工作是指基层社区人民调解委员会依据一定的法律、法规、政策和道德规范，教育、疏导纠纷当事人自愿达成和解协议，消除隔阂的活动。它所调解的范围包括一般民事纠纷、轻微的刑事纠纷以及简单的经济纠纷。通过这种调解达成的协议主要靠双方当事人相互承诺、信用、社会舆论和道德规范来约束和履行，因而是一种人民群众自我教育、自我管理、自我化解矛盾的自治活动。人民调解工作必须遵守的基本原则有依法调解的原则、自愿平等的原则和尊重当事人讼诉权利的原则。做好人民调解工作，有利于消除社会矛盾，改善人际关系，促进社区的安定团结，是维持优良社区治安和社区秩序的重要途径。

5. 预防与减少青少年犯罪

社区在预防青少年犯罪中具有重要地位和作用，这已经成为世界各国致力于青少年违法犯罪预防的工作者的共识。我国初步建立了从家庭到学校再到社区的预防体系，并通过实施《青少年违法犯罪社区预防计划》，强化社区在青少年犯罪预防体系中的作用。①建立联席工作会议制度。建立由街道办、社区居委会、社区司法警务室、派出所等共同组成的青少年犯罪社区预防工作联席会议制度，通过定期召开联席会议，协调、督促、落实预防青少年犯罪的教育、管理、服务等相关事务。②引入专业化的社会工作机构。把专业化的社会工作机构引入社区，由他们整合社会资源，提供专业服务。社会工作者可以作为社区及青少年之间的桥梁，及时协调社区各部门的合作，动员社区领导关心青少年的问题，将青少年的违法犯罪消灭在萌芽状态中。③完善青少年福利服务机制。成立社区青少年服务中心、少年科技站等，通过青少年喜闻乐见的方式，建立真正符合社区青少年身心特点的福利服务输送网络，关心、引导和帮助青少年成长。④建立社区青少年心理救援机制，加强青少年生理、心理知识教育。例如，可以通过举办青少年生理、心理健康知识讲座，设立青少年生理、心理辅导室等方式，加强青少年心理引导，促进青少年健全人格的形成。①

6. 社区矫正以及刑释解教人员的帮助教育

社区治安的一项重要任务是预防和减少重新犯罪。社区矫正是社区治安管理的重要内容之一。刑满释放和解除劳动教养的人员是社会的不安定因素之一，对他们进行帮助教育，让他们早日融入社会，防止他们重新犯罪，是社会治安综合治理的重要一环。基层社区组织要掌握社区内帮教对象的基本情况。通过调查、家访和个别谈心等方式摸清本社区帮教对象的基本情况、犯罪原因、罪错性质、现实表现、家庭环境、社会关系等，为有针对性地进行帮教打下基础。

二、我国的社区治安管理体系

社区治安管理体系是指由多元管理主体共同构成的社区治安管理的组织体制和运行机制。社区治安管理主体有广义和狭义之分，狭义的主体是指专门执行治安管理职能的组织机构，包括直属于上级公安机关的治安管理基层组织，如派出所、治安队、交通队、治安室等。从广义上说，社区治安管理的主体除了上述公安机构外，还有与治安工作密切相关

---

① 扈晓琴. 完善青少年犯罪的社区预防 [N]. 光明日报，2012-11-24（7）.

的城市街道办事处、社区居委会、物业管理公司及社区内企事业单位的保卫部门、社区警务人员、治保会、群防群治服务队、社区保安等多种基层组织共同参与管理。社区居民也属于社区治安管理的主体。

（一）治安管理的基层组织

治安管理的基层组织是与社区治安管理直接相关的组织主体，是指由公安机关领导和管理的，在社会基层直接执行治安管理，维护社会治安秩序任务的组织。治安管理基层组织是治安管理业务最具体的执行单位，包括公安派出所、治安民警队、巡警队、治安拘留所及消防队、交通队等。治安管理基层组织处于治安管理的第一线，承担着发动群众、组织群众、带领群众开展安全防范、打击犯罪、改造罪犯、制止违法、挽救失足者、维护社会治安秩序、直接为人民群众提供安全服务的任务。

治安管理的基层组织是社区治安管理的重要主体，在社区治安管理中起着主导的作用，是国家治安管理贯彻群众路线，直接依靠群众的基础、纽带和桥梁，也是国家基层政权的重要支柱，它为国家行政管理活动落实到基层提供支持和保障。治安管理基层组织的职能主要有以下几个方面：①贯彻执行治安管理的法律、法规以及方针、政策与原则。在职责范围内，依法具体执行治安、户口、交通、消防等治安业务管理；②协助上级公安机关查破刑事案件，负责查处治安案件，处置治安灾害事故；③指导群众性治安联防组织的工作；④采取各种形式对辖区内的居民进行遵守法律、遵守社会公共秩序的教育；⑤指导社区矫正工作，落实对假释、保外就医和监外执行人员的监管改造工作；⑥处理好警民关系，为民排忧解难，积极参与社区共建。

公安派出所是我国市、县公安局的派出机构，是公安机关的基层组织。新中国成立后，我国在城市建立了基层公安组织——派出所，设立了户籍外勤民警，负责责任区的治安管理和人口管理，形成了社区警务的雏形。在群众工作的基础上，取得了社区治安管理的成功，被西方警务学家称为"中国模式"，并被西方警务实践所吸收和借鉴。这种警务工作的方式和组织体系一直沿用至今。派出所是公安机关的根基，是公安机关最基层的治安管理和防范部门，处于维护社会治安的第一线，融"打、防、管、治"为一体，既是落实公安工作的最基层的实战单位，又是公安机关的重要窗口，还是联系群众的桥梁和纽带。同时派出所也是社区的有机组成部分，社区预防犯罪的功能是以派出所为中心来发挥的。派出所在立足社区的基础上，以社区为出发点，尽可能有效地参与社区生活，与社区其他成员共同承担起预防犯罪的任务，成为推行社区警务战略、实施社区安全防范的主力军。

虽然公安派出所不是一级公安机关，也不是城市街道办事处和乡镇人民政府的下属机构，但它可以代表上级公安机关按法律规定和上级公安机关授予的权限，对所在地区的社会治安进行管理。根据人民警察条例、治安管理条例和公安派出所条例，公安派出所在社区治安管理中具有治安行政管理权、治安处罚权、查破一般刑事案件和治安案件权、安全监督检查指导权、对违法和轻微犯罪人员的帮教权等。

（二）基层政府的社区治安管理职能

街道办事处是政府对城市实施行政管理的基层组织，对社区的治安工作实施管理是其应尽的职责。在党和政府的统一领导下，在综治机构的协调下，由街道办事处组织牵头，区政府各专业管理部门派出机构调配人员，各相关部门齐抓共管，组成进驻社区的社区治安管理组织。街道办事处的社区治安管理职能主要体现在以下几个方面。

1. 加强街道治安管理队伍建设

按照城市现代化管理的要求，街道办事处应加强对行政执法人员、中介服务人员的业务知识、专业技能及职业道德等培训，努力培养能力强、素质好、适应城市现代化管理需要的街道工作者，为强化社区治安提供组织保障。同时应整顿行政执法队伍，建立执法人员资格管理制度。

2. 宣传贯彻社会管理的法律法规

制定和实施辖区内的社区治安管理规划。搞好辖区内的市容卫生、绿化美化和环境保护，创建舒适、优美、文明的社区生活环境，减少治安案件和刑事案件的发生。加强社区治安综合治理，维护社区的政治稳定和社会安定，发展社区服务，方便居民生活，维护市场秩序，为区域经济发展提供良好的市场环境。社区治安综合治理部门一般为社区提供法律咨询服务，由法院、检察院、司法局组织相关人员，开设法律服务热线，为社区居民提供法律咨询、法律服务，把法律送到千家万户。社区治理综合治理部门还需承担预防青少年犯罪、社区流动人口管理、计划生育服务与管理、劳动社保等项任务。

3. 推行综合执法

街道办事处要对辖区内各专业管理机构的工作行使监督权。设立由街道党工委、办事处领导和专业管理部门派出机构负责人组成的街道管理委员会。建立、健全由街道办事处主要负责人牵头，公安派出所、交通部门以及驻社区单位主要负责人组成的社会治安综合治理委员会，领导、部署、组织、推动全街区范围的社会治安综合治理工作。

4. 组建社区治安志愿者队伍

广泛动员和组织社区居民参与公益性、福利性、群众性社区治安活动，实行群防群治。社区离退休老干部、老党员是社区治安志愿服务的骨干力量，充分发挥他们的积极性和主动性，开展各种自助、互助、自觉、自治的社区治安志愿服务，不断扩大志愿者队伍。

(三）社区治安保卫组织

社区治安保卫组织，简称社区治保组织。社区治保组织对本辖区的治安管理，是在社区党组织领导下，由治安管理基层组织指导的全方位的警民联防治安组织。社区治安保卫组织承担着协助公安机关维护社会治安的职责，其主要治安管理工作体现在城乡社区居委会和社区警务室或片警的职责上。

我国宪法在关于城乡居民委员会的条文中明确规定了城乡居委会在社区治安管理中的法律地位。"居民委员会、村民委员会设人民调解、治安保卫、公共卫生等委员会，办理本居住地区的公共事务和公益事业，调解民间纠纷，协助维护社会治安，并且向人民政府反映群众的意见、要求和提出建议。"社区居民委员会是社区治安综合治理的主要载体。由于其具有群众自治的特性，因此，在治理社区治安、维护社会稳定方面，具有其他组织不可替代的作用。

社区居委会的治安管理职责主要包括以下内容：①宣传宪法、法律、法规和国家的政策，维护居民的合法权益。②开展多种形式的社区精神文明建设活动。培育良好的社会风尚，减少社区违法犯罪。③沟通社区居民与相应管理机关的关系，反映社区民情民意。向居民会议负责并报告社区治安工作，组织居民落实居民会议关于加强社区治安、维护社区稳定的决定，及时向政府或者它的派出机构反映居民关于社区治安方面的意见、要求和建议。④积极开展社区治安服务工作。根据社区实际需要，设立人民调解、治安保卫、公共卫生等委员会，或者确定居民委员会的成员分工，指定专人负责有关社区治安工作，及时调解社区民间纠纷，化解社区矛盾，促进社区居民家庭之间、邻里之间的和睦团结。⑤协助有关机关预防和打击各种形式的违法犯罪活动。

治安联防队是建立在乡村、街道和企事业单位内的区域性治安防范组织。在许多地区，治安联防队是社区治安管理的主要群众性治安防范组织。从性质上来讲，治安联防队不是国家行政组织，不具有行政管理职能，而是一支群众性、公益性的治安组织，是协助公安机关维护社会治安秩序的有力助手和重要力量。治安联防队由街道党工委、办事处统一领导，公安派出所负责日常管理、使用以及相关人员的聘用。市、区社会治安综合治理委员会办公室负责协调和指导社区治安联防队工作。

（四）社区安全服务性机构

物业公司管理人员与业主委员会在社区治安工作中发挥着重要作用。作为社区组成元素之一的物业管理人员以及业主委员会要整顿物业保安队伍的看护工作，实现治安防控专业化。同时，业主委员会的成员都是本物业的常住人口，他们对于流动人口的动向应该是比较了解的，必须做好登记与盘查工作。

随着我国社会的转型，社会各界对于安全服务保障和安全技术咨询的要求越来越多，这就为我国保安服务公司的产生与发展提供了机遇和基础。1984年，我国第一家保安公司——蛇口保安服务公司在深圳创办。此后我国的保安业迅速发展，创造了良好的社会效益和经济效益，为我国群防群治的发展确定了方向，打下了基础。保安服务公司是为社会提供专业化、有偿性安全防范服务，具有独立法人资格的专业性治安经济实体，是协助公安机关维护社会治安，预防和减少违法犯罪的重要力量。保安服务公司在社区中的服务范围主要包括：社区中企事业单位、机关团体、居民住宅区、公共场所的安全守护，安全防范咨询服务等。对于保安服务的费用，遵循"谁受益，谁出资"的原则，由相关受益单位、个人承担，政府不承担相应费用。

（五）社区社会组织和社区居民参与

社区治安需要调动公民参与的热情，真正形成"政府主导、公民参与"的群防群治。强大的社区志愿者队伍也是社区治安综合治理的一支重要力量。居民住宅治安秩序的好坏，与社区居民的利益密切相关。因此，居民住宅是社区治安综合治理的工作重点。看楼护院组织是各楼、各院居民为优化其住宅秩序而自愿组成的自我治理网络。参与者之间实行"成本分摊与收益共享"。加强看楼护院，保障居民住宅的全区防范，应根据封闭式、半封闭式、敞开式、单位群体居住式和杂居式楼院各自不同的特点，采取不同的方式实施。目前，各地都进行了许多成功的探索。有的地方在临街建立治安岗亭看护，有的在楼层建立居民户联防，有的在院内设立看楼护院志愿者巡防队，通过实施多层面楼院治安防范，在预防和减少入室盗窃案件、维护楼院秩序方面收效明显。

三、西方社区警务模式

社区治安在西方国家一般被称为社区警务。20世纪70年代后期以来，西方国家推行第四次警务革命。第四次警务革命又叫"社区警务改革模式"，是以社区警务为主要内容，以发动全社会的力量打击与预防犯罪为重点，追求"自我警务""人人皆警"的模式。[①] 20世纪七八十年代，社区警务模式先后在英国、美国、加拿大、澳大利亚和日本等国家推行。

（一）社区警务的含义

社区警务（Community-Oriented Policing）的基本含义是以有效预防和减少犯罪作为警务工作的最终目标，强调警方与社区互动，共同发现和解决社区的治安问题，依靠公众

---

① 李礼. 城市公共安全服务的有效供给——厦门市社区警务制度的经验与启示[J]. 社会科学战线，2010（12）：261-262.

力量抑制犯罪。社区警务不能仅从字面上简单地理解为"社区中的警务",即警方在社区内开展的警务工作。社区警务在思想理论和工作方法上强调以社区的安全需求为导向,立足社区,服务社区,动员社区公众维护社会治安。它是一种警务理论,也是一种警务发展战略。欧美社区警务战略之父、英国警察学家约翰·安德逊,用"社区警务树"来阐明社区导向警务的本意。"其画面是一棵大树。树干是警察机关,树枝、树叶、果实是警察机关的各个部门与警种,树下的土壤是社区。大树扎根于教堂、学校、工厂、企业之中。"①

社区警务是世界各国在面临普遍存在的公共安全服务有效供给不足的情况下,在警务工作实践中逐渐总结出来的,改进公共安全服务有效供给的一种制度安排。这种社区警务在制度安排上突破了过去以政府或者市场为中心提供安全服务的单中心的制度安排,在提供公共安全服务上突出了警察、当地政府、社区成员等相关者之间的互动,是一种复合的、多中心的制度安排。社区警务作为一种适应时代要求的警务战略,是现代化世界警务工作的发展方向,已经为许多国家和地区所认可。国外社区警务在实践中形成的经验,对我国社区治安管理具有一定的借鉴意义。社区警务包括以下内涵:

1. 以社会为导向抑制犯罪

根据犯罪学理论,产生犯罪的根源在社会。因此,有效地抑制犯罪,必须依靠社会。著名犯罪学家达克海认为,社会变革引起社会生态平衡破坏,社会生态平衡破坏引起道德规范的多元化,从而导致犯罪率上升。警察人数与发案数、破案数没有正比关系。与犯罪主要相关的因素是社会环境,如贫困、低教育程度、失业、社会震荡及人口密度增大等。社区警务实质上是以治本为主,治标为辅的预防罪犯的战略思想。

2. 警察与公众结为伙伴关系

社区警务战略从强调警察的专业性转变为重视改善警民关系,强调警方与社区通过警务活动紧密地联系在一起,目的在于促使警方与社区共同发现和解决社区的治安问题。警察只是刑事司法系统的一部分,控制犯罪是全社会的责任,警方要想有效地控制犯罪,就必须准确地理解自己的作用,正确认识和处理与公众的关系,加强与社区的合作,共同承担起预防和控制犯罪的责任。为此,警察要采用一系列手段与措施,激发公众的参与热情,建立固定、亲密的警民伙伴关系。全面动员并有效组织包括警察在内的各种社会力量,以法律、科技、文化及其他各种合法手段,依托并改造社区的自然、人文环境,共同预防犯罪,打击犯罪,寻求解决隐患的办法,有效维护社区的公共安全,提高社区生活质量。

---

① 王大伟. 欧美警察科学原理——世界警务革命向何处去 [M]. 北京:中国人民公安大学出版社,2007:297.

3. 警务对策前置化

传统警务是一种对案件事后做出反应,依靠增加警力和装备现代化提高工作效能。而社区警务是从以打击犯罪为主转移到以预防犯罪为主。社区警务战略强调发案之前,以社区的问题为导向,由警察与公众共同研究社区中存在的消极因素、容易激化的矛盾以及可能导致犯罪的问题,超前进行综合治理,提前介入,超前进行综合治理,从而消灭犯罪隐患,预防犯罪的发生。社区警务注重发现问题,跟踪问题。科学的调查研究是警务改革的基础。发现问题不仅在犯罪方面,更重要的是群众生活的关注点和要求优先解决的问题。

4. 警察自身体制的改革

社区警务是个复杂的系统工程,它要求警察机关自身做出一系列体制上的变化与调整。工作评价制度需要改变,从过去单纯地注重数量的积累(如逮捕、处理报警电话数等)转变为解决问题、为公众服务的实际能力上。警力调配需要调整,所有警务都要统一管理、组织与指挥,一切为了方便群众、服务群众。在培训中,新警员要学习有关社区的基本知识,掌握组织群众、做细致工作的方法与技巧。

(二)社区警务的作用

1. 促进警务改革

社区警务使人们重新认识警察工作,更好地监督警务活动。过去的增加警力、购置装备、改善技术等措施,并没有降低发案率,也没提高破案率,这使人们认识到科学技术、器材装备的局限性。社区警务是一种立足于社区的治安行为,它也向人们展现了使犯罪不断增加的经济、政治、文化等多元因素,警察对其的抑制作用不是决定性的。人们开始理解警察工作,尊重警察劳动,这就改善了警民关系。同时,社区居民参与到社区警务活动中,使社区警务变得更加公开和透明,有利于人们监督警务活动。

2. 动员社区参与

社区警务使社区主体积极参与,节省了政府的投入和成本。社区警务的成功之处就是它最大限度地践行了"邻里守望"制度及"联防巡逻"制度,充分利用了社区资源推行警务多元化和治安群体多元化,实施混合警务。社区各种主体受到鼓励和动员,都积极参与社区警务,呈现出"警力有限,民力无穷"的局面,全民皆警,使违法犯罪活动得到较好的预防和抑制,这既缓解了警力紧张的现状,又节约了政府对犯罪预防的经费投入。

3. 有效预防犯罪

社区警务能够有效地预防犯罪,增强社区居民的安全感。社区警务是一种立足于预防犯罪的新型警务模式,具有主动性、防范性、服务性特点。社会治安问题是社会各种矛盾和问题的综合反映,产生犯罪的根源在社会,抑制犯罪的根本也在社会。维护社会治安的主体是全体社会成员,具体到基层就是社区居民,警察只是其中的一部分。社区警务强调预防为主、警民合作的原则,实质上是从执法反应型向主动防范型转变。社区居民在社区民警带领下,运用各种方法和手段,通过多种途径,积极开展社区治安防控体系建设。通过及时收集掌握治安信息,加强人口管理和治安管理,服务社区群众,以达到维护社会治安、以小治安累积大治安的目的,极大地增强了社区居民的安全感。①

(三) 国外社区警务模式

1. 美国的社区警务模式

美国社区警务产生于 20 世纪 70 年代。当时美国警民关系紧张,移民问题突出,种族矛盾尖锐,暴力犯罪骤增,社会骚乱频出,民众安全感极低,依靠改善警察装备和其他手段无法改变现状,而原有的警务模式也受到挑战。② 时代需要产生新的警务模式,社区警务便在这种背景下应运而生。美国社区警务采取"治本措施",强调不单纯打击犯罪,也要分析、解决引发犯罪的原因和问题,注重根治,建立密切警民关系的警民会议制度。美国的社区警务由警察部门独立实施。美国社区警务对警察和治安状况的评价标准非常具体。如公民对警察是否满意,夜间是否敢单独行走等。美国有大量的警学专家潜心致力于警务研究,运用实证的方法进行问卷调查,使评价指标科学实用,保障了美国社区警务的健康发展。

2. 英国的社区警务模式

20 世纪中后期,睦邻警察服务是英国社区警务改革的一项重要成果,对英国警务活动起到了较大的推动作用。睦邻警察服务是指由警务人员、特别警员、社区支援员等组成工作小组,在社区内负责遏制发案、建立积极合作的警民关系的社区警务工作模式。睦邻警察服务的实施目标,一是更行之有效地减少犯罪,降低犯罪率;二是建立长久互信、积极合作而并非只是管理与服从的警民关系;三是保护公共安全,为公众提供援助。当地警队根据社区实际情况,采取警察与群众共同组成工作小组的方式,并自主决定人员数额、组建架构。③

3. 澳大利亚社区警务模式

澳大利亚有着非常完善和先进的社区服务机构。警务工作着眼于与社区及商业单位建立合作伙伴关系,最大限度地融入社区,确保社区安全。为社区提供优质服务是澳大利亚警务工作的总原则。澳大利亚警方充分利用社区各种资源,如咨询中心、家庭防暴力中心、戒毒中心、就业培训和福利计划等帮助社区公众解决实际问题。同时,派相关警察不

---

① 吴新叶. 社区管理学 [M]. 北京:北京大学出版社,2006:207.
② 张乔豪. 美国社区警务与中国社会治安综合治理比较研究 [J]. 江西公安专科学校学报,2009 (5):52-56.
③ 韩力鸣. 英国睦邻警察服务与我国社区警务的比较及其启示 [J]. 公安研究,2007 (10):41-45.

同程度地深入到中、小学中去，兼任校外辅导员，定期上法制课，并组织学生开展有利于提高他们集体协作精神的课外活动，以加强对青少年的教育。① 澳大利亚警方鼓励和促进公众采取自身保护性措施，而且把公众参与解决公共安全问题作为一个长期的基本战略。邻里联防模式是澳大利亚社区警务的主要特色，也是澳大利亚警方开展预防犯罪活动以来成效最显著的一项工作。

第三节　社区矫正

社区矫正是社区治安管理的重要内容之一，也是目前我国加强社会管理创新的目标与方向。社区矫正通过把罪犯置于开放环境，即在社区中进行教育改造，既能达到惩戒罪犯、彰显法律权威的目的，又能够使罪犯与社会的发展保持协调一致，实现从犯罪人向社会人的转变。社区矫正能够克服监禁刑矫正模式存在的诸多弊端，有利于提高犯罪人再社会化的质量，对于我国完善社会主义市场经济，全面建设小康社会，建设社会主义政治文明，实现人的全面发展有着重要意义。

一、社区矫正的概念

（一）社区矫正的含义

社区矫正（Community Correction）是一些西方发达国家对罪犯在社区中接受刑罚执行活动的称谓，它是指不使罪犯与社会隔离，并利用社区资源教育改造罪犯的方法，是所有在社区环境中管理教育罪犯方式的总称。社区矫正是相对于传统的设施监禁处遇（Institutional Treatment）而言的一种对罪犯执行刑罚的方式。在国外，社区矫正还被称为非监禁刑、社区制裁、社区刑罚、中间制裁等，内容包括缓刑、假释、社区服务、暂时释放、中途之家、工作释放、学习释放、电子监控等。

在西方国家，社区矫正的概念包含以下含义：①新的刑罚执行理念。刑罚不仅是一种处置犯罪者的有效手段，也应当有利于对犯罪者的矫正。"矫正"是以服刑人员改造和回归社会为目标，它的主要措施就是采用具有针对性的有利于服刑人员思想与行为转变的矫正项目。②刑罚执行场所的转移。在监禁刑时期，这些国家的刑罚执行场所主要是在监狱，并将监狱内的刑罚执行活动称为"correction"（矫正），类似于我国将监狱内称为"劳动改造"的刑罚执行活动。当将部分刑罚执行活动的场所转移到社区时，便有了社区矫正这个概念。

---

① 马丽华，等. 谈澳大利亚的社区警务 [J]. 公安教育，2004（9）：48-50.

尽管在我国的刑罚制度中，包含了社区矫正的一些内容，如管制、缓刑、假释等，但是我们没有使用社区矫正的名称，一般将其统称为非监禁刑的执行，有的直接称之为对缓刑、假释、管制、暂于监外执行、剥夺政治权利人员的管理。2003年7月10日，由最高人民法院、最高人民检察院、公安部和司法部联合下发的《关于开展社区矫正试点工作的通知》正式采用了"社区矫正"的提法，指出社区矫正作为与监禁矫正相对的行刑方式，是指将符合社区矫正条件的罪犯置于社区内，由专门的国家机关在相关社会团体、民间组织以及社会志愿者的协助下，在判决、裁定或决定确定的期限内，矫正其犯罪心理和行为恶习，并促进其顺利回归社会的非监禁刑罚执行活动。

从社区矫正的定义来看，社区矫正包含四层含义：①社区矫正是一种非监禁刑罚执行活动；②社会矫正是针对罪行较轻、主观恶性较小、社会危害不大的罪犯或者经过监管改造、确有悔改表现、不致再危害社会的罪犯的刑罚执行活动；③社区矫正是由专门的国家机关在相应社会团体和民间组织以及社会志愿者的协助下进行的；④社区矫正的目标是矫正其犯罪心理和行为恶习，促进其顺利回归社会。社区矫正是依法在社区中监管、改造、帮扶犯罪人的非监禁刑执行制度。①

（二）社区矫正的性质、特征与适用范围

1. 社区矫正的性质

社区矫正本质上属于刑罚执行活动。与监禁矫正一样，社区矫正的根本目的是惩罚和改造罪犯，预防和减少重新犯罪，维护社会安全稳定。社区矫正的主体是各级司法行政机关。要有专门的执行机构和专职执法队伍，依法履行社区矫正职责。社区矫正有着严格的程序和制度，在接收宣告、监管审批、奖励惩处、变更解除等各个执法环节都要严格遵守法定的条件和程序。社区矫正也具有刑罚执行的严肃性、统一性和权威性。

2. 社区矫正的特征

社区矫正的显著特征是采用非监禁的刑罚执行方式。与监狱采取的监禁刑罚执行方式不同，社区矫正是把符合法定条件的罪犯放在社会上进行监督管理和教育改造。在监管程度上，社区矫正要对罪犯实施有效的监督管理，保证各项矫正措施有效落实，同时，接受社区矫正的人员处在开放的社会环境中，在工作、生活上又有一定程度的自由；在工作力量上，既要有专职执法队伍，又要广泛动员社会工作者、志愿者以及社会组织、所在单位、家庭成员等各种社会力量，共同做好社区矫正工作；在工作方法上，综合运用社会学、心理学、教育学、法学等专业知识，实现科学矫正；在工作体系和工作机制上，社区矫正工作的重心在社区，依托村居，依靠基层组织，充分发挥各有关部门的职能作用，落

---

① 吴宗宪. 社区矫正导论 [M]. 北京：中国人民大学出版社，2011：5.

实相关政策和措施，为社区矫正人员顺利回归社会创造条件。

3. 社区矫正的适用范围

社区矫正是适用于特定对象的一种刑罚措施。《关于开展社区矫正试点工作的通知》明确规定社区矫正适用于如下罪犯：被判处管制的；被宣告缓刑的；被暂予监外执行的；被裁定假释的；被剥夺政治权利，并在社会上服刑的。并且强调，在这些符合社区矫正条件的犯罪人中，罪行轻微、主观恶性不大的未成年犯、老病残犯，以及罪行较轻的初犯、过失犯等，应当作为重点对象，适用上述非监禁措施，实施社区矫正。

（三）社区矫正的制度价值

社区矫正的制度价值与社区安全、社会安全本质上是一致的。社区矫正有利于提高对犯罪人的教育改造质量，促进罪犯顺利回归社会，从而解决社会问题，消除社会对立，维护社会稳定。

1. 在社区矫正中不割断犯罪人与家庭和社会的联系

对犯罪人采取社区矫正措施后，犯罪人仍然居住在自己的家中，继续从事自己的工作或学业，继续保持与当地社会的联系。犯罪学的研究表明，犯罪人的家庭和社会资源是帮助罪犯人改过自新的重要支持系统，是任何其他的力量都不能取代的改造力量。让犯罪人保持与家庭及社会的联系，本身就可以极大地促进犯罪人的改造和自我改造。

2. 社区矫正对象可以免受监禁环境的消极影响

监狱和其他监禁机构虽然具有保护社会免受犯罪人继续侵害的特别预防作用，但是在另一方面，监禁环境也具有教唆犯罪、使犯人遭受更深的犯罪感染的消极作用。与此相反，社区矫正的对象处在正常的社会环境中，不会受到监禁环境的污染，不会受到其他犯罪人的犯罪感染，可以避免社区矫正对象在犯罪的道路上越陷越深。只要犯罪人不变得更坏，就可以增加改造好的可能性，为以后的改造活动创造了必要的有利条件，更有可能将社区矫正的对象改造为守法公民。

3. 在社区矫正中对犯罪人监管与帮助并重

在社区矫正中，实行对犯罪人监管与帮助并重的原则，这个原则充分体现了对改造犯罪人的重视。一方面，社区矫正并不是对犯罪人放任不管，而是根据有关规定和实际需要，对他们采取恰当的监管措施。对处在社区矫正中的犯罪人的监管，应该体现保护社会利益和犯罪人个人利益的双重职能。如果对社区矫正对象放任不管，对他们的行为不加任何约束，就难以创造改造他们的必要条件，就难以对他们进行有效的改造。另一方面，社区矫正还具有帮助犯罪人的职能。在实行社区矫正的过程中，帮助犯罪人解决他们遇到的经济、社会、工作、家庭、心理、行为等方面的困难与问题，提高他们的社会适应能力，培养他们的工作、生活技能，增强他们的挫折耐受力，发展他们的道德观念和责任感，使他们能够顺利地在社会中过守法的生活。这些涉及众多方面的帮助活动，实际上就是实实在在的改造活动，是促使社区矫正对象成为真正的守法公民的重要途径。

4. 利用社区资源开展有关改造活动，帮助犯罪人改过自新

社区矫正对象处在社区环境中，为充分利用社会中多方面的资源来改造犯罪人提供了必要的条件和现实可能性。在社区矫正的过程中，只要犯罪人愿意并且付出努力，只要社区矫正部门责任心强、工作方法得当，就可以利用大量有效的社会资源，开展对犯罪人的改造活动。在社区矫正中，社区矫正机关可以充分利用良好的社区资源，更加有效地帮助犯罪人控制不良情绪，纠正认知和思维偏差，培养职业技能，提高文化程度。社区矫正对象也可以最大限度地利用行动比较自由的特点，在社区矫正机关的监督下，通过自己的努力解决自己的问题。

5. 有利于罪犯刑满后融入社会，减少重新犯罪

刑罚的目的在于使罪犯回归主流社会。但是"与世隔绝"的监禁，特别是长期的监禁生活，使罪犯不可能及时了解社会的变化，反而形成一套监狱特有的情景意识和行为方式。他们走出监狱后面临极大的不适应，陷入危机状态，在这种危机状态得不到有效缓解时就可能重新走向犯罪。因此，对于那些不需要监禁的罪犯和不再需要继续监禁的罪犯，将其直接或在刑罚结束之前的一个阶段放到社会上，实施社区矫正，使他们逐步了解社会、熟悉社会、适应社会，从而随着刑期的结束最终过渡到普通公民的生活，有利于他们顺利融入社会，减少重新违法犯罪。

二、西方国家的社区矫正模式

现代社区矫正制度起源于英美法系国家，在发达国家和地区已有较长的历史。早在18世纪后半叶，英国进步的监狱改革家约翰·霍华德就提出过反对监狱非人道化刑罚的监狱改革理论，促进了对罪犯的人道化待遇。19世纪后半期，随着资本主义社会矛盾激化及西方国家犯罪现象的急剧增加，刑事近代学派的奠基人龙勃罗梭运用人道主义和实证主义方法，深入探究了犯罪的深层个性原因，论证了教育、劳动等社会因素对于矫治罪犯心理及行为倾向的重要作用，推动了以李斯特为代表的近代刑事学派的产生，以及缓刑、假释、不定期刑、保安处分等一系列现代刑罚制度的出现。

第二次世界大战以后，在欧洲大陆国家出现了强调保护社会免受犯罪侵害，主张对犯罪人进行再社会化并实行人道刑事司法处遇的社会防卫学派。与此同时，美国受医疗模式、标签理论，以及中间刑法制裁措施等因素的启发和影响，社区矫正制度也日趋完善。联合国及其有关下属组织，在总结各国非监禁性刑罚经验的基础上，于1955年举办的联合国第一届防止犯罪和罪犯待遇大会上通过了《囚犯待遇最低限度标准规则》；在1966年第21届联合国大会上通过了《公民权利和政治权利国际公约》；在1980年第六届预防犯

罪和罪犯处遇大会上通过了题为《减少关押矫正及其对剩余囚犯的影响》的报告。在这些重要文献中，均强调了实行社区矫正的必要性和重要作用。

20世纪下半叶以来，社区矫正已经成为一项重要的司法制度，在西方发达国家以及我国的香港、台湾等地区，得到了多样的普及和发展。具体形式有家中监禁、周末拘禁、劳动释放、学习释放、归假、电子监控、转向方案、中途之家、间歇监禁、劳动释放、教育释放、社区扶助等。到2000年时，许多国家发达国家和地区纳入社区矫正的非监禁人数已大大超过监狱中的监禁人数，完成了由以监禁刑为主向非监禁刑为主的历史性转变。①

（一）英国的社区矫正

英国是世界社区矫正制度的发源地之一。英国的社区矫正模式被称为"刑罚执行模式"②。所谓刑罚执行模式，是指社区矫正已融入其刑罚体系中，完全把社区矫正作为一个刑种予以广泛适用，而并不特别强调执行社区矫正要有回归社会的目的或者是对出狱人的特别保护。因此，社区矫正的决定多以法院命令的形式出现，要求对服刑人员强制执行。现行英国法律根据刑罚轻重，把刑罚分成三种：罚款、社区矫正刑和监禁刑。社区矫正刑属于中等强度的刑种，适用于具有中等危害程度犯罪行为的罪犯。社区矫正多以法院命令为主。目前，社区矫正刑罚已成为英国司法实践中广泛适用、占据重要地位的一个刑种，法院判决犯罪人社区矫正刑罚的比例呈逐年上升趋势。最常见的社区矫正包括缓刑令、社区服务令、毒品治疗与检测令、出席中心令、监督令等。

英国社区矫正的决定机关和执行机关除了假释由假释委员会裁决，其他社区矫正刑作为一个刑种主要由法院决定。英国负责社区矫正执行的工作机构在中央一级为内政部国家缓刑局，接受内政大臣直接领导，统领各地方缓刑服务局。缓刑局由社区矫正执行和资源设施装备管理两个部门组成。英国对社区矫正官员要求较高，从而保障刑罚的有效执行。社区矫正工作人员称为矫正官，属国家公务员系列，由内政大臣任命，一般的学历要求为本科，具有法学、心理学、刑事法学等学位，经过专门机构的培训。

（二）美国的社区矫正

美国社区矫正制度起步比较早，在实践中不断完善，具有一定的代表性。③ 社区矫正在美国的运用比例约为70%，美国刑事司法活动的全过程都能寻找到社区矫正的落脚点。

---

① 范燕宁. 社区矫正的基本理念和适用意义 [J]. 中国青年研究，2004（11）：43-54.
② 李明. 国外主要社区矫正模式考察及其借鉴 [J]. 广州大学学报（社会科学版），2007，6（9）：99-105.
③ 种若静. 美国社区矫正制度 [J]. 中国司法，2008（10）：104-108.

20世纪60年代到70年代，随着美国历史上第一部社区矫正法——明尼苏达州《社区矫正法》的出台，社区矫正制度得到了政府和社会的广泛支持，全美普遍采用了社区矫正制度。这一时期社区矫正实践得到不断发展的同时，也暴露了一些问题。从20世纪80年代开始，美国在行刑领域开始探索监狱管理及矫正手段的新途径和新模式，逐步扩大了缓刑和假释的适用范围，明确了非监禁刑和社区矫正的发展方向。美国社区矫正使用率大大高于监禁率，社区矫正已成为美国罪犯矫正的主要方式。

美国的社区矫正根据不同的犯罪类型，适应不同矫正对象的实际情况，采用不同的矫治方法。缓刑和假释是美国最主要的矫正方式，美国刑事司法系统控制下的约70%的成年人被判缓刑或假释，在社区中受到监控。与联邦制的国家结构形式相对应，美国的社区矫正机构设置分为两级。联邦一级，司法部下设监狱局，监狱局分管联邦的监狱和社区矫正工作，与各州的社区矫正机构不存在指导或管理的隶属关系。全国没有统一的社区矫正执行机构。各州分别有自己的制度体系，大部分州均设有矫正局，负责各州的监狱和社区矫正的管理。美国负责社区矫正的专业人员主要由缓刑官和假释官组成，他们具有公务员身份，分属联邦、州、市或县的政府司法部门。假释助理、审前释放和转处方案的官员以及居住方案工作人员也是社区矫正工作体系中不可忽视的重要力量。

（三）加拿大的社区矫正

加拿大的社区矫正在刑罚执行中占有很大的比例，体现了目前国际行刑现代化的趋势。[①] 1992年，加拿大政府专门颁布了《矫正和有条件释放法》，这是目前指导加拿大社区矫正的主要法规。该法在制定过程中，广泛征求了政府有关部门、律师、法官、警察、公众甚至被害人、罪犯的意见，使法律的出台能得到普遍的认可。

社区矫正是一项刑事执法活动，大多数机构是由政府出资运作，但是也有相当多的非政府组织出资积极参与社区矫正工作以及社会救助。非政府直接服务机构是加拿大矫正系统的一个重要组成部分，在矫正领域具有重大影响并做出了重要贡献。非政府组织的参与，对社区的稳定起到了重要的推动作用。社会工作者和志愿者也积极参加社区矫正的工作。在加拿大，志愿者人数较多，他们通过不同的形式帮助矫正对象，加拿大各级政府每年对志愿者中的优秀者给予精神方面的奖励。

加拿大社区矫正出于维护公共安全和帮助罪犯重归社会的目的，注意对罪犯的特点及犯罪原因进行全面分析。在对罪犯的矫治方面，他们注重一对一的教育以及开展多种形式的矫治项目。在对罪犯的帮助和服务方面，为罪犯提供不同形式的培训，包括建筑与环境的清洁、厨师、电脑维修等项目，同时积极帮助犯人寻找工作，还通过一些公司的帮助，

---

① 社区矫正考察组. 加拿大社区矫正概况及评价[J]. 上海政法学院学报，2004（3）：90-92.

为犯人提供就业机会。为生活贫困、暂时不能解决工作的罪犯提供临时性的吃住场所。

三、我国的社区矫正

（一）我国社区矫正的发展历程

从 20 世纪 50 年代中期，我国就相继建立各类少年矫正制度，这属于社区矫正的雏形。改革开放之后，随着市场经济体制的建立，城市社区建设蓬勃发展，社会管理创新不断取得新的突破与进展。在犯罪惩治与罪犯矫正这一刑事领域，也开始从完全依赖国家转变为吸收社会力量参与。这是我国社区矫正试点的社会背景。

我国社区矫正工作从 2003 年开始试点。最高人民法院、最高人民检察院、公安部、司法部联合颁发的《关于开展社区矫正试点工作的通知》正式采用了"社区矫正"的提法，自此，社区矫正制度建设正式启动。2009 年，《关于在全国试行社区矫正工作的意见》明确从 2009 年起在全国试行社区矫正工作。

2011 年 2 月 25 日，十一届全国人大常委会第十九次会议通过了《中华人民共和国刑法修正案（八）》，这是我国自 1997 年全面修订刑法典以来进行的规模最大，也是最为重要的一次《刑法》修正。《修正案（八）》将社区矫正正式写入《刑法》，规定"对判处管制的犯罪分子，依法实行社区矫正"，使得"社区矫正"一词第一次正式出现在《刑法》条文的规定中，对我国社区矫正发展有标志性意义。

2012 年 1 月 10 日，最高人民法院、最高人民检察院、公安部、司法部联合制定的《社区矫正实施办法》下发，将各地在实践中形成的行之有效的工作体制机制、矫正方法和模式等固定下来，全面规范了社区矫正从适用前调查评估、交付与接收、矫正实施到解除矫正的整个工作流程，针对性、操作性更强，进一步完善了中国特色刑罚执行制度。

我国的社区矫正尽管起步较晚，但顺应社会历史发展潮流，并且因文化底蕴深厚、政府重视和公众支持迈出了实践探索的第一步。近年来，各级司法行政机关认真贯彻中央关于社区矫正工作的决策部署，围绕社会管理创新，在全国全面试行社区矫正工作，以提高教育矫正质量为核心，全面落实监督管理、教育矫正、社会适应性帮扶三项工作任务，积极推进加强社区矫正法制化规范化建设，取得了显著成绩。

（二）我国社区矫正的工作体制

构建社区矫正工作体制是推动社区矫正工作顺利发展的重要保障。党的十六届四中全会从加强党的执政能力建设、构建社会主义和谐社会的战略高度，首次提出"加强社会建设和管理，推进社会管理体制创新"的要求。近年来，我国司法部门不断加快创新社区矫正工作体制的步伐，在以下方面取得突出成就。

1. 建立社区矫正试点工作领导协调机构

建立社区矫正试点工作领导协调机构包括两个方面的工作。一是成立司法部社区矫正工作专门指导管理机构。2010年12月9日,司法部社区矫正管理局成立,充分体现了党中央、国务院对社区矫正工作的重视和关心,是我国当代社区矫正发展的历史性标志,是中央司法体制和工作机制改革的一项重要内容,对科学地指导、管理、推动全国社区矫正工作具有重要而深远的意义。二是构建全国范围的社区矫正管理组织系统。根据相关规定及要求,成立了由各级党委、政府领导挂帅的社区矫正试点工作领导小组及其办公室,其主要职责有:①研究制定本地区社区矫正试点工作实施意见或方案;②制定本地区社区矫正试点工作相关政策和制度;③协调相关职能部门研究解决社区矫正试点工作中遇到的重大问题;④检查、指导本地区社区矫正试点工作的具体实施情况。

2. 建设专业社区矫正工作者队伍

司法矫正社会工作是我国目前最具活力的专业领域之一。在实践探索中,已经在部分领域建立起了一支司法社会工作者队伍,在部分领域初步形成了一定的保障机制,在一些地区建立了社会工作的专业服务机构。许多社会工作者运用社会工作的专业理念与方法,配合司法行政人员和其他志愿人员,对监狱服刑人员、社区服刑人员、严重违反社会治安管理人员、刑满释放人员、社会矛盾激化者等各种特殊工作对象,积极开展心理疏导、行为矫治、社会救助、专业服务等工作。目前我国专业社区矫正者工作者队伍建设已呈燎原之势。此外,各地政府还应建立健全社会工作者和社会志愿者的聘用、管理、考核、激励机制,进一步发展社区矫正社会工作者和志愿者队伍,切实提高社区矫正工作队伍素质,加强业务能力建设,不断提高社区矫正队伍的专业知识和工作能力水平。

3. 改进社区矫正管理方式

现代科技是现代社会的物质基础,现代社会建设及管理创新必须伴随着现代科技的发展向前推进。只有高度重视社区矫正信息化建设工作,探索运用信息通信等技术手段,创新对社区服刑人员的监督管理工作,我国才能提高矫正工作的科技含量。为了适应社区矫正适用范围扩大、人数增加的必然趋势,应完善罪犯评估、分级管理体系,加快提高管理的信息化水平,逐步引进国外先进科技用于罪犯电子监控管理系统和设备,在给予社会服刑人员人身自由的同时,确保我国的政治安全、公共安全和广大人民群众的生命财产安全。

(三)我国社区矫正的模式

近年来,我国开展的社区矫正工作以加强社会建设、创新社会管理为契机,以法律制度和机构队伍建设为突破口,以全面落实社区矫正措施任务为主线,以预防和减少社区服刑人员重新犯罪和维护社会和谐稳定为目标,从多方面、多角度进行创新,形成具有中国特色的社区矫正的创新模式。

北京和上海最早尝试创新社区矫正的模式且各项制度比较成熟，更由于两地在某些具体措施上各有侧重、各具特点，学界有人将其称为"北京模式"与"上海模式"。① 在北京，社区矫正工作主要是在市政法委的领导下，以各相关部门组成的"矫正组织"为名义开展工作。在市一级，主要承担社区矫正管理工作的是市司法局下设的监狱劳教工作联络处（后称社区矫正与帮教安置处），而往下分别是各区（县）的司法局和各街道（乡、镇）的司法所。在北京，司法所从一开始就是社区矫正试点工作的主角。北京对矫正社工采取的是司法行政机关直接管理的模式，即矫正社工的招聘、任用、管理、考核、评估及工作范围和工作内容的布置等，都直接由司法行政机关负责。

上海市为推进社区矫正工作，与北京一样，也由市政法委牵头，也由公、检、法、司等成立了社区矫正工作领导小组，统一部署、指导和推进社区矫正的各项工作，协调工作中所涉及的政策法律问题，并根据社区矫正工作的特点和要求，明确政法各部门的职责。但与北京不同的是，为了社区矫正试点工作的顺利进行，上海成立了一个社区矫正的专门管理机构——社区矫正办公室，下设矫正处、联络处、综合处，经费由政府财政全额保障，职责是领导和管理上海社区矫正工作。后来，社区矫正工作被整体移交给司法行政机关负责推进。在上海，矫正社工是依托政府主导培育的社团组织——"新航社区服务总站"开展工作的，社工的聘用、培训、管理都由民间组织负责，只在业务上受司法行政部门指导，政府通过购买社团服务与其发生联系。

（四）我国社区矫正的发展方向与趋势

1. 我国社区矫正应坚持正确的政治方向

社区矫正是我国刑罚执行制度的重要内容。为了社区矫正工作顺利健康发展，必须坚持以下原则：①坚持党的领导。社区矫具有很强的政治性、政策性和法律性，必须始终坚持在党的统一领导下进行。要认真贯彻落实中央关于司法体制机制改革的指导思想和基本原则，牢牢把握社区矫正工作发展的正确方向。②要坚持以社会主义法治理念为指导，充分发挥社会主义司法制度在教育改造罪犯中的优越性。③坚持从中国国情出发。社区矫正作为一种刑罚执行制度，与一个国家的社会制度、经济社会发展水平、法律传统等密切相关。建立和完善中国特色社区矫正制度，要坚持我国社会主义法治和刑事司法制度的基本原则，立足中国国情，从实际出发，与我国的经济社会发展水平相适应，充分考虑我国的社会心理、文化传统和法律传统，充分考虑广大人民群众对社区矫正工作的认同感和承受力。

---

① 但未丽. 社区矫正的"北京模式"与"上海模式"比较分析 [J]. 中国人民公安大学学报（社会科学版），2011（4）：151-156.

2. 完善我国社区矫正制度的相关立法

没有法律保障，社区矫正是难以积极推进的。当前我国社区矫正的发展还缺乏完善的法律支持。我国目前的社区矫正试点工作，是在现有法律体系的框架内，靠国家刑事政策的推动而进行的。随着试点工作的逐步深入，现行法律制度滞后的问题将越来越突出，社区矫正的实践对刑罚制度的改革和完善提出了更新更高的要求。社区矫正法律化的过程就是社区矫正工作推动刑罚制度改革和发展的过程。社区矫正的执行主体、社区矫正的保障体制、社区服刑人员的法定义务、考评办法以及与其他法律的协调和扩大社区矫正的适用范围等，都有赖于刑法和相关法律法规的调整与修改。

3. 塑造社区矫正所需要的社会基础

社区矫正制度的有效实施，需要成熟的社区治理环境作为保障。社区矫正的发展需要坚实的社会基础。政府、社区组织、居民及非政府组织等应基于市场原则、公共利益和社区认同，协调合作，有效供给社区公共物品，满足社区需求，优化社区秩序。现代政府的发展方向是由全能政府向有限政府转变。政府既要提高公共服务质量，又要降低成本，将更多的事务特别是某些公共服务职能交由民间组织去管理，充分发挥民间组织的社会自治功能。社区矫正所需要的社会基础，将随着我国政府管理方式的转变而逐步完善。①

4. 我国社区矫正发展应以社区参与为基础

社区矫正工作的重心在社区，也要依靠基层组织和广大社区居民的积极参与。社区矫正能否在中国全面推进、推进的效果到底如何，相当程度上取决于社区参与的发展程度。无论是社区矫正机构的设立、社区矫正工作者的选拔，还是社区矫正工作的开展，都与社区参与紧密相关。目前我国社区矫正工作的参与主要指作为以专职社会工作者和社区矫正志愿者，政府对发挥社区基层群众性自治组织的作用还重视不够。因此，应加强社区自治组织在社区矫正中的参与作用，同时采取有效措施鼓励更多的社会力量参与到社区矫正中来，切实提高社区矫正的参与质量。

关键术语：

社区公共安全；安全社区；社区治安；社区治安综合治理；社区警务；社区矫正。

阅读书目：

1. 张兆端：《社区警务论：社会治安综合治理的社区化理论与实践》，中国人民公安大学出版社，2003年版。

---

① 阮传胜. 我国社区矫正制度：缘起、问题与完善［J］. 北京行政学院学报，2011（1）：98-102.

2. 袁振龙：《社会资本与社区治安》，中国社会出版社，2010年版。

3. 吴宗宪：《社区矫正导论》，中国人民大学出版社，2011年版。

案例分析：

<h3 style="text-align:center">平安协会建起来　社会矛盾减下去①</h3>

新泰市第一家乡镇平安协会诞生在汶南镇。汶南地处新泰、蒙阴、平邑三县交界，是矿、库、山、城区汇聚之地，流动人口众多，夜间偷盗案屡屡发生。从2005年10月开始，镇党委组织90名机关干部、派出所民警和85个村的党支部书记，分组分片，每天夜间到各村、各单位进行巡逻检查。几个月下来，百姓过意不去，刘洪增等10余位民企老板到镇政府提议说："这样也不是个办法，不如我们凑点钱，雇人专门巡逻。"企业老板的一席话大大启发了镇领导，成立一个平安协会，发挥群众力量，建立一套全社会参与、民主化管理的长效机制。

经过研究论证，并报新泰市民政局批准，2006年2月26日，汶南镇平安协会正式成立。当下，有数十个企业、行政村及民企老板成为协会会员，筹集资金48.5万元。按照《协会章程》，协会把有限的经费用到了平安建设事业上，为各村巡逻队员每人每晚发放10元补贴。专职治安队昼夜巡逻、电子监控设施全部"上岗"，镇里的特警中队更换了新车……自汶南镇平安协会成立以来，短短的3个月，全镇可防性案件下降了80%。尝到了平安协会带来的"甜头"，新泰市在全市推行汶南镇的经验做法，在全市20个乡镇街道全部建立起各具特色的平安协会，发展会员1200多名。并于2008年6月10日成立了全省第一家县级平安协会——新泰市平安协会。

据悉，如今全市又建立平安协会村级分会290个，电力、卫生行业协会两个，共发展单位会员843个，个人会员6608人，初步建立起市、镇、村、行业四级网络化组织体系，平安协会逐步向各个层级、各个领域进行拓展、覆盖。

平安协会扎根基层群众，信息灵、来源广，不但群防群治维护社会治安有一套，而且化解社会矛盾、调解纠纷也是拿手好戏。本来一场普通的经济纠纷，山东省新泰市禹村镇的村民马某和洪某一"闹"就是12年。双方吵过、骂过，官司打个不停，无奈"案结事不了"。当地干部说过、劝过，结果干戈依旧。"洪马斗法"已成为当地有名的"烫手山芋"。从1997年5月至2009年5月，从基层法院到山东高院先后判决6次，马某和洪某互有输赢，并且都被拘留过两次，但矛盾依然没有化解。不仅如此，洪某、马某两个家族也参与进来，斗气斗法，两家精疲力尽，56岁的马某头发全白了。

平安协会得知此事，主动捡起了这"烫手山芋"，镇长张新、镇平安协会副会长徐宗

---

① 徐伟，等. 平安协会建起来，社会矛盾减下去——山东新泰走出一条人民治安人民办的新路[N]. 法制日报，2009-12-13.

广等人多次找到双方当事人，讲明双方退一步海阔天空的道理。经过多次化解劝导，马某和洪某最终达成调解协议，洪某真诚地向马某认错服软，马某不再追讨债务，历时12年的"洪马斗法"画上了一个圆满的句号。

思考题：

根据案例，分析社区治安管理中引入社会力量参与的必要性和有效途径。

第七章　社区环境管理

[提要] 社区环境是社区自然环境、人工环境和人文环境等组成的生态综合体，承载着社区主体赖以生存及社会活动得以产生的各种条件。社区环境管理是一个具有多元主体的复杂治理体系与过程，其内容包括社区生态环境保护、社区环境卫生整治、社区环境绿化、社区环境风险治理、社区人文环境改善等。社区环境管理的目标是建设绿色生态社区。社区规划是社区环境管理的重要内容，是对社区环境进行规划与设计。

第一节　社区环境概述

一、社区环境的概念

（一）社区环境的界定

1. 环境的含义

人类的社区生活离不开社区环境，环境是社区存在与发展的首要条件。《大不列颠国际大百科全书》指出："环境是包围人类、并对其生活和活动给予各种各样影响的外部条件的总和。"在环境科学中一般认为，环境是指围绕着人类的空间，以及其中可以直接、间接影响人类生活和发展的各种自然因素的总体。

世界各国的一些环境保护法规中，往往把环境中应当保护的环境要素或对象称为环境。例如，1989年颁布施行的《中华人民共和国环境保护法》第一章第二条写道："本法所称环境，是指影响人类生存和发展的各种天然的和经过人工改造的自然因素的总体，包括大气、水、海洋、土地、矿藏、森林、草原、野生动物、自然遗迹、人文遗迹、自然保护区、风景名胜区、城市和乡村等。"

环境有广义和狭义之分。从广义上说，环境是指影响人类社会生产与生活的各种因素的总和，包括自然环境和社会环境等。而狭义的环境则仅仅指影响人类生产生活的各种外部条件，主要是指自然环境、人工环境以及外在的人文环境。自然环境是环境中最为重要的组成部分，人与自然和谐共生是人类社会生存和发展的根本原则。在现代社会，纯粹的自然环境几乎不存在了，自然环境与人工环境以及人文环境融为一体，共同构成人类生产生活的外部条件。

2. 社区环境的概念

社区环境也有广义和狭义之分。从广义上说，社区环境是指影响社区居民日常生活的各种因素的总和，是指对社区生存与发展产生影响的外部因素。从狭义上说，社区环境是指社区范围内与社区居民生活密切相关的环境因素，主要包括社区的生态环境、人工环境和人文环境。其中自然环境是社区环境的基础，人工环境是社区环境的主要组成部分，而人文环境则是指社区中具有人文历史特色的环境因素。社区环境直接影响着特定社区居民的生活质量与生活水平，是社区居民最为关心的问题之一。社区管理研究一般是从狭义上来理解社区环境。

（二）社区环境的内容

1. 社区自然环境

社区自然环境是社区天然具有的地理基础，基本要素主要包括气候、地形、地貌、水文、土壤和动植物，它们相互交叉组合在一起，构成了自然环境。社区自然环境为社区实体提供一定的空间区域，是社区赖以存在的地域条件。

自然环境对社区具有重要的影响，主要反映在自然环境对社区的人工环境和人文环境等方面的影响。如，气候对社区的空间分布、空间结构以及形态都有重要影响。人类出于求生的本能，不断向气候适宜居住的地带迁移，从而使这类地带人口密度升高，社区分布也相对稠密。无论在城市规划还是乡村规划中，都要考虑风向问题，将居住区安排在盛行风向的上风口，而将工业区安排在下风口，以避免工业区排放有害气体危害居民居住区的生活环境。气候还影响着社区的社会生活和建筑风格。严寒、高温不仅会影响社区成员的工作和生活，也会影响社区的建筑风格。江南的生活习惯和建筑风格明显有别于北方。气候还通过对农业生产的影响进而影响社区的经济结构。早期的农村社区首先是在气候适宜农业生产的地区形成的，早期的城市也是在农业发达的地带形成的。从世界范围来看，城市多数集中在沿海地带，内陆城市远远少于也小于沿海城市，这就是气候因素在社区分布中留下的明显印迹。

自然环境对社区的影响，还反映在以下几个方面：①动植物、矿产资源往往决定社区的产业布局，进而影响到社区成员的职业构成和生活方式等。②地形、地貌、水文等自然因素决定了城市的职能，如交通枢纽城市、旅游城市等。③自然资源、地理位置往往会对城市的规模产生影响，如水资源的稀缺可能限制城市的规模。④农村社区的节日、庙会、物资交流会等集体活动往往安排在农闲时间进行，这也反映了自然因素对社区生活的影响。社区同自然环境的关系是双向的，即自然环境影响社区，社区生活影响乃至改造着自然环境。

2. 社区人工环境

人工环境是指社区居民在社会生活中通过劳动所创造的社区物质文化成果的总和。社区人工环境是社区环境中与社区经济发展相关联的、不断发生变化的主体部分，构成了人们社区生活的总体条件。社区人工环境包括聚落环境（如院落环境、村落环境、城市环境）、生产环境（如工厂环境、矿山环境、农场环境、林场环境、果园环境等）、交通环境（如机场环境、港口环境）、文化环境（如学校及文化教育区、文物古迹保护区、风景游览区和自然保护区）等。随着社会的进步和人们生活水平的提高，社区居民更为关注自己的生活质量。居民的生活质量不仅和他们的经济收入有关，而且也和他们所居住的社区环境卫生水平直接相关。人们对社区环境的要求越来越高，包括整洁的街道、清新的空气、雅致的社区景观、充足的活动场所、绿地等。因此，保持社区卫生整洁、环境优美成为社区环境管理的基本目标，也是"绿色社区"创建的基本内容。

3. 社区人文环境

社区人文环境是指影响社区存在与发展的各种非经济因素所构成的内部和外部条件。社区存在与发展的各个方面都不可避免地受到整个社会文化环境的制约和影响，社区文化也构成了社区内部的人文环境。这些文化环境包括社会的性质与制度、行政体制的变动、传统的道德观念与风俗习惯。社会性质和社会制度对社区内部的各种社会现象都会产生一定的影响。在不同性质的社会中，在不同的社会制度下，社区发展的状况是不一样的。中国的社区发展就有别于欧美的社区发展，其中最根本的一点就是社会性质与社会制度的差别。①

社区自然环境、人工环境与人文环境等综合起来就形成了社区的生态环境。社区的生态环境是社区赖以生存的根本。在经济社会发展过程中，居民的生产和生活活动直接或间接地使社区的生态环境遭到破坏，部分地区甚至出现生态环境的持续恶化，对未来社会发展与人民生活构成了巨大的威胁。生态环境破坏威胁着整个社会的发展，也影响着社区环境建设和社区管理目标的实现。

二、社区环境的特征与功能

（一）社区环境的特征

1. 整体性

任何环境系统都是一个复杂的动态系统和开放系统。系统内外存在着物质和能量的变化和交换。环境能构成一个系统，是因为在各子系统和各组成成分之间存在着相互作用，

---

① 汪大海. 社区管理 [M]. 北京：中国人民大学出版社，2005：177-178.

并构成一定的网络结构。正是这种网络结构，使环境具有了整体功能，形成集合效应，起着协同作用。人与社区是一个整体，社区中的任何一个部分或任何一个系统，都是社区环境的组成部分。社区自然环境、人工环境以及人文环境共同构成一个整体系统，各部分之间存在着相互联系、相互制约的紧密关系。社区自然环境的污染或破坏，会对社区人工环境和人文环境都造成影响和危害。当然，社区人工环境存在的问题，也会对自然环境和人文环境造成不良影响。

2. 脆弱性

由于社区，特别是城市社区人口密集，各种轻重工业都聚集在相对狭小的空间里，因此，为了维持正常运转，城市每时每刻都需要大量的物质（原料、产品、日用品和废弃物）流动、转化加工和大量的耗费。因此，和传统的城市社区环境污染不同，现代的城市社区环境污染性质正由单一的生活污染变成以工业、能源等为主的多元污染。由于各种城市垃圾、污染物的产生，更增加了城市社区环境问题的复杂性。随着城市化的加速推进，农村社区的污染也在加剧。大量的垃圾正在污染着广大的农村社区，农村社区环境遭受巨大破坏。而且环境一旦遭到破坏，虽可以实现局部的恢复，但不能完全回到原状。

3. 持续性

社区环境对社区居民具有持续性的影响，而且这些影响多为隐性的。不论是自然环境、人工环境还是人文环境，都对社区居民的生产与生活产生深远的影响。例如，自然环境如果遭到破坏，除了事故性的污染和破坏有直观后果外，日常的环境污染和环境破坏对社区居民的影响及其后果的显现，要经过相当长的时间和过程。环境的污染和破坏不但在当前状况下产生影响，而且还会在相当长的时间内留下隐患。在特定条件下，某方面不引人注目的环境污染和破坏，经过环境的作用后，其危害性或灾害性，无论从深度还是广度来说，都会明显地放大。

4. 差异性

由于不同的社区所处的地理位置、文化传统、经济条件不同，因此，面对的社区环境也不同，或者说，构成社区环境的各种条件和要素，对不同的社区来说存在或多或少的差异性。同时针对不同的社区条件也形成了各种不同的社区管理体制和社区管理模式，社区管理的体制与模式要适应社区环境的特点与要求，因地制宜地制定促进社区和谐发展的战略。社区管理体制和管理模式对社区环境的发展也具有重要的决定作用。

（二）社区环境的功能

1. 提升社区居民的生活质量

良好的社区环境关系着社区居民的生活质量。生态文明建设不仅要求美化社区自然环境、保护自然生态系统，也对树立生态价值观、绿色消费观、生态伦理和提升社区居民、社会组织的整体素质提出了更高要求。目前，有的社区过多地关注社区建设中的硬性指标，如增加分类垃圾桶数量并建立废水回收系统，或者在社区内建立一定数量的"环保知识宣传阵地"等，对居民的价值观念、生活方式、心理需求、行为规范等深层次的问题关注不够，对社区软环境建设用力不多，致使居民参与社区建设的积极性、主动性不高。建设社区生态文明，就是要从小区环境绿化和污染治理等涉及社区公共利益的问题入手，加强社区居民对于社区环境管理的参与。

2. 增强居民的社区认同感和归属感

共同的社区环境有助于培育社区居民的认同感和归属感。增强居民对环保和节能等社区公共事务的参与意识是加强社区环境管理的前提条件。节能环保、推进垃圾分类等政策与社区居民日常生活息息相关。社区环境的改善更加贴近百姓生活、更加关注居民需求，能够让居民切身感受到社会建设带来的实惠，真正激发其参与社区事务的兴趣和热情。例如，有的社区居委会在社区公共空间建立公共洗衣坊或家电、家具维修中心，修理器械等设施，既满足了居民的生活需求、改进了居民的生活方式，也促进了资源节约，减少了环境污染，还提供了邻里交往的可贵空间，增强了社区对居民的凝聚力和向心力。

3. 提升社区居民的文化素质

优美的社区环境具有提升社区居民文化教养的功能。美国学者大卫·奥尔早在1992年提出了"生态教养"的概念，他认为人类对自然的行为之所以导致日益严重的生态危机，原因在于人们缺乏对人类与自然生态系统关系的全面认识，主张进行新的生态教育，培养每一个社会成员必需的生态教养，以促进人与自然和谐共存。实际上，"生态教养"并不局限于生态知识的教养，还包括生态伦理、生态审美和生态行为等方面的教养。不断增强社区生态教育的政策性、知识性、趣味性和经常性、互动性、实效性，有利于帮助居民养成友善对待生态环境的价值观念、道德情操和行为习惯，从而充分发挥社区的道德教化功能。

4. 培育社区文化特色

在我国社区建设中，社区生态建设与文化建设相脱离的现象不同程度地存在着。城市社区建设雷同的问题比较突出，致使社区环境缺乏本社区的文化特色，缺少生机和活力，难以吸引居民参与。如果能够把生态文明融入社会建设规划之中，把社区居民的文化生活与生态文明创建活动有机结合起来，充分挖掘社区的文化资源，利用社区的区位优势，设计出具有鲜明社区特色的文化载体。通过开展有社区特色的文化活动，可以建设出既具有民族特色、社区特点，又符合生态文明要求、体现现代文明特征的社区文化品牌，从而增强居民对本社区的自豪感和荣誉感。

第二节 社区环境管理体系

一、社区环境管理的内容

党的十九大报告明确提出构建政府为主导、企业为主体、社会组织和公众共同参与的环境治理体系的目标。社区环境管理是国家环境治理体系的基础部分。社区环境管理作为社区管理的重要组成部分，其影响不仅局限于社区环境本身，而且对社区管理的其他方面都有重要作用。

（一）社区环境管理的概念

社区环境管理是指在政府相关部门指导下，以社区自治组织为主体，调动社区居民广泛参与，解决城市社区环境的具体问题，维护社区环境的生态平衡和和谐发展，从而实现社区可持续发展目标的过程和活动。

社区环境本身是一个整合性的生态系统，社区环境管理也是一个有机的管理体系，具有综合性、系统性、协同性的特点。社区作为公共生活的重要载体，与社区环境相关的工作都包含在社区环境管理的范畴之中，都可以整合进社区环境管理体系之中。社区环境问题要由政府环保、市容环卫、交通、城管等多个部门进行协同管理，仅仅依靠单一部门的力量难以解决，还要依靠社会力量的广泛参与，同时吸纳企业、社会组织和社区居民的积极参与。只有形成协同治理的格局，才能应对日益严峻的社区环境问题。

随着城市化、现代化的快速发展，我国社区环境管理面临着严峻的挑战。很多地方在兴建大型工程时，由于某些项目具有某种特殊性质，有可能对周边社区居民的生产和生活带来某种风险，使这些居民在心理上感到不安，进而产生抵制行为，出现冲突，在一定程度上威胁到社会稳定。这类事件通常称邻避事件。所谓邻避效应，是指当地居民或单位因担心建设项目对身体健康、环境质量和资产价值等带来诸多负面影响，从而激发人们的嫌恶情结，滋生"不要建在我家后院"（Not in My Back Yard，NIMBY）的心理，而采取的强烈和坚决的、有时高度情绪化的集体反对甚至抗争行为。邻避事件的频发已引起政府的高度重视，由此可见，社区环境管理已成为基层社会治理中的关键环节。随着经济发展以及社会的急剧变迁，社区环境管理的内涵变得更为复杂多样，社区环境管理所面临的任务和挑战也越来越严峻。

（二）社区环境管理的内容

1. 社区生态环境保护

社区生态环境保护是国家环境保护的基础，也是社区环境管理的主体部分。任何一个社区，在发展社区经济的过程中，如果能注意环境保护和生态平衡，那么就能实现一种良性循环，进而促进社区经济的发展。生态环境保护包括生态环境保护理论和技术的研究、环境保护管理制度的制定和实施、环境保护的立法、环境保护的知识教育、环境污染的防治等。社区生态环境保护，则是指基层政府和各种自治组织运用各种手段来防治社区环境污染和生态破坏，以保护和改善社区居民生态环境为目的而开展的各项活动。社区生态环境保护的主要工作是环境污染防治。社区环境污染主要是指社区环境破坏和环境污染，具体包括空气污染、水污染、固体废弃物污染和噪声污染。

2. 社区环境卫生整治

社区环境卫生是指社区内建筑、道路、服务设施等社区公共空间和公共场所的净化与整洁状况。社区环境卫生是社区环境质量的内容，也是城市文明程度的重要标志。社区环境卫生也是社区公共卫生的一部分，对于防治和消除环境污染对人体造成的危害、改善居民的卫生条件、预防疾病具有重大意义。社区环境卫生水平，也反映了社区经济发展水平和居民精神面貌与文化素养。1990年，我国开展了创建国家卫生城市的活动，其中市容环境卫生、公共场所和生活饮用水卫生、食品卫生、单位和居民区卫生都是重要的评比标准。市容环境卫生要达到路面平整、没有脏乱差的现象；沿街景观整齐规范；城市灯光亮化。这些标准都属于社区卫生环境的范畴。推进垃圾分类政策也是社区卫生环境管理的重要目标之一。

3. 社区环境绿化建设

社区环境绿化建设是社区环境管理的重要环节。社区环境的绿化建设主要包括有计划地种植花草树木，积极扩大地表、空间的绿色植被，发展社区公园，形成配套的社区绿化系统。同时开展全民环境教育，增强全民的环境保护意识。推行绿色消费方式是社区环境绿化建设的重要内容，要着力引导居民从自己做起、从小事做起，推动绿色健康食品生产和消费，倡导科学的饮食习惯、绿色出行和亲近大自然的生活方式，提高节约能源和保护环境的自觉性。

4. 社区环境风险治理

社区环境风险是指社区遭遇自然灾害或人为灾害给社区居民的生命和财产安全带来威胁的状况。随着全球气候变化，极端天气带来的自然灾害频发，如暴雨内涝、滑坡或高温天气等都会给社区居民造成风险隐患。由于城市的不断扩张，工业园区距离居民区越来越近，火灾、爆炸、工业废水污染等安全事故频发，给周边社区居民的生命安全带来严重威胁。因此，社区环境风险的预防与管理也应成为社区环境管理的重要组成部分。

5. 社区人文环境改善

社区人文环境是与自然环境紧密相关、对社区品质具有重要影响的环境要素。人文的核心是贯穿在人们的思维与言行中的信仰、理想、价值取向、人格模式、审美趣味。在社区范围内,人们从事各种职业活动,以家庭为单位消费各种生活资料,通过长期共同生活建立各种人际关系,交流感情,参与社区管理。社区成员人人都希望自己的社区充满"人文精神",成为设施齐全、管理有序、安全卫生、环境优美、互助友爱的社区。改善社区人文环境的品质,首先要提高社区成员的文化素质,建立和谐的人际关系,形成互助共济、相互守望、互惠互信、诚实公平、注重团结与参与的人文环境,这对社区发展也是一种更为有利的条件。其次,要突出社区人文精神的特色,保护社区内具有历史价值的人文景观,挖掘和利用社区人文历史资源,对传统历史街区以及周围社区环境进行美化。

二、社区环境管理体系建设

党的十九大报告指出,我们要建设的现代化是人与自然和谐共生的现代化,既要创造更多物质财富和精神财富以满足人民日益增长的美好生活需要,也要提供更多优质生态产品以满足人民日益增长的优美生态环境需要。社区环境是人与自然和谐相处的生活家园,创建绿色社区是社区环境管理的目标。在社区层面上,要构建起以政府为主导,社区组织为主体,企事业单位、社区居民共同参与的环境治理体系。

(一)理顺社区环境管理体制

从全球范围来看,环境管理正在从传统的政府治理模式走向强化社区自治作用的模式。社区治理能够有效弥补政府环境管理的缺陷。社区在环境管理中的作用不断拓展,社区影响着环境政策的制定、社区本土知识在环保中的作用越来越大。目前,在许多发达国家的环境管理中,社区自治被纳入体制之中,社区的作用得以充分地发挥。不少发达国家对水资源采用流域管理模式,即按照生态系统的特点划分或者整合行政区域。在流域管理中,社区作为一个重要主体被纳入体制架构。①

从我国的情况来看,要理顺环境管理体制,充分发挥社区在环境管理中的作用。建设生态文明是社区管理的新目标、新任务,也是促进社区管理体制和工作机制改革的新动力和新契机。社区在环境管理中的作用发挥,需要政府与社区合理划分管理空间。只有合理科学地划分管理空间,政府与社区才能各得其所,各司其职,互相补充,社区的作用与特长才能得以充分发挥。

(二)依法维护居民的生态环境权益

生态文明建设的最终目的,就是要消除生态环境破坏给人的生活造成的危害,使生态环境的优化为社会全体成员所共享,为此,必须正确处理人与生态环境问题的利益关系。

---

① 宋言奇,等. 全球环境管理模式的转变:从政府治理到社区自治 [J]. 南通大学学报(社会科学版)2011 (2): 37-41.

社区是人们在一定范围内的利益共同体，社区组织承担着协调社区各种利益关系、化解各类矛盾纠纷的职责。政府相关部门与社区组织应紧密合作，通过协调生态环境方面的矛盾纠纷，保障居民共享优美生态环境的权益和受到环境侵害时的申诉权，充分发挥社区组织在解决环境矛盾中的作用。例如，社区组织可以运用说服、疏导等方法，协调邻里之间、社区与周边单位之间由于噪音扰民、污染物排放而引发的矛盾；协调居民与建筑商之间由于建筑材料不环保或小区绿地面积不达标而引发的纠纷；协调居民与物业管理机构之间由于小区环境卫生不合格、绿化维护不到位而引发的矛盾。社区组织还有助于居民处理环境的法律诉讼案件。

（三）推进城乡环境管理一体化

随着城市化和现代化的加速发展，我国农村社区建设取得重大进展，农村社区环境质量得到大幅度提高，但农村社区环境管理仍然存在很多问题。一些领导干部不重视农村环境管理工作，没有真正看到农村环境管理对农村发展的深远意义。农村环境管理成效低下，乡村环境污染得不到有效治理，农村环境卫生设施落后，社区环境每况愈下。同时很多农民群众没有积极参与到环境管理中，环境意识薄弱，没有养成健康文明的生活方式，仍然保持落后的生产生活习惯，缺乏对环境管理的深刻认识。

要提高农村社区环境管理的成效，必须提高各级领导干部，尤其是农村基层干部对农村社区环境管理的认识，使其高度重视农村社区环境管理的重要性。①加大对农村社区环境的投入。把农村环境卫生整治工作纳入财政预算中，并在此基础上逐年增加财政投入。多方面筹集资金，并建立完善的经费机制。加大技术人员的引进，给农村社区环境管理提供技术扶持。②科学规划农村社区环境。根据村镇建设的发展方向以及发展规模，对村镇内的建设项目进行科学规划，合理布局。根据本地的实际情况，尊重群众的意见，制定出科学合理的规划方案。③加强对农村干部与群众的宣传教育。加大宣传的力度，让环境意识深入人心。政府应采用多种手段对广大群众进行宣传教育，可以采用村内广播、村镇电视台等现代媒体途径，也可以采用宣传板、条幅、标语等传统宣传方式。重视农村垃圾处理基本知识的普及，让村民掌握科学环保的垃圾处理方法，建立相应的奖励机制，对村里的先进个人或集体进行表彰，并授予"环境卫生文明户"的称号。在中小学开设相关课程，强化下一代的环保意识。

（四）促进社区环境管理的公共参与

社区环境的状况与社区居民的日常生活休戚相关，社区居民对社区环境管理高度关心。但由于多种因素的影响，我国城乡社区居民对于社区环境管理的参与度还相对较低，很少主动参与到社区环境保护行动中来。因此，政府应采取有效措施，增强社区居民参与社区环境管理的积极性和主动性。①政府加强环境保护工作的立法工作，使得公众参与环境保护有相应的程序可以遵循，用法律条文明确公众参与的地位，更多地让公众行使自己的权力，保障公众参与的公平、公正、公开。公众参与城市社区环境建设不仅提高了决策的科学性和公正性，而且扩大了政策的代表性。②大力发展社区环保志愿者组织，鼓励居民广泛参与，扩大环境监督的力度和范围，降低公众参与城市社区环境保护的成本。③发挥社区居民对社区环境管理的监督作用。鼓励群众参与到社区环境保护中来，养成良好的公共卫生习惯，监督社区周围破坏环境的行为，提高公众社区环境保护意识，这样才能够更好地保护社区环境。

社区环境管理需要政府、市场和社会多元主体的共同参与。政府、市场和社会之间关系失调是当前社区环境管理中矛盾突出的深层次原因。改革开放以来，以经济建设为中心的基本路线被片面理解为"经济增长决定论"，政府成为经济发展的主导，环境保护被置于次要地位。因此，公众参与能力不足和公众利益被漠视也就成为一种必然。在缓解环境质量供需矛盾、促进和谐社会构建中公众参与手段不足，形式单一，因此，迫切需要在环境保护的公众参与方面进行更有效的政策设计和制度安排。

近年来，我国借鉴西方社区环境管理的经验，进行了社区环境公共参与的实践探索，提出了很多社区环境管理的公众参与模式。例如，江苏省很多城市建立了社区环境圆桌会议制度。所谓"圆桌会议"是所有与会者公平讨论、共同协商的会议，社区内的相关利益团体，如社区居民、政府、企业代表和新闻媒体、社团、环保NGO及环境专家等一起，为解决社区环境问题而进行平等对话和协商，共同致力于人与自然和谐共处。社区环境圆桌会议一方面为社区公众提供了环境权益表达、疏导、协调和保障的制度平台，使公众从被动接受环境现状转变为主动为改善环境质量而努力，引导其对环境质量的理性需求，增进人与自然的和谐；另一方面，作为原有环境政策的补充，也有助于形成公众对政府和企业环境行为的制衡，对政策执行起到监督和约束作用，促进了环境质量的改善。

三、西方社区环境管理的理念与模式

（一）社区可持续发展理念

社区可持续发展是20世纪末西方发达国家兴起的新型社区发展理念，也是西方社区环境管理的主要实践模式。社区可持续发展是在全球可持续发展背景下的区域可持续发展，是考虑地方实际并致力于解决当地重要的经济、社会和环境问题的发展方式。社区可持续发展的主要任务是解决人类不断增长的消费需要与资源环境提供的有限发展能力之间的矛盾。社区可持续发展包括可持续生存的自然生态环境和资源、可持续经济发展和可持续社会发展等内容。可持续社区发展尤其强调公平的社区管理体系，确保所有居民在收入、社区服务以及对政策的发言权方面享有平等权利。[①]

进入21世纪以来，日益加剧的气候变化与生态危机使可持续社区发展成为西方社区发展的新趋向。作为社区发展与可持续发展相互交融的新型社区发展理念，可持续社区发展强调经济、生态与社会三个维度之间的协调和平衡。在促进社区经济发展、增加经济机会的同时，有效应对本地环境问题，保证环境的可持续性，并为社区中的边缘化居民提供发展机会，实现本地的社会公正。根据可持续社区发展原则，在社区发展过程中，政府开始重视调整社区自身的社会结构与经济活动，以适应社区所赖以生存的自然资源，不为眼前的利益而透支或过度开发资源，从而保证后代人拥有同样的发展机会。可持续社区发展对西方社区发展来说，既是一个新的发展境界，也是一个严峻的挑战。

可持续社区发展是一个复杂、动态的互动系统，涉及多层次研究（宏观、中观以及微观）、多维度治理（本地、地区、国家与世界）以及多元化的社会主体。因此，可持续社区发展的目标与任务已经超出单个社区所能应对的范围，没有一个社区能够在孤立隔绝的状态中实现可持续发展。在全球化经济体系中，所有社区都已嵌入到一个更大的社区系统中，层级式的决策模式已不能应对具有高度依赖性的社区发展的要求。西方发达国家在可持续社区发展的理念指导下，进行了大量实践探索，可持续社区发展、建设环境友好型社区已成为当今世界的热点。可持续发展已成为当前全球发展的根本性战略。2015年，联合国可持续发展峰会上，与会代表提出了新的17个可持续发展目标，其中之一就是"可持续城市和社区"。西方国家的社区环境管理的经验对于我国的社区环境管理具有借鉴意义。

（二）国外社区环境管理的典型模式

1. 美国的可持续社区

美国是发达国家的典型代表，在以可持续发展为理念的社区环境管理实践中积累了丰富的经验。美国可持续社区环境管理的主要特点是联邦政府对可持续社区提供大力支持，并且联合多个部门为可持续社区发展提供有力的支持。自2009年起，美国住房与城市发展部（HUD）、交通运输部（TOD）和环境保护署（EPA）共同宣布将围绕"可持续社区"开展合作，成立可持续社区合作组。合作组根据"可持续社区"的六大原则在政策和资金投入方面大力支持社区。这六大原则包括更多的出行选择，支持现有的社区发展，完善购房公平性和房价合理性，利用联邦政府投资，增强经济竞争力，重视社区和周边邻里等。除了经费援助外，社区合作组还通过互联网平台，针对各地不同的需求和申请项目而提供专门技术援助，让社区更好地获得信息、培训和相互学习的机会。

---

① 张再生. 论社区可持续发展的机制与模式［J］. 中国人口·资源与环境，1998（4）：20-24.

俄亥俄州的辛辛那提市和汉密尔顿县与可持续社区合作组、州政府和有关部门开展合作，改造城市地下排水系统，这套建成于1906年的系统在雨季总会受淹，雨水和污水经常流到附近的水体中，甚至流到居民的家中。该市投资建设绿色基础设施，以更好地控制雨水径流。同时该市希望这些举措不仅能解决下水道外溢问题，而且也能振兴该地区的低收入社区。辛辛那提市将环境保护与解决问题的传统方法相结合，而不是简单地安装大型排水管道。尽管两种设计都能减少雨水径流，但绿色环保设计成本更低、效果更好，还能提供就业岗位。①

2. 澳大利亚的社区参与管理

在环境保护和自然资源管理方面，澳大利亚政府创造了鼓励公众参与的良好氛围，公众参与环境影响评价和流域水污染控制等环保项目中，社区参与和社区承诺是公认最有效的方式。社区参与程序可以看作是在环保和自然资源管理的设计、实施和影响监测中运用的一个技术包，它起始于使目标群体知情，继之以对需要承诺的社区进行赋权，直到社区能实现所希望的结果。

社区参与程序的技术包括五个行动阶段：①告知阶段。社区知情的方式包括已经准备好的描述事实的传单、出版物以及相关的报告，还包括互联网、公共展览、媒体传播和官方公告等。②咨询阶段。当对公众进行咨询的时候，希望得到他们的反馈，可以采用焦点小组、实地调研、公众会议、建立必要数据库等方式，以便做出基于实据的决策和政策设计。③参与阶段。通过研讨会、投票表决等方式，建立针对社区的倾听渠道，最终社区各群体可以采用书面或口头的形式表达他们对目标项目的支持。④合作阶段。组建多个市民顾问小组对关键问题进行深入的分析，对核心的利益相关者以及脆弱群体要组织单独的小组会议进行磋商，这个阶段的目标是确保最终决策是通过参与的方式达成的，因此当地相关的所有权拥有者将会支持这个项目。⑤赋权阶段。社区可以成立公民评判委员会来代表社区进行决策，采取投票方式让人们支持他们各自的偏好。社区得到的赋权包括更新关键数据库、更新现象描述、更新进展以及影响的指标数据，也包括就一些关键问题进行决策、管理和政策实施。②

澳大利亚的法律明确规定环境管理中公众参与的必要性，以及对于公众意见必须在规定期限，由规定级别的官员做出反馈的机制，从法律上保证了公众参与的有效性和积极性。社区代表委员会在公众参与中起到非常重要的作用，委员代表的产生过程必须公平和透明。社区代表委员会的活动组织方式、权利、义务等必须明确。

---

① 焦志强，等. 美国可持续社区——多部门联手下的社区环境建设 [J]. 世界环境，2013（2）：46-49.
② 陈昕，等. 公众参与环境保护模式研究：社区磋商小组 [J]. 中国人口·资源与环境，2014（3）：42-45.

第三节 社 区 规 划

一、社区规划概述

（一）社区规划及其相关概念

1. 社区规划

社区规划是社区管理研究的重要内容。从广义上说，社区规划是对已建成社区的发展目标、框架和主要项目进行总体部署、决策以及实施的管理活动。它是从社区的实际出发，以问题为导向，运用社区指标和系统分析技术，决定社区发展目标，确定最佳行动方案，以促进人的全面发展和满足人们物质和精神生活需要为核心，解决社区居民共同的问题。从这个意义上说，社区规划是将整个社区的经济、政治、科技、文化、体育、卫生、服务、安全、交通、环境等方面综合起来的发展计划，近似于社区建设。

从狭义上说，社区规划是社区各部门、团体按社区总规划的分工制定的专项发展计划。随着社区环境问题日益突出，社区规划更多关注于对新建社区的社区环境进行的规划，包括对社区自然环境、人工环境和人文环境等内容进行设计和安排，以使其更符合社区居民生产与生活的各方面需求。从这个意义来说，社区规划包括社区环境的选择与适应、社区建筑组成、社区空间组成、社区道路与景观设计等方面的内容。

社区规划包括社区物质形态规划，如绿地、健身场所的布置，社区企事业单位、商业服务设施的布点，建筑风格、小品设计等，但这只能看作规划的重要物质基础，社区规划的真正重点在于立足具体社区发展现状，广泛听取居民建议，明确近期社区发展的紧迫需要，综合考虑经济和社会效益，制定整体协调的发展规划。社区规划最终要落实于各个具体项目，比如住房的修缮、文娱场所的设置、职业培训和教育活动的开展等，从某种角度可以说是市政公共服务的转移延伸和社区化。社区规划表现出强烈的自下而上和居民切实参与的特点。[①] 社区是一个统一发展的整体，只有综合协调的社区规划才能保证其持续全面发展。

2. 城市规划

城市规划是研究和规划城市的未来发展、探索和追求城市的合理布局、综合安排城市建设的总体性计划。城市规划是一定时期城市发展的蓝图，也是城市建设和管理的前提与依据。城市规划和社区规划是两个相互区别又有联系的概念。城市规划本质上是一种空间

---

① 胡伟. 城市规划与社区规划之辨析 [J]. 城市规划学刊, 2001 (1): 60-63.

规划，注重宏观经济效益。从广义上说，社区规划实质是一种社会规划，着眼于社区的社会效益。从狭义上说，社区规划是城市规划的有机组成部分，城市规划决定着社区规划的设计与实施。

城市规划是一个动态发展的过程，城市规划的本质是空间规划，通过有效的空间布局，对城市土地使用类型及其变化进行控制，引导和调控特定城市或地域的未来发展，从而获得经济和社会效益。我国的城市规划在相当程度上还是强调经济效益，体现在规划制定过程中，常显现出对工商业布局的极大重视，居民区往往是位居其次。

3. 住区规划

住区也称为居住区，是城市或乡村中在空间上相对独立的各种类型和各种规模的生活居住用地的统称，它包括居住区、居住小区、居住组团、住宅街坊和住宅群落等。住宅区含有一定的社会意义，包含了居民间的邻里交往关系等。城市规划中的住区规划虽然在原则上应包括物质与非物质两个组成部分，但从实际编制操作来看，物质规划部分一直是住区规划的核心，规划者对非物质层面因素的考虑较浅，关注的焦点是人的普遍行为及其活动的场所，而非人群间的互动。[①] 随着社区概念与理论被引入城市规划设计中，住区规划不断发生变化。住区规划就成为社区规划在物质、空间层次的表现形式，是社区规划过程中的一个阶段，而社区规划则是住区规划的最终目的。

（二）社区规划的发展历程

社区规划是伴随世界性的社区发展运动而产生的。二战后，联合国积极倡导社区发展运动，旨在"通过人民自己的努力与政府合作，以改善社区的经济、社会和文化环境，把社区纳入国家生活中，从而为推动国家进步做出贡献"。许多国家和政府纷纷制定"社区发展计划"，将社区发展引导到正常的发展轨道上。同时，城市规划学科也希望从城市问题的本质出发去理解城市空间布局，社区规划正是在此背景下发展起来的。这一时期的社区规划是联系自上而下发展要求和自下而上发展需求的重要政策工具，它既是政府有关机构与非政府组织和民间的合作纽带，也是指导社区建设与发展的综合行动纲领，更重要的是，它还是社区获取政府资助的重要手段。

英国的社区规划是一种新型的规划形式。传统的空间规划（spatial planning）注重土地利用和功能分区、景观设计、建筑等物质形态方面的内容，重视技术层面的区域功能优化。而社区规划更像是一个行动战略，通过政府组织、公共部门、各种社会组织、社区及居民的共同行动来改善地区的服务，并使地区的发展更具可持续性，使人们的生活不断得到改善。社区规划本身也具有层次性，根据区域规模的大小，社区规划一般分为市区、城

---

① 赵蔚，等. 从居住区规划到社区规划 [J]. 城市规划学刊，2002 (6)：68-71.

区和邻里等不同层次。例如，在苏格兰，32个地方行政区域都制定了相应的社区规划。每一个地方行政区域内部，根据不同的行政地域范围也制定相应层次的社区规划，最低层次的即为邻里社区规划。尽管存在不同层级的社区规划，但各层级的社区规划的具体形式及内容基本相同，主要包括以下内容：①社区规划需要对特定地区的发展提出某种形式的"远景展望"，相当于实现经济、社会和环境可持续发展规划的总体目标或战略；②社区规划需要明确关键的主题，并详细制定各主题的主要目标；③社区规划还需要确定指导原则和工作方式，以及在多数情况下需要的某些形式的监督和审查框架。①

美国的社区规划包含广泛的内容：①经济规划，如帮助社区确定适宜发展的社区企业；举办就业培训班；协助企业和社区建立关系，以提供就业机会；修整、建造商业网点以振兴社区经济等。②住房规划，包括调查居住现状，促进社区和政府以及开发商合作，建造经济型住宅（affordable housing）。③环境规划，包括保护自然环境、修整历史建筑、增添绿地和游戏场。④社会发展规划，包括教学改革、学校设施、社会治安等内容。在这些工作中，社区组织是城市规划师的主要工作伙伴或"顾客"。因此，美国社区规划的基本模式是寻找适当的社区组织，帮助这些组织健全机构，培训其领导人，然后开展具体的住房、环境等规划工作。②

（三）社区规划的功能

1. 促进社区的综合协调发展

社区规划需要有明确的指导思想和战略目标，这是提高社区发展自觉性、强化社区建设的主要标志。社区规划反映人对社区发展的规律性的认识，是社区综合协调发展、形成良性运行机制和实现社会全面进步的关键条件。社区规划注重对社区要素的分析，研究各种要素的比重，在空间上予以合理配置，形成层次错落、有机维系的要素体系和空间结构，使社区经济、文化、教育、科技、服务、环境等各种要素综合、协调发展。社区规划注重对社区管理体制和运行机制的分析，使行政调控系统、中介执行操作系统、经费运筹和价值管理系统、经营服务系统、公益服务系统等内部结构合理、职能明确，各系统有机联系、作用互补，形成一种良性机制。社区要素的综合协调发展与社区运行的良性机制的统一，为实现社会全面进步的发展目标奠定了基础。

2. 满足社区成员的美好生活需要

社区是一定空间里人们组成的社会共同体。虽然社区有一定的空间界限和地域因素，但社区并不单纯是一个地域概念，而是一个社会概念。社区的重点不是它的地域含义，而是它的社会含义。因此，社区规划固然要重视规划物的方面，但更重要的是着眼于人。社

---

① 刘玉亭，等. 英国的社区规划及其对中国的启示［J］. 规划师，2009（3）：85-89.
② 张庭伟. 社会资本、社区规划与公众参与［J］. 城市规划，1999（10）：23-26.

区规划的核心是促进人的全面发展。对于人的社会化过程，尤其是青少年的成长，社区和家庭一样起着重要的作用。人的塑造、人格和个性的发展受制于社会环境，特别是受制于社区。良好的社区条件，包括以一定经济条件为前提的良好服务设施、社会关系以及高尚道德风尚，是人的个性得以健康发展的客观基础。社区规划的目的归根到底在于为人的全面发展创造最佳的社区条件。

社区规划的目标是为满足人的物质和精神生活的需要创造良好的条件。社区发展的物质要素是社区发展的物质基础，也是满足人的物质生活需要的前提，但社区发展的精神要素意义更为重大，忽视社区精神生活有可能造成社区发展的畸形。社区规划的意义就在于保持社区物质要素和精神要素的协调发展，使人的物质生活和精神生活需要得到合理满足，从而促进人的全面发展，促进社会事业的发展，为经济发展创造良好环境，以取得更好的经济效益。社区规划体现着社区物质和精神生活相互促进的互动关系。

3. 促进社区公共服务事业的发展

社区规划在促进社区经济发展的同时，也为社区内弱势群体提供生存与发展的机会，包括利用社区规划为低收入社区提供就业岗位与保障性住房等。社区规划也包括建设社区综合诊所管理系统、完善"社区医院—卫生站点"网络、推行社区"家庭医生"制度、倡导社区医疗自助、配置养老机构、打造15分钟居家养老服务圈等方面。如养老机构配置方面，鼓励通过功能整合、建筑容量提升、服务设施完善、活动环境优化等手段，逐步改造原有养老机构。通过城市更新、工业转型，利用存量用地和存量设施等方式兴办养老服务设施，形成分布广泛的养老设施网格化布点体系。健全居家养老服务体系，新建社区引导设施集中设置，已建社区对现有老年人日间照料中心、助餐点、老年活动室等设施进行梳理整合，可以丰富养老服务内容。

二、社区规划的实施机制与原则

（一）社区规划的实施机制

社区规划是社区环境管理的一项重要工作，是推进和谐社会建设、强化基层管理的重要手段，也是促进社会健康和谐发展的积极举措。每个社区都应根据自己的实际情况，制定社区规划的目标与发展路径，分阶段选择适用的多项策略。

1. 创新社区评估及实施更新机制

社区规划应从静态规划走向动态更新的规划，建立社区公共要素的动态评估机制，落实公共服务设施和场地的动态功能转换与升级改造，推进集中补缺与渐进式微更新并重的社区有机更新。政府应加大社区公共服务设施的建设。针对城市社区中存在的早餐点、书报亭、维修点、快递接收点等微利型设施布局缺位问题，鼓励通过政策手段积极引导企业运用连锁经营等方式进驻社区，形成可持续的社区微利型商业机制。建立部分公共服务设施分时共享的统筹机制，可建立设施信息共享的网络平台，建立设施场地全天候分时预约使用机制。鼓励跨行政区划整合资源，通过居民投票表决制引导居民形成邻里联盟，鼓励原分属各小区的公共服务设施为居民所共享。

2. 建立社区规划组织决策机制

政府应以发展的思维将社区发展纳入社会可持续发展规划，确定社区规划的编制主体、内容体系、规划编制实施的框架流程、资金保障、跟踪反馈机制等一系列的组织架构，并引导和支持社区居民广泛参与社区发展。社区规划应以街道、镇作为社区规划编制和实施的主体，其他部门、企业、社会团体、社区规划师等作为组织协作单位。在规划方案编制的不同阶段，梳理整合街道资源，补齐社区发展各项短板，组织居民讨论收集相关意见，初步制定规划草案，在充分发动公众参与的基础上形成正式方案，明确社区行动计划的相关时序。

3. 搭建社区公众参与平台

社区居民委员会是社区公众参与的有效载体。在社区规划的编制过程中，一方面，组织社区居委会、业主委员会等团体通过召开座谈会、发放征询意见单等形式，广泛听取公众意见和建议，把公众意见融合到编制的规划方案中。另一方面，以街道办事处和居委会为载体，组织多方位的宣传活动。结合社区公务部门的办公场所、新闻媒体的监督报道、网络平台的实时宣传服务等，承担知识普及、公众宣传、规划释义、互动平台等功能。为了保证社区规划更好地开展，可借鉴国外经验尝试推行社区规划师制度。社区规划师可由规划、景观、建设、管理等不同领域的专业人士组成，主要工作有收集现状资料，实时评估；设计、管理和分析各类社区问卷调查；组织社区居民会议；协调社区各类规划咨询；管理各类规划成果与资料，并做成易读版等。[①]

（二）社区规划的原则

1. 系统性原则

社会是一个大系统，社区是这个大系统的微缩形态。社区规划要着眼于"系统"，也就是要有社会的眼光。社区规划不同于经济规划，也不同于任何单项事业规划，而是社区各种社会系统的综合规划。科学地处理与系统的相互关系，是社区规划的特有功能。在这个复杂的综合系统中，人居于中心位置，人、环境、文化相统一是这个综合系统的基本内容。人是社区规划中的主体要素，包括人的物质和精神生活需要、人的全面发展、人际关系的和谐。环境指自然环境、人文环境以及自然资源的配置和合理使用，环境是人的生存

---

① 奚文沁. 社会创新治理视角下的上海中心城社区规划发展研究［J］. 上海城市规划，2017（2）：8-16.

和发展的条件。文化指历史传统、习俗和价值观，文化是人、社会发展的结晶，又是促进社会发展的重要因素。三者的有机统一，形成社会的大系统，微缩成社区综合系统。坚持社区规划的系统性原则，才能制定名实相符的社区规划，而不致将社区规划变为单项的事业规划。

2. 可操作性原则

社区规划是理论和实际结合的焦点，在于对社区建设实践的指导、对规划的实施。因此，它的可操作性特点突出。所谓可操作性，就是能够付诸实施，实现规划目标。按照可操作性的要求，规划必须有相应的指标体系，有可以获得、可以测量的数据，有可以转化为行政、立法或社会行为的要求，有具体的、可以实行的对策措施。我国的社区规划，在硬件方面的可操作性包括以土地、建筑、资金为基础的经济、社会事业发展项目，以及这些项目形成的形态规划。在软件方面的可操作性，主要指重视和保证对人的精神生活的投入。社区规划不同于具体的实施计划，不能过于烦琐。社区规划对实施计划只提出阶段性要求，具体的实施步骤、方法均由实施计划去呈现。规划的可操作性强，可以增强人们对规划的信心，消除对待规划的各种传统偏见。

3. 规范性原则

社区规划虽然还未形成成熟完善的模式，将来也不必强求统一。但作为规划，应有规范性的特点，有基本的要求。社区发展目标、社区发展内容、社区发展模式、社区发展的运行机构、社区发展各个系统的内部与外部关系、社区发展的评估等，都应是社区规划的内涵。社区规划及与其相关的专题论证报告，是相对规范的文件。社区规划的规范性要求它具有多学科性。任何一种社区规划，都是多学科综合研究的结果，需要社会科学和自然科学的协作。社区规划的规范性还要求理论工作者和实际工作者的协作，既从理论研究的视角提出规范，也从实际工作的视角提出规范，并使两方面有机地结合起来，以实现规范性、科学性和可行性的统一。

4. 广泛参与原则

经历半个多世纪的发展，社区规划的核心理念逐步从政府主导的、蓝图式的、关于社区建设的整体式设计，转向强调多方参与的、问题导向的、以参与主体的关系构建为核心的协商式规划行动。目前社区规划中的公共参与已有很多创新实践，例如，北京市海淀区清河街道的参与式社区规划，建立了社区议事协商机制，通过在社区居民中选举议事委员，作为居委会的补充，并建立议事委员制度体系，围绕会议规则、议事公约等方面开展议事委员培训，明确议事委员的责任和权利。通过参与确定居民迫切需要解决的问题，提高居民参与能力和参与素质，动员居民共同参与社区公共空间的改造。基于参与的空间改造的过程，增强了社区居民的公共意识，推进了市民化的进程，也改善了社区内各主体之间的关系。①

关键术语：

社区环境；社区可持续发展；绿色社区；全国卫生城市；社区规划；城市规划。

阅读书目：

1. 陶传进：《环境治理：以社区为基础》，社会科学文献出版社，2005年版。

2. 宋言奇：《中国农村环境保护社区自组织研究——以江苏为例》，科学出版社，2012年版。

3. （加）格兰特：《良好社区规划——新城市主义的理论与实践》，叶齐茂等译，中国建筑工业出版社，2009年版。

4. （美）马克苏拉克：《可持续发展：建设生态友好社区》，付玉等译，科学出版社，2011年版。

案例分析：

清河实验助力老旧小区改造②

清华大学社会学系于2014年2月建立了清河实验课题组，与北京基层政府合作开始了新的清河实验。（这里之所以叫"新清河实验"是为了区别于20世纪杨开道、许世廉组织的老清河实验。）新清河实验中的一个内容是社区提升实验。社区提升实验主要是通过议事委员带领居民进行民主议事和决策，产生以居民需求为导向的社区提升议案，由课题组整合相关专业的专家、设计师等技术资源，居民参与监督，由此实现社区改造和提升。

目前，北京正掀起新一轮老旧小区适老化改造热潮。与以往老旧小区改造不同的是，本轮改造承载了更多的城市治理要求和城市转型发展意义。因此，迫切需要将老旧小区改造放在提升北京城市功能，营造和谐宜居城市的高度。这就要求本轮老旧小区改造应立意高远，做好综合和长效规划，以期发挥多种良性效应。老旧小区通常以老年人群居多，因此，增设电梯以便利老龄群体上下楼梯是北京新一轮老旧社区改造的必选动作。

2016年底，历时近三年的清河实验进入了全新的2.0时代，实验课题组介入市级老旧小区综合改造项目，开展了以下工作：

第一，深入社区细致摸底，保证居民意愿的整合。老旧小区改造内容庞杂，涉及旧楼

---

① 刘佳燕，等. 转型背景下参与式社区规划的实践和思考——以北京市清河街道Y社区为例[J]. 上海城市规划，2017（2）：23-28.

② 李强，等. 基层社会治理创新与新清河实验[J]. 中国经济报告，2017（9）：99-101.

房加装外挂电梯、增设立体机械车库、增加社区养老驿站等项目,专业要求高,行业技术严。为支持基层政府顺利完成老旧小区改造的群众动员和社会协调工作,清河实验课题组从社区建设、公共空间规划、民生保障三个方面入手,采取"自下而上"的社区居民参与式协商和全样本入户调研相结合的模式,全面了解居民的家庭状况和意愿,完成《关于全国各地老旧小区加装电梯的经验和模式梳理》报告,分析比较不同的技术方案、居民参与模式的特点以及相关的法律问题和政策依据等,并将居民提出的具体问题汇总至各职能部门。

第二,搭建议事平台创新动员机制。为扩大代表性和参与性,课题组组织社区居民代表选举产生社区议事委员和监督委员,制定议事委员会的职责、权利、义务,确定社区议事委员会及监督委员会例会制度,搭建民主协商平台,并对议事委员和监督委员进行培训,以期在老旧小区综合整治的过程中更好地发挥上下沟通、宣传动员和自我协商的积极作用,使他们真正成为政府与居民之间沟通的桥梁。目前,全国老旧小区电梯改造,除了政府主导的方式外,也有市场运作或居民自治运作的成功案例。不管哪一种运作方式,都体现了自上而下与自下而上相结合的治理原则。当然,目前总的情况是,自上而下的动力更强,自下而上的实践明显不足。其实,老百姓中蕴藏着极其强大的改善老旧小区的需求和动力,调研证明,老百姓的活力很难自发形成,需要基层组织去动员和激发。当下城乡社区治理的重要任务是培育以地域为基础的真实的社区生活共同体。这需要以深入基层调查研究为基础,总结现有的众多成功的社区治理模式的经验,在实践中摸索出一套处理基层社区事务的行之有效的组织运行、资源配置、社会参与方式,并协调多种社会力量参与社区建设。因此,自上而下与自下而上相结合的社区治理模式十分关键。按照这种治理思路,城乡社区治理可以上一个台阶。

思考题:

根据案例,分析我国社区环境管理和社区规划中促进公共参与的对策。

第八章 农村社区管理

[提要] 农村社区是指以从事农业生产为主要生活来源的地域性共同体或区域性社会。农村社区管理是在基层政府指导下,由农村社区自治组织等对农村社区的公共事务、公共服务以及公益事业等进行管理的过程和活动。村民自治是农村社区管理的组织基础。村民自治即农村基层群众的自治,是指村民通过村民自治组织依法管理与村民利益相关的村内公共事务,实现村民的自我管理、自我服务、自我教育。村民自治通过村民委员会、村民会议和村民代表会议等组织行使自治权。

农村社区是一种重要的社区类型,农村社区管理是社区管理理论与实践的重要组成部分。改革开放以来,我国农村基层民主管理取得了巨大成效,村民自治成为农村社区管理的主要内容和基础。进入 21 世纪以来,促进农村社区治理体系和治理能力的现代化成为农村社区管理的发展方向,农村社区管理创新成为基层社会管理创新的重要领域。

第一节 农村社区管理概述

一、农村社区管理的内容与特征

(一)农村社区管理的内容

农村社区是指以从事农业生产为主,聚居在一定地域范围内的人们所组成的社会生活共同体。一般而言,农村社区就是乡村社区,即以村庄为空间形态的乡村社区。近年来,在以村庄为基础进行的农村社区建设中,有的在一个村庄中设立一个社区或多个社区;有的在几个相邻的村中,选出一个中心村,建立社区服务中心,涵盖附近几个村,非中心村的村民到中心村接受服务;还有的"集中建社区",即在新规划的农民集中居住的居民小区设立"社区"。① 因此,农村社区的范畴既包括传统意义上的乡村,也包括新规划建设的农村社区。

---

① 项继权. 论我国农村社区的范围与边界[J]. 中共福建省委党校学报,2009 (7):4-10.

农村社区管理是我国社区管理中不可或缺的重要组成部分。农村社区管理可以界定为：在农村社区范围内，在基层政府指导下，农村社区自治组织等对农村社区的公共事务、公共服务以及公益事业等进行管理的过程和活动。农村社区管理的目的是促进农村社区政治、经济、文化、社会与环境的全面协调发展，不断提高农村社会生产力和农村居民生活水平。农村社区管理是一个综合性的系统工程，具体包含以下内容。

1. 农村社区经济

经济功能是农村社区不可缺少的重要功能之一，也是农村社区其他功能发挥的基础。①农村社区经济是农村社区的基础。农村社区居民的经济、政治、文化活动都高度统一于社区之中，农村社区经济的发展状况决定着其社区管理与建设的水平。每个农村社区都拥有开展生产和消费的场所和设施，从而保证产品或资源的合理分配和流通。通过经济功能的实现，农村社区才成为一个真实而完整的社区。费孝通的《江村经济》就是从社区经济的角度对农村社区进行研究。②农村社区经济管理在农村社区管理中占据重要地位。虽然社区管理是区别于经济管理的一项社会管理活动，但是农村社区经济与其他社区公共事务密切相关，农村社区经济管理是农村社区管理的重要组成部分之一，因此，必须增强农村集体经济组织支持农村社区建设的能力。从我国农村社区的实际情况来看，凡是农村社区经济发展较快的社区，其社区管理与社区建设的成绩也相对突出，社区服务设施完善，社区凝聚力强。农村社区管理水平的提升也能够有效地促进农村社区经济的发展，提高农村生产力水平和居民的生活质量。

2. 农村社区环境

农村社区环境是农村社区赖以存在和发展的外部条件的总和，即各种直接或间接地作用和影响社区本身的外部客观因素，包括农村社区的地理空间、生态环境和人文环境等。农村社区环境的质量不仅关系到农村居民的生活质量，同时也与整个经济、社会的可持续发展密切相关。农村社区环境管理是农村社区管理的重要内容，包括整治农村社区的自然环境、居住环境和卫生环境，提高农村生态文明程度；治理农村社区人文环境，提升农村社区文化品位，建设安全、有序、祥和的农村社区。农村社区环境管理对于满足农村社区居民的社会生活心理需求，改善农村社会风貌，增加社区凝聚力具有重要作用。

在农村社区环境管理中，自然环境的管理占据首要的位置。农村基层政府、农村社区自治组织与农村居民，应充分认识到农村社区自然环境的重要性，自觉纠正不符合社区生态环境发展要求的行为模式，不断修正已制定的社区管理措施，使之不断完善，更好地适应社区自然环境管理的要求。如果片面追求短期利益和社区本位利益，则会造成对农村自然资源和社区环境的破坏。

目前随着我国城镇化速度的加快，我国农村社区环境的很多问题日益突出，环境污染加剧，生态环境恶化，如土壤污染、水质污染、乡镇企业的重金属污染、垃圾污染等问题，严重破坏了原有农村社区自然环境的生态平衡，严重危害了农村居民的生活环境，同时对全体社会成员的食品安全和生活质量产生负面影响。这些问题需要政府、农村社区管理组织与农村居民齐心合力、共同解决。农村社区管理应从农村社区自然环境的现实条件出发，调动农民的力量与资源，不断优化农村社区环境，着力解决农村社区垃圾收集、污水排放、秸秆焚烧以及散埋乱葬等问题，提高农村社区居民的物质文化生活水平。

3. 农村社区服务和社会保障

农村社区服务与社会保障是农村社区管理的重要内容和基础性工作。农村社区服务是指社区服务依托农村社区服务设施，直接为农村社区居民提供的公共服务、便民利民服务、志愿和社会工作服务。农村社区服务的基本内容主要包括为社会弱势群体提供的服务、为社会优抚对象提供的服务，以及为社区全体居民提供的便民、利民服务。社区保障是社区服务的重点。农村社区社会保障是指以农村社区为依托，以农村社区居民为主要对象的社会保障，包括社会救济、医疗保险、养老保险、失业保险、社会福利等内容。保障贫困老年人的生活应该是社会服务的重要内容，这在农村表现得尤为明显。改革开放后，农村社会保障也发生了巨大的变化。农村新型合作医疗、农村社会养老保险制度以及农村最低生活保障制度的建设取得了重大进展，农村社区在实施农村社会保障中的作用日益凸现出来。农村社区积极开展了各种以生产互助、养老互助、救济互助等为主要形式的农村社区互助活动。

4. 农村社区公共事业

农村社区公共事业是指满足农村社区居民需要，关系到农村社区公共利益的非经济、非政治的社会公共事务。农村社区公共事业的核心内容是教育、科技、文化、卫生与体育等方面，其宗旨是满足农村社区居民需要，服务对象是农村社区全体居民。农村社区公共事业的管理主体包括政府（乡镇）职能部门、社区自治组织（村委会）等。农村社区公共事业的发展水平不仅要靠政府的大力支持，也依赖于社区的经济基础。

5. 农村社区公共安全

农村社区公共安全是指在基层政府的领导下，以村民自治组织为主体，联合有关职能部门和农村民间力量，运用法律及多种手段，维护农村社会秩序的管理活动。农村社区公共安全建立于农村社区治安的基础之上，即在农村建立起来的，反应快速、防范严密并控制有效的社区治安综合治理的组织体系和制度安排。在建设我国农村社区的进程中，完善农村社区治安防控措施对于化解我国农村矛盾具有十分重要的意义。农村社区治安以加强基础工作、增强农村社区治安防控能力为重点，以保障农村社区的安全和稳定为目标，致力于建立维护农村社区稳定的长效措施，为我国全面建设新农村社区创造和谐稳定的社区环境。

(二)农村社区管理的特征

1. 复杂性

相较于城市社区管理而言,农村社区管理更为复杂。农村社区是农民生产与生活所依赖的唯一载体,农村居民的经济、政治、文化、社会生活与需求都与农村社区管理密切相关。从社区管理的内容来看,农村社区公共事务中的很多领域直接涉及农民的经济利益。农村社区的经济功能是否能正常运行,关系到农村社区发展的状况与农民生活水平。管理好社区经济是农村社区管理的根本和基础。从社区管理的手段来看,农村社区管理需要运用各种管理方法与手段,如经济、行政、社会、文化等手段。

2. 综合性

农村社区管理是在农村基层党组织和政府领导下,以农村社区自治组织为主体进行的管理活动。农村社区管理是一个综合性的系统工程,在这一系统中,基层党组织和基层政府是农村社区管理的领导核心。乡镇政府制定和实施农村社区发展的政策、规划,完善农村社区管理体制,监督农村社区自治组织的管理行为,保证村民自治在法律范围内正常运行。农村社区自治组织是农村社区管理的主体,发挥着不可替代的骨干作用。虽然农村社会组织的发展还相对薄弱,但在农村社区管理中的作用也日益凸现出来。广大农村居民是农村社区自治的主体力量,农村居民对于农村社区管理的积极参与是农村社区管理顺利实施的必要条件。

3. 艰巨性

由于我国长期存在的城乡二元结构,农村社会发展一直落后于城市,这是造成"三农问题"的根源。农村改革发展的目标是实现城乡经济社会一体化,统筹城乡经济社会发展是解决好"三农"问题的根本途径。要统筹城乡经济社会发展,就一定要统筹安排,进行农村户口制度、土地制度、财政金融体制、教育医疗体制、社会保障体制等方面的改革,推动城乡基本公共服务均等化。而农村社会管理体制的改革举措最终要落实到农村社区管理体制上。相对于城市社区管理而言,农村社区管理水平还存在着较大差距,需要各级政府高度重视农村社区管理的地位与作用,积极指导与支持农村社区自治组织的工作,提升农村社区管理干部的素质和管理水平,加强对农村社区管理的监督指导。

二、农村社区管理的历史演进

在我国长达几千年的封建社会历史上,国家体系并未深入基层社会。传统的国家政权只渗透到县一级,即所谓"王权止于县政"。县以下的乡、镇、村主要是由民间社团或社会组织控制,主要是以村落家族共同体这种自然演化的秩序存在并发挥作用。新中国成立以来,我国农村社区管理经历了一个曲折的历史发展过程。

（一）新中国成立初期的农村社区管理

新中国成立后，我国开始了全面的农村土地改革，彻底铲除了几千年的封建地主土地所有制，使农民拥有了自己的土地和生产资料。同时在全国农村开展了农村基层管理组织的创建工作。主要创建了两类组织，一是农村基层党组织和政权组织，乡建立了党委组织，而村建立了党支部组织；二是农业生产发展组织，最先建立的是互助组，后又创建了农业合作生产社，分为初级社和高级社。到1957年，绝大多数农户加入了农业高级社，高级社成为农村社区的基本组织形式。同时农村的共青团、妇联、民兵、农民协会等社区组织也都建立起来，并获得极大的发展。新中国成立初期，在党的统一领导下，农村社区管理组织体系基本建立起来，提高了农村基层社会管理的组织化程度，促进了农村生产力的发展。

（二）人民公社制时期的农村社区管理

从1958年开始，我国农村进入了人民公社制时期。这一时期取消了乡镇政府、乡镇党委，改为公社党委，乡镇人民委员会改为公社社务委员会。人民公社制时期的农村社区管理体制的主要结构是"三级所有、队为基础"，其中"三级所有"指的是人民公社、生产大队、生产队三级体制。"队为基础"是指生产队是人民公社最基本的核算单位。农民被全部组织到人民公社中去。人民公社从一开始就不是单纯的经济组织，其管理范围覆盖了农村政治、经济、文化，甚至农民日常生活的所有领域。人民公社实际上是国家政权的延伸，国家全面介入到农村社区管理之中，农村社区管理表现出高度的行政化特征。

人民公社体制虽几经调整，但一直稳定延续到改革开放初期，对我国农村经济与社会发展产生了明显的影响。人民公社具有很强的社会整合能力和动员社会资源的能力，成为国家政权实现农村基层生活控制的重要保障。然而，这种管理体制也带有明显的缺陷，给农村经济和社会发展带来了很多不利影响。例如，过分强调"一刀切"，制约了农民的自主性和乡村发展的多样性，严重挫伤了农民的生产积极性。到了20世纪70年代末期，人民公社管理体制的弊端日益暴露出来，农业生产发展迟缓，农民生活水平增长停滞，农村基层治理效率日趋下降，现实的生存需求迫使广大农民群众在实践中不断探索，推动着农村经济体制的变革，并最终促使人民公社管理体制走向终结。

（三）村民自治时期的农村社区管理

从20世纪80年代初，我国进入改革开放的新时期，我国农村社区管理也进入了一个崭新的发展时期。主要背景是1978年开始实行的家庭联产承包责任制，这项制度的实施从根本上瓦解了人民公社体制。以政社分开为突破口，我国农村社区管理开始进入体现基层民主政治的"村民自治"的发展时期。

1980年，中国农村第一个村民委员会在广西宜州市屏南乡合寨村诞生，其主要职能是管理社区的公共事务。① 此后全国各地农村陆续出现了类似的农民自治性组织。

村民委员会这一形式逐渐得到国家的肯定。1982年宪法首先明确了村民委员会的法律地位。《宪法》第111条明确规定了"城市和农村按居民居住地区设立的居民委员会或者村民委员会是基层群众性自治组织"。1983年10月，中共中央、国务院发出《关于实行政社分开建立乡政府的通知》，强调要在建乡的过程中设立村民委员会。1987年，《中华人民共和国村民委员会组织法（试行）》出台，进一步细化和规范了村民自治的组织建设。1998年，《中华人民共和国村民委员会组织法》（以下简称《村组法》）正式通过。这一法律在2010年10月28日第十一届全国人民代表大会常务委员会第十七次会议进行了全面修订，成为目前我国村民自治的主要法律依据。目前村民自治已成为我国农村社区管理的实质主体，以"乡政村治"为特征的农村社区管理体制进入了快速发展时期。村民自治给我国农村基层民主政治建设带来了实实在在的影响，不仅推进了农村基层民主政治建设的进程，扩大了农民群众当家做主的权利，而且促进了农村经济的稳定发展，有效地维护了农村地区的社会稳定。

第二节　农村社区管理组织

农村社区组织是农村社区管理的重要力量。农村基层党组织是农村社区管理的核心，村民自治组织是农村社区管理的主体。农村社区管理还要不断加强农村社会组织的培育和建设。随着农村现代化建设的推进，农村各种社会组织开始发展起来。农村社会组织是以农民为主体力量的社会组织，是农村基层政府社会管理的重要载体，主要类型有农村经济合作社、农民协会以及兴趣团体等。对这些新兴的农村社会组织进行管理也是农村社区管理的重要内容与目标。

一、村民自治的内涵

村民自治是20世纪80年代在农村经济体制改革推动下形成和发展起来的新型农村基层社会管理体制。随着农村经济发展和市场经济体制改革深化，村民自治制度不断得到完善，目前已经成为我国农村基层直接民主的重要形式。农村的村民自治与城市社区自治都是我国社区管理的核心部分，在城乡基层社会管理中发挥着重要的作用。村民自治是指农村基层群众的自治，即村民通过村民自治组织依法管理与村民利益相关的村内公共事务，

---

① 徐勇. 乡村治理与中国政治 [M]. 北京：中国社会科学出版社，2003：75.

实现村民的自我管理、自我服务、自我教育的过程与活动。

（一）村民自治的内容

1. 村民自治的主体

村民自治的主体是农村居民，村民享有自主管理本村事务的民主权利。村民概念一般有两种，一种是地域概念，另一种是户籍概念。地域概念是以居住地点为标准来界定村民，认为凡是在本村居住的自然人，不论其户籍是否在本村，都被认为是本村村民。户籍概念是以户籍为标准来界定村民，认为只有户籍在本村的自然人才被认为是本村村民。村民不同于农民。农民是指从事农业生产活动的劳动者，包括专职或者兼职从事农业生产活动的劳动者。而村民则是与居住的环境场所相关联，与户籍登记相联系。改革开放以来，随着限制农民流动的制度闸门的打开，农民的社会流动日益增多，传统封闭的农村社区开始出现了村民的流出或外来人员的流入，对村民自治的治理方式形成了冲击。在一些外来人口增多的村庄社区，村民自治被完全限定在户籍村民范围内，就产生了一定的封闭性。村民自治组织虽然拥有管理本村外流农民的权限，但也存在着难以管理的问题。

2. 村民自治的范围

村民自治的地理范围是村庄。村庄是与农村居民生活联系十分紧密的社区，是农村社会最基本的组织单位。随着我国经济社会的发展，特别是城市化进程的加速推进，一些原来的村庄被纳入城市区域，演变为城市的一部分。还有一部分村庄在自身经济社会发展过程中实现了社区形式的创造性转换，即由过去的乡村成长为现代农村小城镇。相应地，社区内的居民也将随着户籍制度等的配套改革逐步由村民变成为城镇居民。一旦条件成熟，这些社区将逐渐与城市一样实行居民自治。

3. 村民自治的客体

村民自治管理的对象为本村的公共事务、公共服务和公益事业，也可以统称为村务。村务公开是村民自治制度中一个重要组成部分。村务公开的内容根据《村组法》规定，主要包括三方面：财务、本村自治事务和需要村民完成的国家政务。具体包括以下内容：乡统筹的收缴方法，村提留的收缴及使用；本村享受误工补贴的人数及补贴标准；村集体经济所得收益的使用；村办学校、村建道路等村公益事业的经费筹集方案；村集体经济项目的立项、承包方案及村公益事业的建设承包方案；村民的承包经营方案；宅基地的使用方案；村民会议认为应当由村民会议讨论决定的涉及村民利益的其他事项；国家计划生育政策的落实方案；救灾救济款物的发放情况；水电费的收缴以及涉及本村村民利益、村民普遍关心的其他事项。

4. 村民自治的本质

村民自治的本质是村民自我管理、自我教育、自我服务。村民自治是农村基层最直接的民主形式。通过直接选举村民委员会的干部，广大农村居民在本村范围内，直接决定村级的重大事务，直接参与村务管理，直接监督村民委员会的工作和村委会干部的行为，从而实现自我管理、自我教育、自我服务。村民自治将社会主义民主落实到基层，保证国家对农村基层社会的治理。

（二）村民自治的目标

村民自治作为有中国特色的基层民主形式，是我国民主政治发展的必然要求，体现着我国政治文明的发展程度，在农村社会基层管理中具有重要地位。

1. 促进农村社区经济发展

村民自治是农村政治的制度性安排，由农村经济基础决定并为农村的经济发展服务。村民的政治参与能够激发村民发展生产的积极性和创造性，加快农村物质财富的增长。同时，村民自治的"民主选举、民主管理、民主决策、民主监督"的机制也能够将广大村民吸纳到民主框架下，以民主的方式对农村公共事务进行民主决策和民主管理，对公共利益进行合理分配，对公共资源进行有效配置，从而实现农村生产布局的合理安排，优化产业结构，提高农业生产效率，促进农业生产的可持续发展。

2. 增进农村生活富裕和村容整洁

村民自治是村民根据村庄的实际环境进行的综合治理和民主管理，村民自治要运用民主协商的方式对村庄结构进行综合规划和合理布局，对一些主要的村容村貌问题有针对性地进行集体探讨和共同建设，对损害村容村貌的行为进行民主监督以维护美丽洁净的村庄环境。在村民自治制度下，村民既是农村公共产品和公共服务的提供者，又是消费者。村民既要承担成本，又能享受收益。以村民委员会、村民会议、村民代表会议等形式对农村的公共事务进行决策、管理和监督，能够确保农村公共产品和公共服务的数量和质量，从而促进农村的生活宽裕。

3. 培育乡村文明风尚

村民自治是依据国家法律法规以及村民自治章程进行的，能够不断增强村民的民主法治观念，培养村民的遵纪守法精神，形成民主的作风和生活方式，营造民主和谐的社会环境。村民自治是一种基层民主形式，它以民主的方式孕育着乡村文明。在村民委员会的组织下，村民对本村村务进行民主决策和民主管理，自觉服从村委会的安排，有利于培育村民的平等友爱、互帮互谅、诚实守信、融洽相处等优良品德。同时，村民自治能够发扬中华民族传统美德，形成符合中国农村特色的乡规民约和价值体系，匡扶正义，打击不法行为和邪恶势力，促进社会主义精神文明建设。

4. 实现农村民主管理

村民自治是一种基层民主自治制度，是以农民民主选举、民主决策、民主管理、民主监督为实质内容的一种基层群众自治制度。村民自治是管理民主的直接载体，是走向管理民主的必由之路。习近平总书记曾指出："基层历来是民主政治的发源地和试验田。""民主精神的培育、民主素质的锻炼、民主实践的操作，都是在基层产生、在基层发展、在基层得到检验的。"① 在人口众多的社会主义中国，发展农村基层民主有助于巩固我国人民民主专政的社会主义国家政权，建立广泛深厚牢固的群众基础，调动广大人民的积极性，促进经济、政治、文化、社会建设的全面发展，实现国家的长治久安和社会主义和谐社会建设的目标。

二、村民自治的组织结构

村民自治属于基层人民群众自治，自治的主体是村民群众。村民群众以各种组织作为依托进行自治活动，行使自治权。农村自治组织在自治体系中居于不同地位，扮演不同角色。在现阶段，村民主要通过村民委员会、村民会议和村民代表会议等组织行使自治权。

（一）村民委员会

村民委员会在整个村民自治组织体系中处于中心地位，是整个村民自治运作的枢纽环节，也是村民自治与国家管理的连接点。村委会的状况与村民自治的状况联系最为直接和密切。② 在村民自治组织体系中，最早建立的是村民委员会，有关村民委员会的法律制度条文规定也最为具体和明确。

《村组法》第 2 条规定了村民委员会的群众自治组织性质、任务以及与其他村民自治组织的关系，指出：村民委员会是村民自我管理、自我教育、自我服务的基层群众性自治组织，办理本村的公共事务和公益事业，调解民间纠纷，协助维护社会治安，向人民政府反映村民的意见、要求和提出建议。村民委员会向村民会议、村民代表会议负责并报告工作。从以上规定来看，村民委员会在村民自治组织体系中扮演着特殊的角色，村民委员会是村民会议的常设机构，它直接接受乡镇政府的领导，是连接国家行政管理与村民自我管理、连接国家与农民的桥梁和纽带。

1. 村民委员会属于村民自治组织体系的一部分

村民直接选举产生村委会成员，组成村民委员会。村委会每届任期三年，届满应当及时换届选举，村民委员会成员可连选连任。村民委员会的成员由村民直接选举产生，不脱离生产劳动，可以给予适当补贴。村民委员会与乡镇政府是协助与指导关系，而不是领导与被领导，或者说命令与服从的关系。

---

① 习近平. 基层民主越健全，社会越和谐[N]. 人民日报，2006-9-25 (2).
② 徐勇. 中国村民自治[M]. 武汉：华中师范大学出版社，1997：89-92.

2. 村民委员会是村民自治运作的常设机构

《村组法》规定，村民委员会向村民会议负责并报告工作。涉及全体村民利益的问题，村民委员会必须提请村民会议讨论决定。村民委员会承担着办理村民自治范围内各种日常事务的任务，是村级事务的直接管理者。《村组法》规定，村民委员会由主任、副主任和委员共3至7人组成，下设人民调解、治安保卫、公共卫生等专门委员会，其功能是处理村民自治的日常事务。

3. 村民委员会行使法律所规定的职权

村民委员会在决定问题的时候，采取少数服从多数的原则。村委会成员应当遵守宪法、法律、法规和国家政策，办事公道，热心为村民服务，接受村民的监督。村民会议有权撤换和补选村委会的成员，并通过换届选举，选出合乎理想标准的委员。在工作中坚持群众路线，充分发扬民主，认真听取不同意见。

4. 村民委员会接受乡镇政府的指导，并协助乡镇政府工作

在村民会议或村民代表会议尚未与国家系统的有关政权组织，如乡镇人大或乡镇人大主席团相衔接的情况下，村民委员会成为村民自治与国家管理的主要连接机构。乡镇政府对村委会成员的撤换、改选和换届选举，亦有建议和指导权。

（二）村民会议和村民代表会议

村民会议和村民代表会议在村民自治组织体系中扮演着重要角色。村民委员会必须对村民会议负责。人数较多或者居住分散的村，可以设立村民代表会议，讨论决定村民会议授权的事项。村民代表会议由村民委员会成员和村民代表组成。

1. 村民会议和村民代表会议是村民自治的最高权力机构

村民自治是基层的直接民主形式。村民自治权最终归属于全体村民。村民会议由18周岁以上的全体村民组成，最集中、最广泛和最直接地体现了全体村民的意志。所有村民都可以通过村民会议表达其意愿，行使其权力，无须他人"代表"。村民自治的其他组织机构都必须对全体村民组成的村民会议负责，并服从村民会议的决定。

按照《村组法》规定，召开村民会议，应当有本村十八周岁以上村民的过半数，或者本村三分之二以上住户的代表参加，村民会议所做决定应当经半数以上的到会人员通过。法律对召开村民会议及做出决定另有规定的，依照其规定。召开村民会议，根据需要可以邀请驻本村的企业、事业单位和群众组织派代表列席。

按照《村组法》的规定，村民会议审议村民委员会的年度工作报告，评议村民委员会成员的工作；有权撤销或者变更村民委员会不适当的决定；有权撤销或者变更村民代表会议不适当的决定。村民会议可以授权村民代表会议审议村民委员会的年度工作报告，评议村民委员会成员的工作，撤销或者变更村民委员会不适当的决定。

2. 村民会议和村民代表会议拥有决定村务大事的基本权力

村民自治组织拥有对村务大事的决策权,具体包括以下权利:①创制权,即根据国家有关法律精神,讨论、审定、修改和通过本村村民自治活动的基本章程和规则。村民会议可以制定和修改村民自治章程、村规民约,并报乡、民族乡、镇的人民政府备案。村民自治章程、村规民约以及村民会议或者村民代表会议的决定违反前款规定的,由乡、民族乡、镇的人民政府责令改正;②选举权,即选举村民委员会,撤换和补选村民委员会成员;③决策权,包括审议和通过村的经济和社会发展规划、年度工作计划,并做出相应决议;讨论、决定涉及全体村民利益的重大问题;④监督权,包括监督、审查村财务,监督自治组织工作机构和人员;⑤否决权,即否决和修改村民委员会不适当的决议和决定。

3. 村民会议和村民代表会议所拥有的权力通过多种形式加以具体化

《村组法》规定,村民会议由本村十八周岁以上的村民组成。村民会议由村民委员会召集。有十分之一以上的村民或者三分之一以上的村民代表提议,应当召集村民会议。召集村民会议,应当提前十天通知村民。村民会议除一些特殊情况外,应召开定时、定期、定人、定内容的例会。如果想开就开,不想开就不开,何时想开就何时开,便很难保障村民自治权的行使。凡是依法有资格或应该参加某些会议的人都应参加,其资格不得任意被剥夺或"代表"。参加村民会议的村民一律平等,没有主次、上下之分,都只有一票的权利。会议表决遵循少数服从多数的原则。

三、村民自治的运行程序

(一)村民自治的民主程序

村民自治体现了直接民主的原则,即村民对社区公共事务实行自我管理、自我服务、自我教育。为此,《村组法》制定了一套具体的民主程序,即民主选举、民主决策、民主管理、民主监督。

1. 民主选举

民主选举是实现村民自治的基础。民主选举就是村委会成员由村民直接选举产生,任何组织或个人不得指定、委派或撤换村委会成员。社区居民民主选举村民委员会是村民自治制度最为重要的内容,既是村民自治运行程序中最基础的环节,也是村民自治由"应然"变为"实然"的关键一步。村民自治制度能否有效运行,农村社区自治能否从本质上体现民主的价值,关键在于村民委员会的民主选举是否真实有效。按照《村组法》的规定,民主选举,就是由村民直接选举村委会成员。村民委员会由主任、副主任和委员三至七人组成,每三年选举一次,可以连选连任。

在村民自治的发展过程中,农民对民主选举进行了制度创新,通过"海选"、秘密投票等方式,直接参与到选举中来,从提名候选人到最终选出村干部的过程都参与其中。在大多数省市制定的实施村民自治的法规中,都规定村党支部以及上级政府不能再提名和确定候选人。根据民政部的统计,村民对于村委会选举的参与率都比较高,各地农村的投票率一般都在85%以上,村民自治发展较好的地方投票率则高达90%以上。只要基层民主制度与农民的个人利益密切相关,农民就有参与乡村政治生活的主动性,农民参与的积极性也将会越来越大。

为了确保广大农民群众的民主权利,我国必须不断完善民主选举制度。①明确选举程序。《村组法》虽然规定了由有选举权的村民直接提名候选人,但对具体的提名办法、如何确定、由谁来确定候选人以及选举过程中具体的时间安排并没有做出规定。因此,民主选举的工作应该有明确的时间安排与规定,以避免民主选举时间过长给村民正常生活带来不便,影响民主选举的质量。②规范选举秩序。《村组法》规定,选举村民委员会,由登记参加选举的村民直接提名候选人。村民提名候选人,应当从全体村民的利益出发,推荐奉公守法、品行良好、公道正派、热心公益、具有一定文化水平和工作能力的村民为候选人。候选人的名额应当多于应选名额。村民选举委员会应当组织候选人与村民见面,由候选人介绍履行职责的设想,回答村民提出的问题。选举村民委员会时,如果登记参加选举的村民有过半数投票,则选举有效;候选人获得过半数参加投票的村民的选票,始得当选。当选人数不足应选名额的,不足的名额另行选举。③培养村民民主素质。要积极引导和提高农村居民的民主意识,使他们学会正确行使民主权利。通过在村民自治实践中,培养村民的民主意识和民主习惯,进而提高村民对民主政治参与的积极性,锻炼村民的自治能力。

2. 民主决策

民主决策是村民自治的核心。依据《村组法》规定,社区自治权属于全体村民。民主决策是指凡是涉及村民利益的重大事项,必须由村民会议(或村民代表会议)讨论决定。民主决策为村民提供了话语权和议事权,是村民利益诉求的最佳表达机制,可以充分反映村民的意愿、利益和意见。民主决策可以促进村民当家做主的自觉性,提升其自我防范、自我保护、自我发展的意识,促进村民获取更多的法律和道德知识,增强村民用法律武器维护自己权益的意识,进一步增强广大村民对农村社会的公正、平等、正义等价值理念的理解、认识和追求的动力。民主决策不但可以平衡农村社会不同群体的利益诉求,还可以遏制乡村不良组织或黑恶势力的不良行为,保护广大村民的基本权益,维护乡村社会的稳定和秩序,保证乡村社会的和谐。民主决策程序体现了直接民主的基本精神。

为了贯彻村民自治的民主决策,应理顺乡镇基层政府与村民自治组织之间的关系。①要在制度上明确划分政务和村务。政务主要包括贯彻落实法律规定的公民应尽的义务、党和国家的有关路线、方针、政策以及上级政府的要求。对于这些政务,村委会必须接受乡镇政府的管理。村务则主要包括本村范围内的公共事务和公共事业、经济和社会规划、社会公共秩序、社区文化教育、村规民约及有关制度的建设等。对于村务，乡镇政府不能干预。②要正确理解乡镇政府与村民自治组织之间的指导和被指导关系。乡镇政府应该给村民自治组织有效的指导和帮助，引导村民自治组织更好地实行村民自治。同时，村民自治组织必须协助和配合乡镇政府开展必要的工作。

3. 民主管理

民主管理是村民自治的重要过程。民主管理一方面是指由全体村民共同管理村内所发生的一切事务，包括村级政务、村级财务和村级事务，通过村民会议或者村民代表会议，让村民就村内事务发表意见，直接参与管理；另一方面是指由全体村民对村内的一切人和机构进行管理，这包括对每个村民、每一农户及村级机构村委会的管理，即民主制定村规民约或村民自治章程，发至每人或每户手里，照章办事，对违规者要进行批评或必要的处罚。村规民约一般是就某个突出问题，如治安、护林、防火等来制定规约，约束大家的行为。而村民自治章程则包括了村民组织、经济管理、社会秩序等较为广泛的内容。村规民约或村民自治章程由村民和村干部共同监督执行。

民主管理对村级经济社会发展及乡村社会秩序极为重要。通过民主管理，村民自治组织能够传达党和政府的方针政策以及国家的法律、法规，让广大村民知道、了解国家的大政方针。同时制定出村民自治章程和村规民约，并把村民的相关权利、义务和责任落实成文本，使规定以白纸黑字的形式明确无误地呈现出来。村规民约与村民自治章程，是各地在贯彻实施《村组法》过程中，在县、乡（镇）政府指导下，由村民会议或村民代表会议根据《村组法》及相关的地方性法规的基本精神，结合本村的实际，制定出来的规范性文件。村规民约与村民自治章程，无论是从内容还是从形式上看，都分属两个层次。村规民约是村民日常生活的行为规范，可看作村内"成文法"的初级形式，言简意赅，易于记诵。而村民自治章程，则是村内"成文法"的高级形式，一般都分为总则、经济管理、社会秩序、村民组织、附则等若干章，条款少则几十条，多则百余条，内容涵盖了农村生活的所有方面。农民习惯地把它称作"村里的宪法"而家喻户晓、人人皆知。

4. 民主监督

民主监督是村民自治的保障。民主监督是指由村民直接了解、评价村委会工作的过程，监督村委会成员的行为，让村干部的工作和行为能在阳光下进行。村民委员会必须在群众监督下依法依规开展工作，而绝不应做损害公共利益、谋取个人私利的坏事。民主监督是法律赋予村民的自治权利之一，是村民自治最重要而有效的武器，也是村民自治的重要保障。

村民委员会应当实行少数服从多数的民主决策机制和公开透明的工作原则，建立健全各种工作制度。村民委员会应实行村务公开制度。村民委员会应当及时公布《村组法》中所提出的涉及村民利益的诸多事项，接受村民的监督。

按照《村组法》的规定，村民有权监督村委会的工作和村干部的行为。监督的形式主要有五种：一是召开村民会议或村民代表会议，由村委会或村干部，定期向村民报告大家已决定的事项完成的情况和村里的财务收支情况，并由村民进行民主评议。二是成立民主理财和村务公开监督小组，负责审核村里的财务，查清财务管理中的问题。三是设立村务公开栏，将村民最关心的计划生育指标、财务收支、农民负担、宅基地划分等情况，在村务公开栏内及时公布。四是实行干部任期审计和离任审计。五是对不称职的村委会干部由村民予以罢免。

村级民主监督是村民自治的重要内容，也是充满活力的村民自治机制的重要保障。随着农村经济社会发生深刻变化，有的地方出现了民主监督流于形式、村干部用钱用权行为不够规范甚至引发贪污腐败等损害农民利益的问题，影响了农村现代化的顺利推进。2012年11月，中央纪委、中央组织部、民政部等十二部委印发的《关于进一步加强村级民主监督工作的意见》中提出，要加快建立村务监督委员会，建立健全村务监督机构，普遍开展民主评议、村干部任期和离任经济责任审计，逐步建立起责权明晰、衔接配套、运转有效的村级民主监督机制。各村应当建立村务监督委员会或者其他形式的村务监督机构，负责村民民主理财，监督村务公开等制度的落实。村务监督机构成员由三至五人组成，其中应有具备财会、管理知识的人员。村务监督机构是村级民主监督机构，依法独立行使监督权，向村民会议和村民代表会议负责，每半年至少报告一次工作。其成员列席村"两委"联席会议、村民代表会议和村民委员会会议，有权了解村务管理的有关工作情况。

（二）村民自治的内在关系

民主选举、民主决策、民主管理、民主监督完整地构成了村民自治中农民的自治权利。通过"四个民主"活动，村民可以参与社区内资源的分配，有效维护自身利益。从制度层面来分析，"四个民主"在有效界定村民参与范围的基础上，明确了村民如何参与的问题。"四个民主"之间也存在着严密的内在逻辑关系。

1. 民主选举是村民自治的基础

民主选举规定农村社区公共权力来源于全体村民，其合法性来自村民的选举。充分尊重农民群众的意愿，保证村民委员会直接选举制度落到实处，是推进基层民主政治建设的首要环节。村级民主选举是关系到农村基层政权是否稳定的一件大事，必须精心组织，加强领导。在村级民主选举工作中既要发扬民主，更要有效实施党的领导。

2. 民主决策是村民自治的关键

《村组法》要求，凡涉及村民利益的重要事项必须由村民会议或村民代表会议民主决策。涉及村民利益的事项，经村民会议讨论决定方可办理。村民通过村民会议和村民代表会议行使民主决策的权利是村民自治的关键环节。

3. 民主管理是村民自治的手段

村民自治要求对农村内部事务实行民主管理，这对于尊重大多数村民的意愿，防止少数人独断专行是十分必要的。进行民主管理的关键环节在于让村民真正参与到村务管理活动中来，让更多的村民参与管理自己的事务，尊重大多数村民的意愿，切实保证大多数村民的利益。

4. 民主监督是村民自治健康进行的保证

农村民主监督的发展主要集中体现在两个方面：一是村务公开的普遍实行，二是村民罢免权的切实行使。村务公开是对村务的有效监督，罢免权的切实行使则是对村干部不良行为的有效制约，使民主监督从"纸上权力"转变为实在行动。

为了保证村民自治的有序发展，农村社区必须提高村民民主参与意识。村民教育是村民民主意识提高的关键。只有村民教育得到发展，让村民加快形成正确的政治意识和政治立场，逐步实现村民的政治社会化，才有可能让村民意识到自己民主权利的重要性，才有可能使村民积极地投身到村民自治事务中去。同时，也要加强对农村青少年的教育培训，把他们培养成村民自治所需的精英，为村民自治的长远发展提供可靠的储备力量。这些措施能够使农民群众从村民自治中切实得到实惠，从而调动农民群众民主参与的积极性，真正实现自我管理、自我教育、自我服务。

第三节　我国农村社区管理的发展

农业、农村、农民问题是关系国计民生的根本性问题。解决好"三农"问题是全党工作的重中之重。党的十九大报告明确提出国家要实施"乡村振兴"战略，要坚持农业农村优先发展，按照产业兴旺、生态宜居、乡风文明、治理有效、生活富裕的总要求，建立健全城乡融合发展体制机制和政策体系，加快推进农业农村现代化。对于农村社区管理，十九大报告明确提出了要加强农村基层基础工作，健全自治、法治、德治相结合的乡村治理体系，培养造就一支懂农业、爱农村、爱农民的"三农"工作队伍。

一、加强农村社区管理体制建设

（一）加强农村社区党组织建设

坚持党的领导，是农村社区管理体系的核心，也是加强农村社区组织建设的关键所在。我国应大力加强党对农村社区治理工作的领导，推进农村社区基层党组织建设，切实发挥农村基层党组织的领导核心作用，带领农村居民坚定不移贯彻党的理论和路线方针政策，确保农村社区治理始终保持正确的政治方向。

农村基层党组织是农村社区管理的核心力量。加强农村基层党组织建设是农村社区管理的主线。农村社区管理应构建以农村社区党组织为核心，功能健全、运转有序的农村社区组织体系，不断扩大党的基层工作的覆盖面，充分发挥党组织的领导核心作用。统筹城乡发展、构建和谐农村为我国农村基层党建提出了更高的要求，但目前还存在很多与农村经济社会发展不相适应的问题，如党员干部素质亟待提高，基层党组织与村民自治组织的关系有待协调等。农村社区党组织在社区事务决策中具有主导地位和作用，应从制度建设层面改进领导方法和工作方式，保障农村社区党组织既能充分发挥领导核心作用，又积极支持社区居委会（村委会）依法行使权力、开展工作，保证农村社区民主决策和民主管理的落实。

（二）加强农村社区管理中的政府主导

政府是农村社区管理的主导力量。农村社区的振兴发展需要政府大力推动，这种推动不仅体现在财政支持上，还体现在制定法律、政策方面。基层政府要切实履行农村社区治理主导职责，加强农村社区治理的政策支持、财力物力保障和能力建设指导，加强对基层村民自治组织建设的指导规范，不断提高依法指导农村社区治理的能力和水平。

目前我国农村社区管理的力量还相对薄弱，需要大力加强农村社区管理。在基础设施建设和公共服务提供上，政府应给予农村社区充足的财力支持，领导农民高效地进行农村基础设施建设。政府要对社区各种公益性、福利性组织给予必要的财政补助，保障社区公共服务和公共事业获得持续发展。随着社区组织的不断完善和农民意识的不断提高，政府应通过制定相关法律、政策，引导社区在法律的框架下进行管理，加强社区管理中政府、社区组织、农民等各种力量的协同合作，形成完善的乡村治理体系结构。

乡镇政府在农村社区管理中发挥中最为重要的主导作用，应按照条块结合、以块为主的原则，制定乡镇政府在社区治理方面的权责清单；依法厘清乡镇政府和村民自治组织权责边界，明确村民自治组织承担的社区工作事项清单以及协助政府的社区工作事项清单；上述社区工作事项之外的其他事项，乡镇政府可通过向村民自治组织等购买服务的方式提供。乡镇政府和村民自治组织应建立履职履约双向评价机制。

（三）推进村民自治制度不断完善

村民自治制度是我国农村社区管理体制的主要组成部分。经过几十年的发展，村民自治制度不断走向完善。农村社区自治制度的健全与完善，应遵循《村组法》，全面落实农村村委会的职责，切实发挥农村村民委员会的民主自治作用。

随着农村社区建设的推进，农村村民自治制度逐渐向农村社区自治制度转变。因此，农村社区自治的产生与发展是对村民自治的制度继替。新型的农村社区自治体现出共存于一定范围内的，居民基于共同生活需要，共同参与公共事务治理的社会自治特征。农村社区逐渐打破了村籍的界限，将外来人员纳入农村社区民主治理主体范围，形成了多元身份成员参与的农村社区治理机制。社区自治主体不仅局限于村民，而是通过制度化渠道将新兴经济和社会组织及外来居民纳入自治主体范围，凡社区之内的各种组织均成为社区公共事务的参与者，提高了村民自治制度开放性。各种农村社区志愿者组织、专业经济技术协会、老年人协会等各类社会组织通过制度性渠道被积极引导参与到农村社区建设中，通过与其他社区主体的协商与互动，不仅推动了农村经济发展、文化建设、维护社会稳定、提供公共服务等社会自治事务，而且拓展了社区参与的组织渠道。社区治理的内容变得更加广泛，不仅涉及经济事务，还重点关注社会、文化事务，契合了"生产发展、生活富裕、乡风文明、村容整洁、管理民主"的新农村建设要求。[①]

二、完善城乡一体化的社区公共服务体系

适应城乡发展一体化和基本公共服务均等化要求，促进公共资源在城乡间均衡配置，是加强农村社区管理的重要目标和根本要求。我国应统筹谋划城乡社区治理工作，注重以城带乡、以乡促城、优势互补、共同提高，促进城乡社区治理协调发展。统筹城乡社区治理工作的重要内容之一是实现城乡公共服务均等化。公共服务投入是影响农村社区管理水平的重要因素之一。

城乡一体化的公共服务体系的建立可以满足社区居民日益增长的物质和文化需求，提高生活质量。对于城郊农村社区和普通农村社区，在社区管理工作中，应重点构建整套的公共服务体系，完善公共服务资源配置。公共服务体系主要包括由政府提供的社会保障、教育、卫生、文化、治安等服务和由社区组织提供的生产性服务、就业指导、文化娱乐服务、技术培训等。

（一）加强农村社区公共服务设施建设

农村社区公共服务设施是指开展农村社区服务时所需的场地、房屋和各类设备的总和，是农村社区服务能力的物质基础和农村社区服务体系建设的重要内容。基础设施是社区提供各项服务的载体，是影响农村社区管理水平的重要因素之一。

目前我国农村社区的基础设施条件还相对落后，无法满足农民需要，因此，应统筹城乡资源配置，加强基础设施建设，以此作为社区管理的首要任务。①完善社区服务中心。

---

① 袁方成，等. 农村社区自治：村治制度的继替与转型[J]. 华中师范大学学报（人文社会科学版），2011（1）：31-37.

社区服务中心是为农民统一提供服务的场所，一般的服务中心应具有"一站式"服务大厅、会议室、图书馆、警务室等基础设施。每个乡镇应至少设置1个乡镇社区服务中心。②配备相应的管理人员。在服务中心应配备具有专业知识的管理人员，对农民提出的问题进行专业性指导，为农民提供准确有效的服务。③配套建设文化活动场所。文化建设也是社区建设的重要内容之一，社区应配套建设群众文化活动场所，丰富农民的精神文化生活，让农民切实感受到社区建设带来的好处。

（二）完善农村社区保障体系建设

农村社区保障体系是农村社区服务的中心，包括农村社区救助、医疗保障、养老保障等内容。农村社区救助体系的建设需要完善农村村民最低生活保障制度以及农村低保的分类救助制度，建立农村低保标准自然增长机制，扩大低保覆盖面，努力做到应保尽保。进一步完善农村灾民救助制度，对因灾造成住房困难、生活困难的村民进行科学化、规范化的补助。加快建立农村社区医疗保障制度。加快建立以农村社区卫生室为主体的农村社区卫生服务网络，提高村级卫生队伍的水平，努力做到每个农村社区卫生室配备一名全科大夫。完善农村新型合作医疗制度，逐步扩大救助范围，提高救助标准，切实解决因病致贫的问题。加快农村新型养老保险制度建设，在农村推行养老保险，加大农村乡镇老年福利服务中心建设，促进养老服务的社会化。

（三）统筹农村社区公共服务供给资源

完善城乡一体化的社区公共服务体系，需政府、市场和社区社会组织共同协作。政府作为公共产品最主要的提供者，在农村社区公共服务缺乏的情况下，应统筹城乡资源配置，让公共服务延伸到农村社区，惠及农民。社区公共服务体系的建立不能完全依靠政府，农村社区社会组织应根据居民要求，集思广益，探索新途径和多渠道。社会力量是巨大的，社区应打破范围局限，从社会上广泛吸引资源，吸引企业加盟投资，在社区内建立商业化运作的便民服务信息化平台等。

三、推动农村社区管理中的协同参与

（一）提高农村居民的公共参与能力

农民是享受农村社区化管理成果的主体，但是目前很多农民在农村社区管理过程中的参与度较小，没有发挥主体性的作用，影响了农村社区向更广阔空间的发展。因此，在农村社区管理过程中要转变农民观念，鼓励农民广泛参与管理。具体措施如下。①加强宣传和教育。让农民认识到社区化管理带来的好处，充分调动农民参与社区建设和社区管理的积极性。②增加农民参与社区管理的渠道和途径,对农民的自身价值给予充分肯定,号召农民通过多种途径了解并参与社区事务,为社区贡献自己的力量。③建立利益共同体。将农民的个人利益和社区的整体利益结合起来,利益是人们采取行动的动力,强化居民与社区之间的利益关系,有助于促使农民为维护自身利益而积极参与到社区管理事务中。④提高农民素质。农民要参与社区管理,应不断提高思想道德素质和文化素质。在思想道德方面,开展集体主义教育,使农民正确处理集体和个人之间的利益关系,自觉维护集体利益,并加强职业道德教育和社会公德规范教育,提高农民道德规范的意识。在文化素质方面,加强对农民的技术培训和管理知识教育,普及基础科学文化知识,造就有较高文化素质的新型农民。

(二)培育农村社区社会组织

农村社区社会组织是农村社区管理重要的协同力量。农村社区社会组织是指一定的社区范围内社区农民组成的各种社会组织,它是以本社区农民为主体,遵守国家法律、法规和社会公德,以自我管理、自我教育、自我服务为主要活动目的社会组织。农村社区社会组织主要包括各种农民经济合作组织、科技文化组织、社会服务等。

农村社区应增强农村集体经济组织支持农村社区建设能力。目前,农村社区中大多数人口仍靠农业生产为生,要提高这些农民的收入,必须走农业产业化的道路。引导和鼓励居民加入专业合作社、股份制公司等以资本为纽带的新型经济组织,整合资源,加强互助合作,提升规模经营和对接市场的能力,吸引资金、人才、技术与管理经验等先进生产要素到社区中来,推进产业化发展,增加农民收入。发展社区第二、三产业。社区第二、三产业能够提供就业岗位,安置农村剩余劳动力。在目前农村存在大量剩余劳动力无法转移的情况下,社区应大力发展第二、三产业,引导企业到农村发展,鼓励涉农工商业企业、环保型企业等现代企业投资建厂,拉动社区经济发展,增加农村社区收入。

(三)提高农村社区工作者队伍素质

农村社区管理的主要力量是农村社区工作者,即专职从事农村社区服务工作的社区党组织、基层群众自治组织成员以及其他社区专职工作人员。农村社区工作者面向农民提供服务,是与农民接触最多的基层工作者,其业务水平和自身素质的高低直接影响农民对社区的评价。提高农村社区工作者队伍的素质需要从以下三个方面着手。①从源头上加强对农村社区工作者的培养,吸引优秀人才加入到社区管理中来。通过考核、考试等方式从大中专毕业生中选拔优秀者到社区管理岗位上来,给他们提供施展才华的舞台,同时提高基层干部的整体素质,优化年龄结构,增添新的活力和动力。②对在岗的社区工作者定期进行培训,改变他们的工作态度,提高他们的工作技能。培训内容既包括基础的管理技能,也要有针对性地根据该社区发展的需要教授实用性知识和服务。③实行绩效考核制。提高农村社区工作者的工资待遇，同时将管理者的收入与工作业绩以及群众的评价相结合，激励管理者提高服务水平，为表现优秀的人才提供一些升迁和奖励的渠道，保证他们得到更好的发展。

关键术语：

农村社区；村民自治；村民委员会；村民代表会议；村务公开；农村社区建设；城乡一体化；乡村振兴战略。

阅读书目：

1. 徐勇：《乡村政治与中国治理》，中国社会科学出版社，2003年版。
2. 罗中枢：《公民社会与农村社区治理》，社会科学文献出版社，2010年版。
3. 吴毅：《转型中的治理：当代中国乡村社会变迁实证研究》，湖北人民出版社，2009年版。

案例分析：

"四小"制度奠定村民自治根基①

合寨村位于宜州市屏南乡西南部，与柳江县土博镇、忻城县欧洞乡相邻，是三县（市）的交界处，全村有12个自然屯。在合寨村果作屯，一棵百年大樟树至今葱葱郁郁。29年前，正是在这棵树下，村民们自发民主选举产生了中国第一个村民委员会，由此揭开了我国基层民主政治的全新一页，合寨村开启的村民自治，与包产到户、乡镇企业一起，被誉为中国农民的三大历史性创造。

"议事会""明白墙""四小"制度奠定了合寨村村民自治的根基。合寨村村委会大院里四周的村务公开专栏，密密麻麻占了几个墙面，内容包括村民自治事务公开、政务公开、村民意见征询与反馈情况公开等。合寨村委会的干部们实行民主管理和村务公开靠的就是这种"明白墙"和"议事会"。在合寨村，虽然经过了29年的风风雨雨，决定村委会意见的"议事会"多年来从未间断，让老百姓一目了然的"明白墙"也必然定期更新。独具特色的"议事会""明白墙"，从根本上来讲源于合寨村多年坚持的四条制度。

一是"小票箱"保障群众的选举权。从1980年以来，合寨村村委会一直坚持"小票箱"选村干部制度，由群众通过无记名投票的方式选举产生村委会干部，使民主选举始终

---

① 黎莲芬. 我国村民自治的发展历程、经验与展望——以广西合寨村为例 [J]. 理论月刊, 2010 (2): 168-170.

遵循民主推荐、确定候选人、坚持差额选举和公平竞争、民主择优的原则。

二是"小人大"保障群众的决策权。从 1982 年起，合寨村成立了"村民议事会"，成员由村民代表推选有威望的、曾经担任过乡村干部的退休干部、党员中参政议政能力强的同志以及部分现任干部组成，协助村委会领导班子做好工作，参与村级重要工作和重大事项的研究决策。村里重大事情必须通过议事会讨论研究，拿出决策方案，再经过村民会议通过后才提交村委会办理。议事会每季度召开一次，遇特殊情况随时召开，从 1980 年至今从未间断，被村民们称为"小人大"。

三是"小宪法"保障群众的参与权。合寨村 1980 年制定的"村规民约"历经多次修改完善，1990 年又进一步围绕社会治安、村风民俗、计划生育、财务管理等制定了《合寨村村民自治章程》，群众称之为"小宪法"。"小宪法"保障了群众的参与权，确保群众对村级事务的知情权，从而调动了群众建设公益事业的积极性。

四是"小纪委"保障农民的监督权。从 1980 年开始，合寨村从党员干部、村民代表中选出部分原则性强的代表成立了村民主理财小组，每季度对村里财务进行逐笔审核清理；1998 年后，村里结合推进民主政治建设，成立了由 12 人组成的村级事务监事会和 7 人组成的集体经济审计小组，由"两组一会"对村民关注的敏感问题进行监督。民主选举、民主决策、民主管理、民主监督，是合寨村在村民自治实践中创造出来的好经验，合寨村是中国村民自治的开创者，在中国基层民主建设方面做出了巨大贡献。

思考题：

根据案例，分析村民自治制度的内容与完善路径。

第九章 社区信息化管理

[提要] 社区信息化管理是现代社区管理的重要手段与方式。社区信息化是指在社区管理中运用现代信息通信技术，构筑社区信息技术应用平台和通道，并与现实社区系统有机联系起来，建立社区成员之间的沟通服务渠道，提高社区管理绩效，提供优质社区公共服务的过程。社区信息化管理体系包括社区政务信息化、社区服务信息化、社区物业信息化和家庭信息化等组成部分。社区网格化管理是社区信息化管理的发展方向。社区信息化的技术基础主要包括网络等信息化基础设施。

第一节 社区信息化概述

社区信息化作为社会信息化的基本单元和重要基础，不仅有利于社区管理和服务创新，提高管理与服务的质量和效益，而且也有利于促进政府各部门工作协同，推动政府社会管理和公共服务有效覆盖到社区。社区信息化实际上是社区管理和公共服务的信息化，是现代社区管理的技术手段和基础。

一、社区信息化

（一）社区信息化的概念

1. 信息化

信息化的概念起源于20世纪60年代，最初是由日本学者从社会产业结构演进的角度提出来的。信息化就是信息技术在社会各个领域的应用、推广和产业化的过程。信息化是充分利用信息技术，开发利用信息资源，促进信息交流和知识共享，提高经济增长质量，推动经济社会发展转型的历史进程。

信息技术革命是继工业革命之后，人类历史的又一重大跨越。信息化生产与过去生产的不同在于，它所运用的生产工具不是孤立分散的东西，而是具有庞大规模的、自上而下的、有组织的信息网络体系。20世纪90年代以来，信息技术不断创新，信息产业持续发展，新型网络广泛普及，信息化已成为全球经济社会发展的显著特征，并逐步带动全方位的社会变革。信息化生产改变了人们的生产方式和生活方式，对人类社会产生了深刻的影响。

2. 社区信息化

社区信息化实际上是将信息化技术应用于社区管理的融合过程。具体而言，社区信息化就是在社区中运用现代信息通信技术，构筑社区信息技术应用的平台和通道，并与现实社区系统有机联系起来，建立社区成员之间的沟通服务渠道，提供优质社区公共服务的过程。社区信息化一般限定在特定范围内，如城市特定的行政管理地区或城市功能地区，为社区范围内的"管理、服务、教育"信息的开发和利用、表达和交流提供完善的信息应用服务体系。社区信息化离不开社区组织的介入，如，社区居委会、物业公司和业主委员会等。在社区居民的沟通中，社区信息化都与上述组织有关。

近年来，国内学者对社区信息化的研究日渐增多。关于社区信息化的概念界定多接近于"社区网络化与公共化服务"的层面。例如，有的学者认为，社区信息化就是利用信息技术建设一个沟通社区居民、组织的公共信息平台，通过这样一个平台能够化解矛盾与纠纷，并在广泛参与的前提下实现社区自治。在此基础上，联通公共服务、商业服务，实现信息资源共享，为居民提供便利、实用、安全的公共服务和商务服务，不断提高居民生活质量。[1] 也有学者认为，社区信息化就是运用各种信息技术和手段，在社区范围内为政府、居委会、居民和包括企业在内的各种中介组织和机构搭建互动平台，建立沟通服务渠道，从而使管理更加高效，服务更加优质，最终使得居民满意，进而不断地提升生活质量。[2] 不管社区信息化如何界定，社区信息化都要基于"网络技术平台"，并通过这一平台来实现政府、市场与社区之间的沟通，最终实现建设"和谐社区"的目的。

（二）社区信息化的内涵

1. 基于现实社区地理空间和社区组织

社区与信息化之间存在着密切的内在关联。由网络相连的社会群体或组织被称为"网络社区""在线社区"或"虚拟社区"等，这些概念与社区信息化联系紧密，含义相近，但在范畴上存在着一定的差别。虚拟社区是支持软件技术的网络空间，聚集在这个空间的人群具有相同的目标和固定的成员关系，在网络空间中形成并维系一定的社会和经济关系，但在物理空间上则不一定存在关联。

社区信息化是与现实社区空间及社区组织相连的，是在现实社区范围内利用现代传感技术、数字信息处理技术、数字通信技术、计算机技术、多媒体技术和网络技术，实现对社区内各类信息的采集、处理、传输、显示和高度集成共享，实现社区和家庭各种机电设

---

[1] 宋煜. 社区治理视角下的社区社会组织信息化问题研究 [J]. 学习与实践，2014（9）：95-102.
[2] 邹凯，等. 社区服务信息化公众满意度指数模型实证研究 [J]. 图书情报工作，2009（10）：33-36.

备和安防设备的自动化、智能化监控,实现社区生活与工作的安全、舒适、高效。这一类社区又称为"数字社区"或"电子社区"等,实质上就是社区的数字化、网络化和智能化,也就是数字技术、信息技术、网络技术渗透到社区生活的各个方面。

近年来,随着智慧城市建设的开展,"智慧社区"的理念逐渐成为政府、企业和社会共同关注的焦点。社区信息化从到"数字社区"到"智慧社区",都是让社区更具"智慧"。这些概念的共性,就是强调以社区为主要对象开展信息化建设,强调建设应"以人为本",并以推动社区和谐发展为目标,让社区居民参与到本地社区的管理和服务中来,从而创造和谐的社会关系,规范社会行为,化解社会矛盾,营造更加良好的社会环境。

2. 社区信息化的目标是服务、管理与信息共享

社区信息化是在通信和数字网络的基础上,综合运用计算机、通信、机电控制技术,实现社区建设、管理和公众服务的信息化,落实社区高效管理,让社区居民轻松得到迅速、安全、舒适的信息化服务。因此,社区信息化实际上是社区管理和服务的信息化。社区信息的沟通和资源的开发与利用也是社区信息化的要素。建设一个社区网站并不等于社区信息化,而是要使社区成员在沟通信息时更加便捷,能够更加充分有效地开发、共享和利用社区信息资源,最终达到提高社区成员生活质量和促进社会全面进步的目的。

3. 社区基础设施和功能设施的数字化、网络化和智能化

社区信息化的基础设施是统一规划的,利用先进的通信和网络技术、计算机技术、自动控制技术,通过灵活、高宽带的社区网络平台,达到社区管理和社区公共服务的网络化。数字化、网络化和智能化的基础设施和功能设施使社区成员能够通过多媒体等多种方式,实现快速的信息交换和资源共享。

4. 对信息技术的理解、应用、改造和创造性的驾驭能力

社区信息化不仅仅是一种技术手段,也不是一种纯客体的工程系统,社区信息化还包括人和组织的要素。社区居民、企业和社区管理机构是信息化过程的参与主体和服务对象,社区信息化需要面向他们各种可能的需求。从这个意义上说,社区信息化是一个自组织过程。社区信息化涉及社区管理者与社区成员的思想和习惯的转变,政府与社区应通过切实的社区信息化建设,提高社区成员利用社区信息化的能力。

在当今世界,成功的网络需要一种数字化支撑。[①] 日新月异的信息科学与技术成果正在渗透到社会各个领域,社区网络化治理必须借助于计算机网络等将社区治理主体联结在一起。完善的社区信息综合管理网络,能够使社区管理服务达到全方位、无缝隙、全覆盖,这是社区网络化治理的技术基础。

---

① (美)格德史密斯. 网络化治理:公共部门的新形态[M]. 孙迎春,译. 北京:北京大学出版社,2008:83.

二、社区信息化的现实意义

(一) 社区信息化是国家信息化的基础

国家信息化的根基在于社区信息化。《2006—2020 年国家信息化发展战略》将推进社会信息化作为我国信息化发展的战略重点之一,社区信息化正是社会信息化的重要组成部分。社区信息化的内容包括整合各类信息系统和资源,构建统一的社区信息平台;加强常住人口和流动人口的信息化管理;改善社区服务等。社区信息化是国家信息化的一个重要基础。

社区信息化的服务范围限定在社区居民、驻区单位和社区自治组织等地域性行动主体。作为连接社区居民诉求、驻区单位需求的基层社区,在社区信息化中发挥着重要的桥梁和纽带作用。正是社区的中介特性,促使电子政务系统、电子商务系统、社会服务系统与社区信息系统对接,以完成各系统服务居民的目的。因而社区信息系统也就具有评价各系统方便居民、服务社区实际效果的能力,成为以小见大、以微知著,反映国家信息化工作成效的检验尺度。

(二) 社区信息化是服务型政府建设的重要条件

建设服务型政府是我国政府管理体制变革的重要目标,而电子政务又是服务型政府建设中一个具有全局性的政府创新工程,它提供了实现服务型政府目标的有效途径,是重要的服务型政府治理范式。电子政务最实际的需求在于社区发展,整合基层政府的信息资源,通过建立政府一站式服务,完善社区信息服务网络,是电子政务工程重要的基础环节。在我国,社区信息化的主要实施主体是区县和城市街道两级政府,因为这两级政府位于最基层,直接担负着为社会提供服务和管理的使命。如果将全国的电子政务体系比喻成一个人体神经系统,那么各级政务内网就是最重要的中枢神经,而面向社区、由区县和街道牵头建立的社区信息化系统就是敏感的神经末梢,虽然简单细小,但却深入肌体的各个角落,盘根错节、无处不在。

社区信息化在电子政府建设中具有重要的地位和作用。社区信息化建设有利于促进政府各部门工作协同,增强政府科学决策能力,促进跨部门的业务协同,推动政府社会管理和公共服务有效覆盖到社区。社区信息化是电子政务功能的延伸和拓展,是电子政务的落脚点,辅助电子政务系统完成政府的行政管理职责。社区信息化的发展与民众生活密切相关,是建立百姓诉求通道的重要手段,是推动社区服务创新发展的动力。社区信息化的发展能够更好地实现"社情民意"的采集,建立合理、快捷的信息回馈渠道,深化"主动服务"的管理理念,实现公共服务深入基层,提高社区居民参与社区建设的积极性,是发展社会事业、改善民生、全面提高人的素质的基础性工作。

(三) 社区信息化建设是社区管理的技术支撑

信息化社会中的社区管理应充分运用信息技术，开发利用信息资源，促进信息交流和共享，提高社区管理和服务水平的过程。社区信息化建设是社区管理发展的必然趋势，也是社区治理现代化的基础环节。社区信息化工作是有效保障和扩展基层民主自治的工作平台和工作手段。

加快社区信息化建设，有效地加强社区现代化建设，可以不断提高社区管理效率和服务水平。居民对社区的人居环境、生活保障、医疗卫生、休闲娱乐、社会治安等方面的要求越来越高，传统社区服务的种类及手段，难以满足社区居民各方面的需求，这就需要应用信息化来提升社区服务水平。把社区信息化列入城市社区建设的重要内容，是服务群众、造福居民的需要，是提高居民素质和文明程度的需要。

社区信息化的目的是服务社区居民，因此，必须结合社区业务的分析来了解居民需求，做到有的放矢。社区信息化是和谐社区建设的技术支撑，满足社区管理和社区服务的技术需求应当成为推进社区信息化的首要目标。社区信息化可以通过对社区信息资源的管理，完善社区的管理职能。

1. 提高社区管理组织的工作效率

街道和社区居委会承担着上级主管部门指派的多项任务。依托社区信息化平台，可以引导社区居民自主参与社区建设，推进社区居民自治，增强社区管理透明度，实现透明民主的社区自助服务机制，使社区居民成为自我教育、自我管理的公民，实现政府职能转变。同时，社区信息化建设也有利于提高社区居委会和街道办事处的工作效率，促进社区居民自治，沟通社情民意，化解社区矛盾，促进社区管理创新，提高管理效率和效益。信息化条件下的社区治理体系能够快速发布社区信息，及时反映社情民意，加强百姓交流对话，增强居民的民主参与能力，提升社区归属感。

2. 提高社区公共服务供给的质量

社区信息化建设能够有效提高社区公共服务的质量，从而最大限度地满足社区居民对高质量、高效率的现代生活的需求。2001年，我国政府提出了以社区建设为中心，以信息技术为手段，以社区服务为切入点，建设集热线电话、因特网查询、单键呼叫为一体的智能呼叫中心，为社区居民提供全方位的信息和服务。如今，信息化已渗透到社区生活的方方面面。不少社区居民已经习惯了网上抄表、小区宽带网视频点播、网上购物、订票、订餐等高速、丰富的数字生活。

社区信息化建设的重点是推进社区就业、社会保障、社区卫生、社区民政、社区人口和社区治安综合治理工作，以及社区文化、教育、体育服务等的信息化。社区信息化建设有助于完善社区服务体系,提升社区服务发展水平,改善服务质量,方便居民生活。社区出租屋管理,可以通过对出租屋和外来人员的信息资料的搜集录入,发挥控制外来人口、维护地区安全和稳定的作用。社区信息化建设也能够满足社区商业服务的需要,鼓励各类面向社区服务的企业利用多种信息传播渠道,开拓社区服务市场,培育和发展各类社区信息化的服务企业和服务组织。

3. 促进居民的社区参与

社区管理是既具有公共性又具有自治性的社会管理活动,所有社区成员既是管理主体同时也是被管理对象。社区信息化可以在培育社区居民民主自治意识、引导民主管理内容等方面提供平台性功能,为社区居民搭建沟通利益诉求的渠道和互动的平台,形成社区意识和公益精神,增进情感交流,消除现代社会存在的关系阻隔、人情冷淡的现象。

在社区信息化的网络平台上,社区成员可以就社区公共事务发表自己的意见,充分发挥居民民主管理、民主监督和民主自治的参与作用。网络社区推动虚拟社交关系网络的扩展,提高社区成员的归属感和认同感。社区信息化正在逐步打破过往地缘社区的疏离化人际关系,使网络成为新型的、更易受群众接受的社交方式。例如,社区居民对身边事的建议意见、利益诉求、热点讨论、投票表决等可通过社区论坛、社区博客、移动社区等形式展开互动。

三、国外社区信息化

一个国家或地区的信息化水平主要体现为国民经济信息化水平和社会管理信息化水平。社区信息化水平不仅反映了信息产业的发展水平和信息基础设施状况,而且反映了社会物质文化生活的状况。

社区信息化建设往往与政府信息化建设相关联。社区发展在西方国家已有100多年的历史,城市行政管理工作直接作用于社区,电子政务覆盖社区信息化,通过计算机网络,真正将政府带到了每位社区居民的身边,为社区管理和服务做出了贡献。这些国家的社区信息化程度达到了相当高的水平,社区工作已成为城市管理的重要组成部分。虽然西方国家没有明确提出社区信息化这一概念,但在城市信息化以及政府电子政务的建设过程中,逐步完成了社区信息化的建设。社区管理以一系列全国性、地方性电子政务规划为先导,以社区居民参与为依托,逐步走向制度化、规范化和公众化。还有一些发达国家将社区信息化与福利国家的优势紧密结合。例如,芬兰的信息化社会模式中,政府有意识地应用信息通信技术来维护本国在开创福利国家方面的良好局面,进一步确保福利国家和信息国家之间相互促进,保障社会成员的公平参与。

(一)美国的社区信息化

美国的社区信息化建设是随着全国信息化浪潮而推进的。随着信息化的加速发展以及在各个行业的广泛应用,社区信息化建设的主要任务就是将电子政务和应用服务在社区进行整合,将电子政府(电子政务)和公共服务(电子商务和综合信息服务)更加便捷地运用到社区当中。政府主导与社会化结合是美国社区信息化建设最大的特点,美国的信息化建设主要是通过逐步完善政府网站建设和应用来实现的。

1993年,克林顿政府提出应用先进的信息网络技术克服美国政府在管理和提供服务等方面所存在的弊端。美国电子政府系统建设取得很大进展。比较有影响力的是"311市民服务系统"和"美国得克萨斯在线"。1998年,美国副总统戈尔提出"数字化舒适社区建设"。美国很多城市已建成一批"智能化生活小区(数字社区)"的示范工程。许多社区都建立了为社区居民服务的计算机网络。这些网络既有综合性的,也有专业性的。华盛顿培训和管理中心建设了华盛顿社区服务网,可以向社区居民提供就业培训、就业服务、养育实践等多种服务。纽约州政府地区的社区服务网可以向居民提供十余项信息服务。而专业性服务网各有特色,有的专门向社区提供医疗服务,有的则专门开展社区教育服务等。另外,美国的社区志愿者服务也采用了信息化管理。如纽约市成立了"市长志愿者行动中心",该中心设有数据信息库,并与各社区联网,把每个志愿者的专长、希望从事的服务种类和服务时间等信息输入数据库,把各个社区需要的各种服务也输入数据库,由该中心根据每个志愿者的专长和服务时间安排社会志愿服务。

(二)新加坡的社区信息化

新加坡是全世界最早推行"政府信息化"的国家之一,也是全球公认的电子政府发展最为领先的国家。早在1992年,新加坡就开始实施IT2000计划,旨在把新加坡建设成一个智能岛(Intelligent Island),即通过信息技术来提高人们的生活质量。

新加坡的"电子公民中心"模式受到了许多国家和组织的大力推崇。电子公民中心(E-citizen Centre)于1999年4月正式建立,是被公认为设计最好、最充分考虑到居民要求的政府门户网站。电子公民中心是一个三维虚拟社区,在这里可以实现所有政府机构的信息与服务的完整传递。它要求政府各机构、各组织之间打破界限,集成各项信息、流程与系统,力争向公众提供一个无缝的在线服务与事务处理平台。新加坡在每个社区都设立了这种电子公民中心,电子公民中心以人生的整个历程为主线,将现实世界的公民与政府和社会的关系真实再现于虚拟的数字世界之中,并协同各部门、各结构的"一站式""一网式"服务,为居民提供方便的服务。网站所提供的服务内容包括商业、教育、国防、选举、劳动就业、家庭、医疗保健、住房、休闲娱乐、公共安全、体育与旅游等。公民置身于这个包含一生历程的虚拟世界里,可以从中找出所有生活阶段与政府打交道所需要的服务。

(三)日本的社区信息化

日本的电子政务建设经历了从推进行政业务改革,完善电子政务基础环境,到进一步优化业务流程、谋求实现以用户为导向的服务型政府的演变过程。在社区管理的信息化建设方面，日本取得了明显的进展，已经建成了一批"智能化生活小区（数字社区）"示范工程，并设立"21世纪通信网络实验中心"。针对日本的老龄人口比例已达到20%以上，社会日益老龄化的问题，日本公司联合政府相关部门研发了针对老人的低成本护理系统，老人可以利用电视网络系统进行视频对话，在每天的固定时间，有专人通过电视带领大家做保健操。医生在线为老人解答各类健康问题等，老人们也可以彼此问候，交流各类心得，利用电视机作为显示器，既降低了成本，又方便了老人的使用，减少实际需要看护的老人的数量，节省了医疗费和看护费的开支。社区信息化有效地促进了政府建设充满活力、健康长寿的社会。

第二节　我国社区信息化管理体系

我国社区信息化管理体系是指社区信息化管理各个组成部分构成的有机整体。社区信息化管理体系包括社区政务信息化、社区服务信息化、社区物业信息化和家庭信息化等组成部分。随着社区信息化技术的发展，社区网格化管理逐渐成为社区信息化管理体系的重要组成部分。

一、社区信息化管理的内容

（一）社区政务信息化

社区政务信息化就是运用信息技术手段，在街道这个层面上，将政务信息与街道办事处、社区事务受理和服务中心业务进行共享与集成，实现政府的管理和服务职能的网络化，实现组织结构和工作流程的重组和优化，向社区居民提供高效优质、规范透明的管理和服务。[1]

1. 社区政务信息化的内容

政务信息化也称为智慧政务。智慧政务是指利用物联网、云计算、移动互联网、人工智能、数据挖掘、知识管理等技术，提高政府办公、监管、服务、决策的智能化水平，形成高效、快捷、便民的新型政府服务模式。作为政府机关，借助信息手段，对部门、科室、社区业务进行科学分类、梳理、规范和创新，构建一套集社区管理以及民意采集于一体的"一站式"服务管理模式。

社区政务信息化包括两个层面，一是社区管理组织内部的信息化建设。主要指在街道

---

[1] 刘杰，等. 城市街道社区信息化系统工程研究 [J]. 同济大学学报（社会科学版），2004（4）：9-15.

办事处内部建立各个职能部门之间的电子办公网络环境，并与上级政府有关职能部门通过专用计算机网络互联，利用先进的网络信息技术实现办公自动化、管理信息化、决策科学化，实现办事处组织结构和工作流程的重组优化，超越时间、空间和部门分隔的制约，建成一个精简、高效、廉洁、公平和协同处理的运作模式，其主要服务对象是街道办事处内部的公务工作人员。二是指街道办事处对外提供电子信息系统手段，使得办事处各个部门与社区居民及各界之间能够利用网络信息平台充分进行信息共享与服务，加强群众监督，提高办事效率，促进政务公开。其主要服务对象是街道办事处对社区进行管理的部门和社区中的居民、居民委员会及其他组织。

2. 社区政务信息化的功能

社区政务信息化的主要功能包括以下内容：①信息服务。主要是政务公开，并将街道社区内的重要信息和处理情况以及上级机关的重要通知和事件及时准确地通知给社区的成员，同时让社区成员了解居/村委会的办公情况和提供服务的方式，实现各种信息资源共享。②民政工作。包括帮困事务、居民最低生活保障、社会救济、婚姻事务、残疾管理和烈士家属抚慰等。③劳动就业。包括劳动手册办理、个体营业执照办理、自由职业者养老金和医保金缴纳、求职、档案转移和职业培训等。④计划生育。包括独生子女证事务、生育保险、计划生育事务等工作。⑤警务工作。包括暂住证、居民身份证、户口和房屋租赁治安许可证等事项的管理。⑥事务申请。对私房修建、青少年保护、药品发放等事务进行管理。⑦法律援助。包括法律咨询和司法调解等方面的工作。⑧社区服务。包括组织志愿者服务和社区文化体育等活动。⑨兵役工作。主要是征兵、兵役登记等工作。

社区管理信息化系统促使政府的职能由"管理型"向"服务型"转变，政府部门可以通过信息化系统方便迅速地了解社区成员的最新需求，及时解决他们在社区生活中遇到的困难。2010年，民政部确定了南京等32个城市为"低收入居民家庭收入核对试点单位"。南京市民政部门通过居民家庭收入核对系统，对各类社会救助和社会保障申报者进行了收入、财产、支出等信息的网络比对，实现了市、区、街道三级网上数据传输、核对和反馈，最大限度地减少核定过程中的取证盲区，为各类公共政策提供经济状况核对权威信息，基本实现了社会救助的高效、公开、公正、公平。

(二) 社区服务信息化

社区服务信息化是社区信息化建设的切入点，主要是指通过电话、传真和计算机网络等多种方式整合社区资源，解决社区成员生活方面的服务问题，通过"一站式"的信息服务平台，使社区中的居民和各种组织享受到信息化带来的便利和实惠，提升社区成员的生活质量。社区服务信息化系统除了基本的信息咨询和信息发布外，还提供网上产品与服务的交易、信息查询、职业介绍等功能，其主要服务对象是社区服务中心和社区中的居民、居民委员会及其他组织。

社区服务信息化的主要目标是整合社区资源，解决社区居民、企业各类成员的生活服务等问题，使公众不出门就可以享受信息化带来的便利，切实提高公众的生活质量。社区服务信息化，即通过建立合理的机制，吸引各种社区服务力量在平台上的信息展现、服务提供，吸引社区居民通过平台获得贴身的社区服务，平台作为第三方组织对发生于平台上的服务行为进行监督和管理。

社区服务信息化可以促使社区服务由传统的阵地式服务向现代的网络式服务转变，由单一的事务类服务向综合的政务、事务类服务拓展，由纯粹的福利性服务向充满活力的经营性服务发展。具体而言，信息化能够为社区服务带来以下四点变化。①社区服务资源的整合化。实行社区服务信息化可以变封闭而分散的社区为开放而统一的社区，使各社区的服务资源得到有效的整合。②服务信息的便捷化。对社区居民的服务请求，则通过中心平台自动转移到有关区、街道的社区服务中心或服务供应商。这种信息的直接传输，打破了传统社区服务在时间、空间上所受到的限制，使社区居民能够简单、快捷、方便地获得服务信息，得到服务帮助。③服务内容的扩大化。传统的社区服务主要定位于事务类服务，而社区信息化将政务类服务纳入到服务体系中。④服务工作的效率化。传统社区服务存在大量的手工工作，手段与方式原始落后，人力、物力及时间消耗很大。社区服务信息化则从人力、物力、时间等方面大大降低了社区服务的成本。①

当前我国很多城市已有很多社区服务信息平台，例如，杭州的96156服务超市就是一个代表。该社区服务信息平台引入市场化管理理念，形成居民、服务商、管理者三者互动的体系，通过合理的机制互相促进和制约。服务平台建立诚信机制，对服务商进行规范约束。在社区服务网络系统建设过程中，需要整合社区各种服务资源和各个部门的协同配合，实现社区服务计算机网络、社区服务电话热线网络、实体服务网络"三网联动"以及信息服务与实体服务的"虚实结合"。

（三）社区物业信息化

社区管理信息化系统面向住户和物业公司，提供数字化信息服务，该系统具有明显的地域特征，为小区居民实时提供与生活、工作密切相关的生活信息及商家信息，构建物业、商家与家庭沟通的桥梁，使小区成员享受高度安全、舒适的生活环境、便利的通信方式和综合的信息服务。

社区物业信息化主要功能包括以下内容：①提供小区信息，包括小区概貌、住户信息、小区公告板和在线交流等；②小区管理，主要是安防管理、公共设备管理、客访服务

---

① 赵泽洪. 论城市社区的现代功能：社区服务信息化［J］. 重庆大学学报（社会科学版），2002（1）：118-119.

等；③物业管理，主要包括房产、房屋维修、设备、小区自动停车和小区财务等管理自动化；④电子商务，主要是收费管理，可以通过与小区联网的 ATM 机自动计算出相应的付费，从居民的账上自动扣除。此外，还可以提供网上购物、医疗卫生、家政服务及其他增值信息服务等。娱乐休闲提供交互式多媒体游戏以及图书阅览、视频节目点播、体育场地预订等。资源链接将证券股票交易等公共网络链接到本系统，使得居民家庭能够"一网通世界"。小区信息化的目标是提供信息化服务，使小区内居民真正享受到信息化带来的生活方式改变和生活质量提高。

（四）家庭信息化

家庭是社区信息基础设施的最基本和广泛的接入点。要解决"最后一公里"问题，实现光纤进小区、进户，使计算机及相应设备进入家庭，促进家庭信息化，使家庭真正成为人们信息活动的中心。家庭信息化过程主要是实现家庭与社区、社会服务的联通，保障家庭范围内的信息互通和共享，提供多样化的个性服务。

家庭信息化的实现，使"数字家庭"成为现实。数字家庭以家庭终端和网络为平台，实现个人和家庭范围内人、设备和环境三者之间的有效互动。同时利用社区和公共网络，实现与外部社会的有效互动，并融入社会大系统之中。从技术角度来看，数字家庭由家庭终端、家庭网络和社会服务等三个组成部分构成。数字家庭终端包括了以电视、电脑、移动通信设备、网络家电为代表的个人、家庭消费类产品，将社会服务送达个人和家庭。伴随着新技术的发展，家庭终端发展显示出多样化、网络化、人性化和无处不在的特点。数字家庭网络是家庭内部互联互通的基础平台，实现了家庭内部和外部互联互通。

数字家庭最重要的是社会服务。数字家庭所提供的服务针对个人和家庭用户，范围涉及了公共事业性服务（水、电、气等服务）、社区物业服务、社区电子商务等内容，也包括了政府公共服务，如教育、医疗卫生、养老等服务。例如，宁波市 81890 社区求助服务中心为老人提供了"一键通"服务，老人的呼叫请求必须经过亲属－邻居－社区助老人员－社工等的一系列联络过程，才能确定提供老人实际需要的社会服务，充分体现了"家庭"和"社区"在服务中的重要地位。

二、社区网格化管理

（一）网格化管理的含义

1. 网格化管理

网格（grid）最初是一个计算机领域的概念，是指构筑在互联网上的一种新兴技术，就是将互联网、物联网等网络中的数以亿计的节点结合起来，形成一个虚拟的、空前强大的联合体,以满足不断增长的计算、存储需求,并使整个世界成为一个有机的整体。随着计算机技术的发展,网格技术同空间信息技术相结合,形成了以空间信息网格为代表的新兴研究领域。随着信息技术在城市管理领域的广泛应用,计算机网格和空间网格的思想也逐渐应用于城市管理信息系统的建设中。

城市网格化依托于统一的城市社会管理和信息化服务平台,将城市管理辖区按照一定的标准划分成若干个网格单元。城市网格化管理是通过加强对单元网格的部件和事件巡查,强化城市辖区内的社会管理和公共服务的管理方法。城市网格化技术包括单元网格的划分技术。根据住房和城乡建设部文件要求,单元网格划分应遵循一定的数据基础,即法定的地形测量数据和合适的尺度要求;单元网格的最大边界应为社区边界,一个社区最少有一个单元网格;单元网格要按照城市的自然地理布局进行划分;单元网格的划分要与管理现状相适应,不拆分超过1万平方米的独立院落,以独立院落为单元进行划分。

2. 城市网格化管理方法

(1) 城市部件管理法。

城市部件主要是指城市市政管理的各项设施,即城市管理诸要素中的硬件部分,主要包括道路、桥梁、水、电等市政公用设施及公园绿地、休闲健身娱乐等公共设施,这些统称为物化的城市管理对象。城市部件管理就是运用地理编码技术,将城市部件按照地理坐标定位到万米单元网格地图上,可以通过网格化城市管理信息平台对其进行分类管理,对每个部件都赋予代码,标注在相应的城市网格图中。

(2) 城市事件管理法。

事件管理是将涉及市容环卫、设施管理、街面管理、突发事件管理和综合管理等事件纳入管理范围,并按照不同的事件类别明确责任单位和处置时限。如对垃圾暴露、干道保洁、占道经营、违章搭建、餐饮油烟污染等不断变化的事件进行登记并纳入管理范围。

(3) 城市管理监督与指挥处置的"双轴"管理体制。

城市管理监督中心是监督轴的主体,是城市管理信息的集散中心、监控中心和评价中心,负责对全区域的城市管理实施监控。它掌握城市管理的现状,发现问题后,立即将采集的各类信息经过立案处理后及时反馈给指挥中心,并对处置情况进行实时监督。城市管理指挥处置中心根据城市管理监督中心传送的信息,调集各专业管理部门,协同办公,指挥各专业管理部门具体实施城市管理职能,处理所发生的各类问题,最大限度地减少重复检查和重复作业,提高管理效率,从而实现城市的高水平管理。[①]

(二) 社区网格化管理

社区是城市的基本组成单元,随着网格化技术和网格化管理方法的成熟,社区网格化

---

① 李鹏. 我国城市网格化管理研究的拓展 [J]. 城市发展研究,2011 (2):114-118.

管理成为一个必然的发展趋势。所谓社区网格化管理，就是在街道社区管理体制的基础上，按一定标准将城市社区划分为若干个单元网格，并与统一的城市管理数字化平台相连接的社区信息化平台。同城市网格化管理一样，社区网格化管理也是通过加强对单元网格的部件和事件的巡查，建立起一种监督与处置相分离的新型基层管理体制。

近年来，北京、上海、深圳等城市大力推进社区网格化管理的发展，社会管理和公共服务的配合日益密切。社区网格化管理为社区管理提供了强大的技术支持。网格化管理可以实现管理对象的全覆盖，对高危环境、人群和弱势群体监控；对资源进行的高度整合和分析。网格化管理系统能够将全部发现、处理的情况记录下来，与网格、管理对象的属性信息相结合，借助统计分析工具或地理信息系统的空间分析功能，科学地分析影响社区安全问题的主要原因以及发展趋势、影响范围等，在此基础上采取措施加以整改，以持续保障社区的安全，为社区居民提供安全的生活环境。

第三节　社区信息化管理系统

一、社区信息化管理的技术基础

社区信息化的技术基础主要包括网络、计算机、存储设备、数据库、操作系统等信息化基础设施，体现了信息化和社区结合的切入点，信息技术发展推进社区信息化建设与管理的发展。

（一）网络技术基础

"网络"一词有多种含义，这里主要指计算机网络。网络是社区信息化的信息传输载体，具体可以体现为因特网、电信网、有线电视网等，三网融合是网络基础设施的发展方向。简单地说，网络就是用物理链路将各个孤立的工作站或主机连接在一起，组成数据链路，从而达到资源共享和通信的目的。

计算机网络是利用通信设备和线路将地理位置不同的、功能独立的多个计算机系统互连起来，以功能完善的网络软件实现网络中资源共享和信息传递的系统。它的功能主要表现在两个方面：一是实现资源共享（包括硬件资源和软件资源的共享）；二是在用户之间交换信息。计算机网络的作用不仅使分散在网络各处的计算机能够共享网上的所有资源，而且为用户提供强有力的通信手段和尽可能完善的服务，从而极大地方便用户。

计算机网络通常由三个部分组成，即资源子网、通信子网和通信协议。所谓资源子网就是计算机网络中面向用户的部分，负责全网络面向应用的数据处理工作；通信子网是计算机网络中负责数据通信的部分，由交换机、路由器、网关及光纤、双绞线等互连而成；

而通信双方必须共同遵守的规则和约定成为通信协议，如 TCP 或 IP 协议等，它的存在与否是计算机网络与一般计算机互连系统的根本区别。

（二）计算机以及存储设备

1. 计算机

计算机是社区信息化的信息存储和处理载体。计算机是一种能够进行高速运算、具有内部存储能力、由程序控制其操作过程的自动电子装置。它由多个物理部件组成，如中央处理器（CPU）、主板、内存、电源、显卡等，计算机能够接收、处理和提供数据。目前的计算机分为输入设备、输出设备、存储器、运算器、控制器等五个部分。按照工作模式分类，计算机分为服务器和工作站两类。从广义上讲，服务器是指网络中能对其他机器提供某些服务的计算机系统。从狭义上讲，服务器是专指某些高性能计算机，能通过网络对外提供服务。

2. 存储设备

社区基础数据种类繁多，数据量巨大，需要高容量的存储设备进行安全保存。随着政府、企业和个人对存储需求的不断增长与存储系统的不断扩大，存储设备多种多样，网络存储系统与环境也越来越庞大、复杂，因此，应使用大容量存储器比如硬盘、磁盘阵列、光盘存储器等定期对社区基础数据进行备份。

3. 数据库

数据库的规模、数据量的大小和使用频度是衡量社区信息化水平的重要指标，数据库是存入数据的仓库，只不过这个仓库是在计算机存储设备上，而且数据是按一定格式存放的。借助于极端几何数据库技术可以科学地保存大量的数据，以便能更好地利用这些数据资源。数据库是指以一定组织方式长期存储在计算机内的、独立于应用程序并可被多用户、多应用程序共享的数据集合。现在比较常用的数据库系统有 Oracle、Informix、Sybase 及 SQL 等。

（三）操作系统与网络接入

1. 操作系统

操作系统管理计算机系统的全部资源，包括软件资源及数据资源。操作系统控制程序运行，改善人机界面，为其他应用软件提供支持，使计算机系统所有资源最大限度地发挥作用，为用户提供方面的、有效的、友善的服务界面。操作系统通常是最靠近硬件的一层系统软件，它把硬件裸机改造成为功能完善的一台虚拟机，使得计算机系统的使用和管理更加方便，计算机资源的利用效率更高，上层的应用程序可以获得比硬件提供的功能更多的支持。

2. 社区网络接入方式

社区信息化主要通过因特网实现互联互通。因特网服务供应商（ISP），指为因特网用户提供因特网接入服务及相关技术支持的公司，是广大用户进入因特网的入口和桥梁。它们一般都具有和因特网能够快速连接的计算机系统和良好的服务配套系统。目前我国最大的因特网服务供应商是中国电信，此外还有一些较大的因特网服务供应商，如中国移动、中国联通等。因特网的接入技术大致有以下几种接入方式：普通拨号上网、ADSL 上网和 ISDN 上网等。

二、社区信息化管理系统

社区信息化的建设强调"平台"。所谓平台，实际上就是一个连接各种有效资源的综合资源服务系统。信息平台的建设提高了它的可维护性、安全性和可恢复性，充分降低维护的成本。社区信息平台建设是社区信息化建设的趋势，是全面支撑社区工作的关键工程。

社区信息平台的特点主要体现在综合性。社区信息化的应用强调综合。"综合"就是把各种不同而有关联的事物组合成一个统一的整体。社区信息平台覆盖了社区业务的方方面面，包括了社区基础工作、面向社区的公共服务和商业服务，体现了社区业务的多样性，在应用中要根据用户、业务、功能的不同特点进行差异化的设计，通过多种渠道进行展现。同时，社区信息平台依托于统一的社区综合数据库，从多样化应用中提炼出社区信息资源，从可操作性和便利性上整合各类渠道，形成统一的界面设计风格。

（一）社区门户网站

1. 社区门户网站的作用

社区门户网站是联通社区居民与社区组织、社会组织、社会服务的公共信息平台，通过互联网等多种途径为广大市民提供服务。建立社区门户网站，旨在提高工作效率、加强各职能部门间的联系，提高服务质量。

社区门户网站的主要功能是提供服务、信息发布、政策法规和办事流程查询、表格下载等。社区门户网站是发布社区信息、公共信息，组织社区活动，提供公益服务的信息公告栏和"黑板报"；是加强居民互动以及物业与业主互动、对话、沟通与互助的有效途径，是社区居民向社区组织、政府机构或社会组织反映诉求、获取反馈意见、加强公众监督、政民互动的制度性通道；是联通社会资源为居民提供就近的、方便获取的、线上线下相结合的综合服务渠道。

信息技术支撑下的社区活动和社区服务往往超越了邻里社区的边界，扩大到了街道型大社区的层面。社区网站的影响力范围就超越了邻里社区，而达到了街道社区的层面。然而，就目前来说，无论怎样扩大，社区网站仍明显具有城市局部的地域性，并不会等同于整个城市。

2. 社区门户网站的类型

如果按主办单位划分，社区门户网站包括民间社区网站、居委会社区网站、街道社区网站、地方政府主办的社区网站、政府职能部门主办的社区网站等类型。街道社区网站一般是指由街道办事处自主创办、延伸到居委会层面、主要服务于本街道大社区居民和各邻里社区居民的社区网站。这种网站包含了两个层次：街道大社区层次和居委会社区层次。如果按网站类型划分，社区门户网站又可以分为四种类型。①政务延伸型。我国正在大力发展政务网站的建设，部分社区网站作为政务网站的延伸，其主要特点在于强调政民互动，能够让居民便捷地获取和使用政府信息。②门户信息型。作为主流的社区网站类型，门户信息型的最主要特点在于强调信息咨询，兼顾政民互动及居民互动，同时整合不同参与主体的服务功能。③论坛互动型。论坛的普及是互联网应用的一个重要阶段。在社区网站中部分网站以论坛为主要表现形式，重在突出居民间的交流与互动。④特色展示型。该类型网站强调"特色"的突出，通常以某个参与主体为主导，突出展示和宣传某一方面的信息咨询和服务内容。① 例如，卫生部门主办的社区卫生服务中心、旅游局主办的重在展示地方民俗和景点的社区网站。

（二）社区一站式服务管理系统

针对目前各种服务业务办理手续烦琐的问题，该系统的设计主要面向街道服务大厅、社区办事窗口的服务流程管理。在传统的服务业务处理中经常发生居民多次到多个地方递交材料的情况，这部分应用就是为了简化办事流程，方便办事人员，让办事的居民或单位少跑腿，工作人员多分担。社区一站式服务管理系统主要包含服务受理、服务监督、服务指南、公共办事查询、服务收费、服务项目管理、统计分析及报表、网上窗口业务、触摸屏查询等功能，主要由以下两个子系统来实现。

1. 社区政务服务系统

实现市区政府、各职能部门、街道、居委会对居民服务事项的协同办理，提高民政局、街道和社区之间的协同能力，实现日常协同办公和公众办事代理，增强网络化公共服务能力，为公众和企业提供网上服务。该系统主要应用于社区办事大厅或便民服务中心窗口，类似于银行柜台人员使用的系统。

2. 网上服务大厅

网上服务大厅是政府与百姓的交流平台。利用这一信息网络，可以延伸政府的服务触

---

① 中国社会科学院社会学研究所社区信息化研究中心. 社区建设与社区治理［M］. 北京：社会科学文献出版社，2012：173.

角,丰富服务形式,提升服务层。网上服务大厅提供了一个跨越时间、空间的工作平台,居民在家就可以完成事务办理,实现网上预审完毕后一次成功,解决居民办事"摸不着门、找不对人、跑断了腿"的问题。居民自己注册上报材料后,社区政务服务系统和网上办事大厅可以进行内网的数据同步,网上提交的申请事项可以进入政务服务系统,审批结果反馈到网上,方便申办人查询办事进度和结果。

(三) 社区综合信息系统

社区综合信息系统主要用于省、市、区、街道,针对各种基础数据进行分级查询统计,基础数据的来源就是社区基础信息库。所有的数据通过多种方式上报,集中存储在省、市、区的数据中心,这个系统为不同级别的用户提供分级查询服务,并进行汇总统计分析,可作为基础数据管理分析的平台。

社区综合信息系统可以让用户自由定义查询和统计方式,由客户自定义实现的高级统计分析设定功能,将各种统计业务自行加入到现有的系统中。同时提供报表自定义工具,用于各种查询、统计分析结果的自定义打印。社区综合信息系统设定了以下九大类别的统计分析方式:社区基本情况统计、人口信息统计、党团建设统计、组织机构统计、服务情况统计、社区建设统计、社会保障情况统计、治安情况统计等。基于数据分析技术,该系统还有助于分析和决策,针对基础数据的累计信息进行更高层次的数据分析应用,并且分析其发展趋势,为领导决策层提供有力的参考资料。

社区综合信息系统能够利用计算机全面、准确、可靠、及时的记录和它在处理社区日常业务运作过程中产生的各种业务信息,规范社区工作,提高社区的工作效率,为其他相关部门提供准确、有效的基础数据。

(四) 社区服务呼叫中心管理系统

通过社区服务呼叫中心管理系统,社区服务中心可以随时通过电话、传真等多种手段与市民和服务加盟商进行联系,获取各种信息,并提供全方位的服务,从而将传统意义上的社区服务变为一个咨询中心、服务中心、投诉中心和增值中心。

以 96345 便民服务电话为主体的杭州市服务信息化统一平台,就形成了以语音呼入为主,同时支持互联网络、短消息、交互数字电视等多种渠道信息导入,立体型、综合型、自动化程度高的服务信息统一平台,从而有效整合现有服务信息资源,实现集中和分散结合,达到优化运行机制,降低运行成本的目的,提高各类服务热线的信息化、自动化水平和综合效用,提高了市民呼叫热线接通率、服务信息处理能力和运行效率,满足市民服务需求。统一平台除了提供电话方式的服务,包括人工座席服务、语音自助服务之外,还将通过多种渠道,如网站、交互数字电视门户、手机短信等,提供常用服务号码、社区服务电话，发布市民关注焦点问题，方便市民通过多种途径获取服务资讯。

三、社区信息化管理的原则与实施步骤

（一）社区信息化管理的原则

1. 惠及居民，服务基层

社区信息化管理应坚持"以人为本"的理念。以不断满足社区居民的需求为出发点和落脚点，加强信息技术在社区居民生活中的应用，让社区居民充分享受信息化带来的实惠，提高居民生活质量和文明程度，实现社区信息化"方便居民、服务社区"的目的。社区信息化的建设和运行应从始至终按照使用者的需求、思维习惯、行为方式、应用的方便程度来进行，并将信息化对社区居民的工作、生活所产生的实际效果作为判定信息化成功与否的基本要素。通过信息化手段将大量的数据采集、统计、上报等工作便捷地完成，提高工作效率，提高社区服务和管理水平，使社区从信息化成果中受益。

2. 政府主导，合力建设

社区是党和政府工作的基础，社会管理和公共服务的诸多内容需要基层组织去协助。就业、保障、计划生育、助老、助残等工作都需要社区组织的落实，这些都关系到百姓民生，关系到社会稳定，政府在社区信息化工作中的责任和义务不言而喻。除了政府财政支持社区信息化建设、政府采购为社区信息化产品提供市场机遇、实施有自主知识产权的标准助力产业发展、营造官产学研用协作的工作氛围外，政府还可以通过建立政府部门间的协调机制、整合社会各类资源、扶持龙头企业等来发挥主导作用。"合力建设"是社区共同治理理念的具体反映。其核心思想是调动企业、社区居民共同参与城市治理，也是人们通常说的"大家的事情大家办"和"共建"。多方共同受益，是保证社区信息化持续发展的重要理念。只有互利，才能有真正的信息交流和互动，才能使政府有效服务，才能让企业持续发展，才能让公众积极地参与，共治才能长久地持续下去。

3. 统筹规划，资源共享

社区信息化涉及面宽，内容多，必然存在一个从何下手，如何操作的问题。社区信息化是面向基层组织的，其工作更多的是综合性事务，强调"块"上的工作。政府部门原有的"条块分割、各自为政"的管理模式并不利于社区工作的开展，更不利于社区信息化工作的推进和深化。"以块为主、条块结合"的建设模式有机地整合了纵向联系的行政体系和横向联系的自治组织，提高了政府整合社区资源和行政资源的能力，对实现政府职能转变、城市管理重心下移和提高城市管理效率都有重要的作用。

信息资源开发利用是信息化建设中的重要内容。首先，社区信息资源有必要进行统一规划，打破部门和区域界限，多方协作，努力实现各类传输网络、资源网络间的互联互

通，最大限度地开发利用信息资源。其次，要正确处理信息资源公开与保密的关系，促进网络融合，实现资源优化配置和信息共享。

4. 因地制宜，务求实效

推进社区信息化应把制度创新与技术创新放在同等重要的位置，完善管理体制，创新运行机制。社区信息化建设必须坚持理论和实际相结合，因地制宜、因时制宜，鼓励基层组织和企业单位创新，探索成本低、实效好的信息化发展模式。在社区信息化工作中，应正确处理重点突破与全面推进的关系，实现社区信息化各项应用的协调发展。与此同时，坚持"以需促用、以用促建"。而要实现可持续，应当处理好政府、企业和社区居民之间的关系。

（二）社区信息化建设的目标

增强社区信息化应用能力已成为提高城乡社区治理水平的重要目标。

1. 提高城乡社区信息化的硬件水平

提高城乡社区信息基础设施和技术装备水平，加强一体化社区信息服务站、社区信息亭、社区信息服务自助终端等公益性信息服务设施建设。依托"互联网＋政务服务"相关重点工程，加快城乡社区公共服务综合信息平台建设，实现一号申请、一窗受理、一网通办，强化"一门式"服务模式的社区应用。

2. 实施"互联网＋社区"行动计划

加快互联网与社区治理和服务体系的深度融合，运用社区论坛、微博、微信、移动客户端等新媒体，引导社区居民密切日常交往、参与公共事务、开展协商活动、组织邻里互助，探索网络化社区治理和服务新模式。

3. 发展社区电子商务

按照分级分类推进新型智慧城市建设，务实推进智慧社区信息系统建设，积极开发智慧社区移动客户端，实现服务项目、资源和信息的多平台交互和多终端同步。加强农村社区信息化建设，结合信息进村入户和电子商务进农村综合示范，积极发展农产品销售等农民致富服务项目，积极实施"网络扶贫行动计划"，推动扶贫开发兜底政策落地。

（三）社区信息化的实施步骤

1. 初级应用

社区信息化初始阶段的主要工作目标是解决社区居委会和社区服务站的电脑配备和工作文档电子化问题。这一阶段主要完成社区信息化从无到有的转变。

2. 平台建设

这是社区信息系统的建设阶段。主要工作目标是推进包括基础设施、平台、网络、软件、社区基础数据库的平台建设；推进多种服务渠道（呼叫中心、门户网站、数字互动电视、移动通信等）建设；实现居委会电子化办公（包括电子台账、工作流程管理等）、社区党建和社区组织的信息化应用；完善社区连接居民的多种信息通道建设，开始为居民提供信息化服务；为居民搭建联通政府、企业和社区的互动平台。这一阶段主要完成社区平台建设，满足社区自治需求，为扩大社区参与范围，提高综合服务能力做好准备。

3. 系统对接

这是通过与其他系统对接，不断扩展社区信息系统功能应用范围的阶段。主要工作目标是实现电子政务系统、商业服务系统等与社区信息平台的对接；实现跨部门的业务流程整合，为居民提供方便、易获得的公共服务；建立上下贯通的政民互动通道和居民诉求通道，让政府和社会公共资源围着居民百姓的需求和诉求转动；实现社区信息系统与社会应急系统、商业服务系统、公共服务系统、公共管理系统的对接，搭建居民参与治理的桥梁，建立居民监督评价机制，培养社区公民意识。这一阶段主要完成系统对接，扩展社区信息系统的功能应用，突出居民易获得的政府公共服务，建设居民可参与的、突出共同治理理念的信息沟通渠道。

4. 应用联动

这是通过与其他系统的应用联动，充分显示社区信息化应用效果的阶段。主要工作目标是实现社区信息化跨系统的应用联动。突出的是后台应用流程重组，前台一站式无缝服务让每一个居民以最便利的方式获得最个性化的服务；社区互动平台充分发挥沟通、对话、协调、化解矛盾的功能，保证决策听证制度落到实处，促使社会组织积极参与社区建设，携手满足社区居民的需求和诉求，共建和谐社会。社区信息成为政府决策、企业发展、社区服务不可或缺的基础，信息共享成为社会共识，建立起社会的共享数据库和统一的、经各专业部门认证的共享数据，建立公共信息定期更新、发布制度；形成公共服务、公益服务、商业服务和社会管理的公众监督、参与和评价机制。这一阶段要基本实现方便居民服务社区的核心目标，完成社区居民向社区公民的转变，以和谐社区构建和谐社会。

5. 持续变革

这是社区信息化持续发展持续变革的阶段。在这一阶段，社区信息服务能力得到持续提高。信息技术与新型社区关系相互融合，形成新的服务模式，实现可持续发展。一站式无缝服务成为普遍模式。共享、共治、共同参与成为社区公民文化的主要特征。学习、创新、持续自我发展，成为社区能力建设的核心。这是一个前瞻性的发展阶段，因此不可能有具体的工作任务，只能做一些理论导向。

经过多年的建设，我国社区服务与管理的信息化获得了长足的发展，从电话网络发展到计算机网络，社区管理服务网络在一些大城市中已经初具规模。近年来，互联网的迅猛发展又催生了大量网络社区，构成一种更具开放性、参与性、互动性的媒介。在我国一些大城市的新兴商业小区中,社区网络已成为社区居民交流信息的有效渠道。作为社区信息化的治理主体,政府应充分利用社区网络平台,积极回应社区居民的利益诉求,以社区信息综合管理平台为公共领域,在社区治理主体间形成平等对话、理性协商的沟通机制。

关键术语:

信息化;社区信息化;社区政务信息化;网格化管理;智慧政务;智慧社区;互联网＋社区。

阅读书目:

1. 蹇洁等:《社区信息化建设与发展范例》,人民邮电出版社,2008年版。
2. 蔡大鹏:《社区管理信息化》,北京工业大学出版社,2009年版。
3. 王颖等:《信息化改变社区:中国的社区信息化》,社会科学文献出版社,2012年版。
4. 李东泉等:《城市社区数字化管理》,中国人民大学出版社,2009年版。

案例分析:

北京东城区的网格化管理模式[①]

北京东城区地处首都中心地带,面积41.84平方公里,常住人口91.9万。早在2004年,东城区就首创了轰动一时的万米单元网格的城市管理模式并取得了良好成效。东城区通过建立一个天上有云(云计算中心)、地上有格(社会管理网格)、中间有网(互联网)的新型社会服务管理信息化支撑体系,承载了东城区新的社会服务管理模式,即纵向到底、横向到边的"四级管理,三级平台"的管理模式(区级综合指挥中心、街道分中心、社区工作站三级信息化支撑平台,确保区、街道、社区和网格四级用户基于平台开展网格化服务管理工作)。

在"四级管理,三级平台"体系下,东城区网格化社会服务管理工作主要是围绕社会管理、社会服务和社会参与三条主线开展。网格化社会管理主要包括网格化基础数据的采集和日常化更新、社会事件管理、社情民意了解分析等。网格化社会服务主要包括商业便民服务、社区为老服务、就业服务、居民办事服务等。网格化社会参与主要是通过居民议事大厅、民情博客、互动微博等技术手段,建立政府和社会公众间的信息沟通渠道,通过渠道发现问题并及时处置,使得社会公众可以直接参与到社会管理工作。

---

① 北京东城区信息化工作办公室.北京东城区:网格化的工作模式、精细化的城市管理[J].信息化建设,2011(9):10-12.

在城管网格的基础上，结合社会管理特性，东城区将全区 17 个街道 205 个社区，划分成 589 个社会管理网格，创新设计了静态码＋动态码的编码规范。建立起相互关联的 7 大类、32 小类、170 项信息，2043 项指标项的基础数据库群，通过与地理信息系统的无缝衔接，实现了"人进户，户进房，房进网格，网格进图"，创新了精细化服务管理模式。

2006 年，东城区将网格化管理思想和手段率先应用到卫生领域，主要内容包括：应用网格化管理方法，在全区建设 45 个社区卫生服务站、81 个全科医生工作室，实现均衡布局、精细管理；开展居民住房、人口和健康状况普查，摸清服务对象的基本情况；建设社区卫生服务信息平台，建成包括全科医生业务管理、社区卫生服务站业务管理等 10 个应用系统。2008 年又建立了远程视频诊疗系统，进一步方便了群众就医。同时，大力加强标准化建设，形成了用药范围标准、服务标准等 16 个标准，确保了规范化运行。社区卫生服务新模式运行四年多来，受到了各级领导、专家和社区居民的普遍好评。

2006 年底，东城区基于网格化管理思想通过建立社会救助信息平台，促进救助资源整合和信息共享，建成了北京市首个区级数字化社会救助体系，使 16 类 2 万余名困难群众得到了更加及时有效的救助保障。该体系主要特点是：全面梳理涉及 16 个部门、10 个街道的 79 个救助项目，实现救助管理一体化；明确各救助项目主体、对象、程序等方面的标准，实现救助行为规范化；对救助资源细化分类，确定救助资源与救助需求间的点对点匹配，实现资源配置智能化；明确各项定性、定量评价指标，实现监督评价科学化。

思考题：

根据案例，分析社区网格化管理对于社区管理与社区服务的意义与作用。

第十章　社区管理方法

[提要] 社区管理方法是指社区管理主体在社区管理过程中为履行社区管理职能，有效实现社区管理的目标和任务，遵循一定的规律和原则而采取的各种方式、手段、措施和技术的总称。社区管理方法主要包括社区管理的研究方法、行政方法和专业方法等。社区管理的实践与发展依赖于各种现代管理与服务方法的灵活运用和融会贯通，社区管理方法正在不断地制度化、系统化和成熟化。

社区管理是理论性与实务性有机结合的管理过程与活动，社区管理方法在社区管理研究中发挥着重要作用。方法是认识的工具和手段，是达到实践目的的中介，是解决过河的"桥"和"船"的问题。社区管理方法是综合社会学、行政管理学、社会工作、心理学等学科知识，将其运用到社区管理的实践中形成的管理方法体系。所谓社区管理方法，是指社区管理主体在社区管理过程中为履行社区管理职能，有效实现社区管理的目标和任务，遵循一定的规律和原则而采取的各种方式、手段、措施和技术的总称。社区管理方法旨在解决社区怎样管理的问题，它是社区管理体系的一个重要组成部分。社区管理方法贯穿于社区管理的全部过程，是实现社区管理目标和任务的桥梁和纽带，决定着社区管理水平的高低。社区管理者只有掌握和综合运用社区管理方法，才能有效完成社区管理的任务。

第一节　社区管理的研究方法

社区管理的研究方法即社区调查研究方法。实现社区管理的目标和任务，首先要了解社区、认识社区。社区调查研究方法是了解社区和认识社区的重要手段。社区调查研究是社区管理从实际出发的立足点，是社区管理与规划的重要依据。系统科学的社区调查研究为社区各项管理工作的管理对象分析以及管理方式、手段和目标的选择提供了具有可信性的数据资料，从而保证了社区管理的客观性、针对性、科学性和实效性。在社区管理方法体系中，社区调查研究处于基础地位，对社区管理的其他方法具有支持作用。

一、社区调查研究方法的意义

（一）社区调查研究方法的内涵

1. 社区调查研究方法的概念

社区调查研究是运用科学的方法，系统、直接地收集有关社区社会现象的真实情况，并对所得资料进行整理、分析，科学地阐明社区生活及其变化规律的认识过程。社区调查研究是对社区社会现象的本质和社区发展规律的一种自觉的认识。社区调查研究是掌握社区的"实然"状态，即对社区事务与现象的实际状况的准确把握，是进行有效社区管理的基础。

社区调查研究是社会调查研究的一种类型，是在社区范围内实施的社会调查。因此，社区调查研究遵循一般社会调查研究方法的原则与程序，与社会调查研究有着诸多一致的方面。

2. 社区调查研究方法的内容

（1）社区调查研究是以了解社区生活的真实情况为目的，通过社区调查研究探索社区现象的本质及其发展规律，并进而寻求改造社区、建设社区的道路和方法。任何社区调查研究都是有目的、有意识地进行的，它与人们日常生活中对社区现象的一般观察和了解是有区别的。

（2）社区调查研究的对象是社区自身。社区调查不仅要研究以社区人口为重点的各种社会要素，而且要研究以生产方式为基础的社区社会结构，包括社区的经济结构、政治结构和文化结构等。当然，为了研究社区自身结构，还要研究对社区系统具有决定作用的整体社会结构，把对社区整体的研究置于整个社会系统中进行研究，考察影响社区结构的各种社会问题。

（3）社区调查研究的基础是来自社区的第一手资料。社区调查研究是从现实的社区生活中收集资料并对其进行研究，是对社区现象和问题的感性认识和理性分析。社区调查研究的方法，既包括考察、了解社会实际情况的各种感性认识方法，又包括对搜集的感性材料进行统计分析和思维加工的各种理性认识方法。只有感性认识和理性认识相结合，分析从社区所获得的经验资料所包含的意义，才能深入了解社区的问题与需求，发现各种纷繁复杂的社区现象背后的本质及社区发展的规律，从而提出解决社区问题、满足社区需求的对策。

（二）社区调查研究的意义

社区调查研究对了解社区的基本情况、进行有效的社区管理具有重要的现实意义。

1. 社区调查研究是正确认识社区的根本方法

社区调查的直接目的是了解社区的实际情况，认识社区现象的独特性质以及发展规律。社区通常具有独特的区域性环境因素,如经济型、文化型、旅游型和居住型等各类社区均存在较为显著的区域特色,对社区管理活动产生直接或间接的影响。特定社区的管理主体面对着各种具体的社区事务,因此,必须充分了解社区的实际情况,才能开展具有针对性的社区管理和社区服务。

2. 社区调查研究是有效的社区管理的重要条件

科学的社区管理必须制定正确的制度和政策,进行科学的社区规划和决策,而这一切离不开社区调查研究。正确的社区规划与决策是以现实的东西,而不是以可能的东西为依据的。要了解"现实的东西",就必须进行社会调查。社区决策和管理过程,实质上就是不断搜集和处理社区信息的过程,就是反复进行社区调查的过程。

3. 社区调查研究是培养现代社区管理人才的基本途径

社区调查研究是连接社区管理理论与实践的桥梁和纽带,其价值就在于将抽象的社区管理价值理念和理论观点转化为具体的社区管理实践活动,并产生良好的管理效能和服务品质。社区管理者应熟练运用社区调查研究方法对所管理的社区进行调查分析,包括对社区要素、社区渊源及发展历史等进行信息采集、分析,从而对社区特色、社区类型、社区发展的有利因素以及制约因素等进行概括并形成结论。只有通过扎实的社区调研,社区管理者才能提高自己社区管理素质和技能。

4. 社区调查研究是提高社区居民素质的有效方法

社区调查研究不是被动地接收外来信息的灌输,而是调查者主动进行观察、访问而自觉形成的看法;不是依靠个别报告人的说服和教育,而是通过广大群众的行动和情绪的感染而产生的认识;不是一种抽象的、理性的启示,而是一种具体的活生生的事实教育。正因为如此,社会调查往往能起到其他教育形式所不能起到的巨大教育作用。[①] 社区调查研究对于社区居民也是一个很好的受教育机会,应鼓励居民积极参与社区调查研究,表达各方面的社区诉求。

二、社区调查研究的过程

作为一种系统的、科学的认识活动,社会调查有着一种比较固定的程序,这种固定的程序可以说是社会调查自身所具有的内在逻辑结构的一种体现。完整的调查研究程序分为五个阶段,即选题阶段、设计阶段、实施阶段、分析阶段和总结阶段。

1. 选题阶段

选题阶段的主要任务包括两个方面:一是从现实社会中存在的大量的现象和问题中,恰当地选择出一个有价值的、有创新的和可行的调查问题;二是将比较含糊、比较笼统、

---

① 水延凯,等. 社会调查教程[M]. 北京:中国人民大学出版社,1995:7-10.

比较宽泛的调查问题具体化和精确化，明确调查问题的范围，澄清调查工作的思路。

2. 设计阶段

设计阶段又称准备阶段，主要工作包括两个方面：一是方案选择，即为达到调查的目标而进行的调查设计工作，包括从调查思路、策略到方式、方法和具体技术细节等各个方面的设计和准备；二是工具准备，即问卷的设计和制作，还有调查对象的选取工作。

3. 实施阶段

实施阶段又称调查阶段，该阶段的主要任务，就是具体贯彻调查设计中所确定的思路和策略，按照调查设计中所确定的方式、方法和技术进行资料的收集工作。

4. 分析阶段

分析阶段的主要任务是对实地调查所收集到的原始资料进行系统的审核、整理、统计和分析。现代社会调查的加工和处理方式及手段主要是定量的统计分析。

5. 总结阶段

总结阶段的主要任务是撰写调查报告，评估调查质量，应用调查成果。下面给出一个具体的例子，从中可以看出调查研究的主要过程。

假设研究者对某社区居民生活质量问题很感兴趣。他从社区所有居民家庭中抽取500户居民家庭，并从每户家庭中随机抽取一名成员作为调查的样本。接着设计出一份与他所关注的主题高度相关，并且由一些可以直接对样本中的每个居民进行询问和测量的具体问题所构成的问卷。将问卷打印好以后，研究者采用面对面访问的方式（或者通过邮寄问卷的方式，或者通过电话询问的方式，或者直接发到居民手中由他们自己填写的方式），收集所调查居民的各种特征、物质与精神生活各方面的客观指标、评价指标、满意度指标等方面的资料。在问卷完成和回收后，研究者将每份问卷的答案进行量化编码，并按统一格式编制录入计算机，形成数据库。随后笔者在统计分析软件的帮助下进行数据的整理、汇总及统计分析。于是，来自样本中的500名居民的各种结果被一一推广到社区居民所构成的总体。研究者可以用它来描述社区居民生活质量的现状、居民出行质量对生活质量的影响、居民居住满意度及其主要影响因素、居民对闲暇生活的感受、居民的生活幸福感等。最后，研究者将自己的研究成果以调查报告的形式加以总结、概括，从理论上或实践上为人们准确认识和处理社区居民生活问题提供新的材料和观点。

三、社区调查研究的具体方法

（一）问卷调查法

1. 问卷调查法的概念

问卷调查法，也称问卷法，是指调查者在一定的理论框架指导下，根据一定的研究目的设计调查问卷，对被调查者进行资料收集和资料分析的方法。在现代社会研究中，问卷法得到了广泛的运用。在社区调查研究中，研究者也经常使用问卷法收集资料。

问卷调查法是通过被调查者的回答来了解社会情况的调查方法。问卷调查法是标准化调查，即按照统一设计的、有一定结构的问卷所进行的调查。问卷调查一般都是间接调查，即调查者一般不与被调查者直接见面，而由被调查者自己填答问卷。问卷调查一般都是书面调查，即调查者用书面提出问题，被调查者也用书面回答问题。标准化的、间接的、书面的调查，是问卷调查法的主要特点。

2. 问卷调查法的类型

由于不同的研究者有着不同的调查目的、调查内容和调查方式，因此，他们所采用的问卷也都不是完全相同的。问卷通常分为两种，即自填问卷和访问问卷，它们分别用于问卷调查和访问调查。自填问卷即由被调查者自己填答的问卷，而访问问卷则是由访问员根据被调查者的口头回答来填写的问卷。这两种问卷既有许多相同、相似的地方，又有一些不同的地方。一方面，两种问卷直接面对的对象是不同的。自填问卷直接面对被调查者，而访问问卷则直接面对访问员。正是由于这种差别，两种问卷在具体形式、设计要求等方面都有所不同。另一方面，两者作为社会调查中收集资料的工具，又具有相同的结构，比如两者都由封面信、指导语、问题、答案、编码等内容构成。自填问卷依据发送的方式又可分为邮寄问卷和发送问卷两种。邮寄问卷通过邮局把问卷表寄到被调查者手中，被调查者填完后，仍通过邮局寄回（寄回所需的信封、地址及邮票等由研究者事先准备好，连同问卷一起寄给被调查者）。发送问卷则由调查员（或其他人）将问卷送到被调查者手中（既可以集中分发，也可以逐一送到家中），回答者填完后，又由调查员逐一收回。当然也有采取邮寄和分发相结合方式的。①

3. 问卷的结构

问卷一般由封面信、说明语、问题、答案几部分组成。封面信是一封写给被调查者的短信，其作用是向被调查者介绍此次调查的目的、意义，以求得对方的合作与支持，填写问卷。封面信中首先要说明调查者的身份，其次要概括说明本次调查的大致内容和进行这次调查的目的。最后要说明选取调查对象的方法和对调查结果保密的承诺。说明语是指导调查对象填写问卷的一组说明，其中包括填表方法、要求、注意事项等。问题和答案是问卷的主体，它主要包括三个方面的内容：其一，调查对象的基本资料，如性别、年龄、职业、文化程度等；其二，有关行为方面的问题，即调查对象在所调查的问题方面做过什么；其三，调查对象有关态度方面的问题。

4. 问卷的设计

问卷质量关系到调查的效果，因此调查者要在问卷的设计上花费些心思。问卷实质是

---

① 袁方，等. 社会调查原理与方法 [M]. 北京：高等教育出版社，1996：126.

将调查研究的问题分割成一个个小问题。设计问卷首先需要明确总体思路，然后根据操作原理将问题具体化。一般情况下，可以先按照调查提纲将每一个问题具体化，然后整合到一起，进行总体安排、调整和修改，形成问卷初稿；再通过试用或请教专家等方法，评估问卷是否科学或符合要求，再次修改后定稿印刷。

问卷设计需要注意以下几个问题：①问卷一般不宜太长。问卷所提问题过多，占用时间过长，可能会使调查对象产生反感，以致不愿合作。②问题要具体，避免提一些抽象、笼统的问题。用词要通俗易懂，不能使用过于专业化的术语。③用词要准确，不宜使用那些模棱两可、含混不清或容易产生歧义的词或概念。提问题的态度要客观，保持中立的提问方式，不能带有倾向。④提问题时要避免带有双重含义，即一题两答式的问题。⑤不能提带有胁迫性的问题，即由于社会价值、社会文化等压力使调查对象不得不做某种回答的问题。⑥避免直接提敏感的问题。⑦不宜提超出调查对象知识范围的问题。⑧在排列问题时要坚持先易后难，先一般后敏感，先封闭后开放的原则。把调查对象比较熟悉的问题放在前面，较生疏的问题放在后面；把容易回答的问题放在前面，难答的放在后面；把能引起调查对象兴趣的放在前面，敏感性的问题放在后面；把封闭式问题放在前面，开放式问题放在后面。这样排列意在使回答问题者感到轻松、方便，使回答能顺利进行下去。需要指出的是，在排列问题时，首先要坚持逻辑性原则，即按事情发生的前后顺序将问题排列起来，这样有利于调查对象的回答。

（二）访谈法

访谈法又称访问法，是指调查者通过与被调查者有计划的面对面交谈收集研究资料的方法。在社区调查研究中，访谈法也是一种经常使用的调查方法。根据研究问题的性质、目的以及访谈对象的不同，可将访谈法划分为不同的类型。

1. **访谈法的类型**

（1）结构式访谈与非结构式访谈。

结构式访谈又称为标准化访谈，它是一种调查者使用预先设计好的调查提纲，按一定步骤和程序对被调查者进行访谈式调查的方法。一般而言，访谈法中使用的调查提纲可粗略，也可以很详细，而当调查提纲详细到成为一份问卷时，那结构式访谈就成了访谈式问卷调查了。

非结构式访谈又称为非标准化访谈，是指调查者不使用调查提纲，只就某一主题或某一问题与被调查者进行开放式的交谈，收集研究资料的方法。无结构式访问可依据访问的目的、访问内容和实施方法的不同，分为重点访问、深度访问和客观陈述。当然，非结构式访谈中，调查者不使用事先设计好的调查提纲，并不意味着调查者毫无准备。实际上，进行非结构式访谈，同样要求调查者做好准备，设想好如何引导被调查者毫无保留地说出自己的情况、想法和见解。

(2) 个别访谈和集体访谈。

个别访谈是指对单个调查对象进行的访谈。个别访谈只有调查者和被调查者两个人参与其中，调查者和被调查者之间的交谈与互动不会受到其他人的干扰，因此是一种比较理想的访谈方法。当然，个别访谈中调查者也要注意所处环境因素的影响，选择好的访谈环境非常重要。

集体访谈是指调查者选择与多个被调查者共同进行访谈，收集研究资料的方法。这种方法也就是通常所说的开座谈会，是毛泽东同志亲自倡导，而且在中国广为使用的一种调查方法。他指出："开调查会，是最简单易行又最忠实可靠的方法，我用这个方法得到了很大的益处。"座谈会的最大特点是，访问过程不仅是访谈者与被访者社会互动的过程，而且也是被访问者之间的社会互动过程。座谈会是较个别访问层次更高、难度更大的调查方法，但访谈的效率更高，可以获得更多的资料。

(3) 直接访谈和间接访谈。

直接访谈是指访谈者和被访者通过面对面的互动来进行的访谈。结构式访谈和非结构式访谈、个别访谈和集体访谈都属于直接访谈。

间接访谈是指访谈者不直接与被访者面对面接触，而是借助于某种工具多进行的访谈。例如，电话访谈就是一种典型的间接访谈。显而易见，间接访谈有其方便之处，不受时间、地点的限制，但也存在着诸多缺陷，如访问者无法与被访者进行直接的人际互动和感情交流，这种方法获得的信息无法与直接访谈获得的信息相比。此外，电话访谈也容易遭到拒绝或无法进行更深的交谈。

2. 访谈的程序与技巧

访谈是一种社会交往过程，访谈中调查者与被调查者形成了一种社会互动关系。访谈法的成败在很大程度上取决于调查者对于这种社会互动过程组织的好坏，调查者只有在这种互动过程中与调查对象建立起相互信任、相互理解的关系，才能使被访者积极提供资料。访谈不仅是一种调查方法，也可以说是一门艺术，需要花费大力气才能掌握。要进行成功的访谈，必须按照一定的程序并善于运用访谈的技巧。一般说来访谈可分为准备、进入访谈、访谈过程的控制、结束访谈等几个阶段。

(1) 准备阶段。

在访谈的准备阶段，第一步是根据研究目的选择适当的访谈方法。如果是探索性研究，则一般选择无结构式访谈；若研究目的是为了解释某种现象或验证某种假设，则一般选择结构式访谈。为了访谈的成功，在准备工作中还要对被访者的社区特性有所了解，选择适当的访谈对象。不过一般来说，不管什么研究，当地部门决策者或领导者，总是在被访之列，因为这类人对地区事务和文化传统了解较深。

(2) 访谈阶段。

进入访谈阶段，访谈者在接近被访者时，首先要进行自我介绍，然后说明来访目的，以及为什么要进行这场研究，请求他的支持与合作。此外，还要告诉被访者他们是如何被挑选出来的，以消除他们的怀疑和提防心理。这一阶段，最容易出现以下情况：陌生感使双方拘束无言；被访者以各种原因拒绝访谈；访谈者与被访者因地位不平等产生不自然感。因此为了创造有利于访谈的气氛，除对访谈对象表示礼貌外，在正式谈话前，可以先谈谈访谈对象较熟悉的东西，以消除拘束感，然后详细说明谈的内容、提问。

(3) 控制阶段。

访谈过程是访谈者提问的过程，因此，提问成功与否关系到访谈能否顺利进行。在访谈过程中，提问控制和表情动作控制是控制访谈的两个重要手段。利用提问控制话题，避免谈话离题太远，在对方离题太远时，应善于巧妙地扭转话题；在访谈中，访谈者要自始至终保持自己的态度有礼貌、谦虚、诚恳、耐心。

(4) 结束阶段。

在结束访谈时，访谈者要巧妙地使用语言转换话题，结束访谈话题，对被访者表示感谢，建立良好的人际关系，以便为下次调查奠定良好的人际基础。访谈是收集资料的常用方法，也是一种技术。使用访谈法能够减少调查对象因文化水平低、理解能力差造成的障碍，所得资料比较细致、充实。使用访谈法的关键是取得调查对象的真诚合作，同时要做到会问、会听。

(三) 观察法

观察法又称实地观察法，是指研究者根据一定的研究目的，运用自己的感官及辅助工具，对所研究的对象进行现场观察，从而收集和研究资料的调查方法。在社区调查研究中，观察法是一种基本的、普遍使用的调查方法。观察法与人们日常的观察活动不同，是在一定理论指导下进行的、遵循一定程序和原则的、全面系统的观察活动。观察法要求研究者必须具备一定的研究能力。

1. 观察法的类型

(1) 参与观察与非参与观察。

这种分类是根据作为观察者的研究人员是否参加到被研究的社会群体或单位之中、是否参与被观察者的活动而划分的。

所谓参与观察，是指观察者为了达到深入了解情况的目的，直接加入到某一社会群体之中，以内部成员的角色参与他们的各种活动，在共同生活中进行观察，收集与分析有关的资料。这种观察方法在社会学、人类学的调查研究中应用最多。

所谓非参与观察，是指观察者以旁观者的身份，置身于调查对象群体之外进行的观察。在非参与观察中,观察者像新闻记者一样进行现场采访和观察,他们不参与被观察者的任何活动。作为一名旁观者,他们只是在某些场合才有机会同被观察者交往,后者将他们视为外人,但在一定程度上允许他们参观某些活动,如业余活动、日常工作等。这种观察方式虽然比较客观,但是却不能了解到被观察者的内心世界,不能深入到实际生活的各个方面。一些短期社会调查和"走马观花"式的视察或检查工作也属于这一类型。它的作用是对具体生活现象作一般性的观察,以取得感性认识,了解现场的工作情况,并由此发现问题,得出某些概括性的结论或假设。

(2) 结构式观察和无结构式观察。

所谓结构式观察,是事先制订好观察计划并严格按照规定的内容和程序实施的观察。这种观察方法的最大特点是观察过程标准化,它对观察的对象、范围、内容、程序都有严格的规定,一般不得随意改动,因而能够得到比较系统的观察材料,以供解释和研究使用。当然,要制订一个既实用又科学的观察计划很不容易,这本身就需要做许多探索性的调查研究。

所谓无结构式观察,是指对观察的内容、程序事先不作严格规定,而是依据现场的实际情况随机决定的观察。人们平时所做的观察,大多属于无结构式观察。无结构式观察的优点是比较灵活,调查者在观察过程中可以在事先拟定的初步提纲的基础上充分发挥调查者的主观性、创造性,认为什么重要就观察什么。缺点是得到的观察资料不系统、不规范,受观察者个人因素影响较大,可信度较差。

(3) 直接观察与间接观察。

这种分类是根据观察者是直接"看"到被观察者的活动,还是通过观察一些事物来间接反映被观察者的行为而划分的。以上所述的各种观察均属于直接观察,因为不管是"参与"还是"非参与",是"结构式",还是"无结构式",都是直接对"人"进行观察,而不是对"物"的观察。

所谓间接观察,是指观察者对自然物品、社会环境、行为痕迹等事物进行观察,以便间接反映调查对象的状况和特征。例如,通过对某个社区卫生的观察,就能从侧面了解该社区居民的精神风貌;通过对社区建筑、公路上的车辆等方面的观察也可反映社区生活水平的变化。此外,间接观察中较有特色的两种类型是"损蚀物观察"与"累积物观察"。在社区的"损蚀物观察"中,调查者通过社区公共文化体育设施的完整程度来估计该社区成员对社区文化体育活动的参与程度,同时也能反映出该社区成员对社区公共文化体育设施的需求程度。在社区的"累积物观察"中,调查者也可以通过对社区建筑墙壁的整洁度、社区中的草坪以及绿化带、公共卫生间以及垃圾处理等情况的观察,分析出该社区环境的水平和质量。

2. 观察法的实施原则

在实地观察过程中,要保证观察的顺利实施并取得良好的观察效果,应掌握一些基本原则，注意一些方法和技巧。实地观察的一般原则有以下几点。①

(1) 客观性原则。

只有按照客观事物的本来面目进行观察，才能正确认识事物。在实地观察中，要坚持观察的客观性，就必须从实际出发，被观察的对象是什么情况，就观察什么情况，记载什么情况，绝不能按照自己的好恶任意增减或歪曲客观事实，或者只注意观察和记载那些有利于自己的事实，而不去观察和记载那些不利于自己的事实，更不能凭主观想象臆造根本就不存在的事实。

(2) 全面性原则。

任何客观事物都有多方面的属性、多方面的联系、多方面的表现形式，我们只有从不同侧面、不同角度、不同层次进行多方面观察，才能了解客观事物的全貌。那种看好不看坏，看正不看反，看此不看彼，看表不看里的片面观察，是不可能正确认识客观事物的。观察的全面性，是观察客观性原则的内在要求。

(3) 深入性原则。

在实地观察中，要坚持观察的客观性和全面性，就必须进行深入、细致的观察。这是因为社会生活本身纷繁复杂、千变万化，许多社会现象不是一下子能观察清楚的，特别是在特定的情况下，有些人往往自觉不自觉地用一些片面的、偶然的，甚至虚假的现象来应付、蒙骗观察者。

(4) 持久性原则。

实地观察往往是一种十分单调、枯燥的工作。要进行客观、全面、深入的观察，就必须坚持观察的持久性。对于许多复杂的社会现象来说，要得到正确的调查结论，往往需要坚持长达数日、数月、数年、甚至更长时间的实地观察。例如，英国社会人类学家、人类学功能学派的主要代表马林诺夫斯基1914—1920年在新几内亚原始人部落中进行实地观察长达6年之久，到后来自己几乎成为原始部落的一员。通过这次实地观察，他不仅写出了名著《西太平洋的航海者》，而且为参与观察法奠定了基础。

(四) 文献法

1. 文献法的概念

文献法是研究者根据自己的研究目的，收集与分析各种书面文献资料及其他资料的方法。文献是记载人类各种社会活动的历史资料的总称，它包括所有以文字、图像、符号、视频、音频作为载体记录下来的人类社会活动以及各种知识与经验等。在社区调查研究中，文献法也是一种重要的研究方法，使用文献法可以分析和研究社区走过的历史，从而

---

① 袁方，等. 社会调查原理与方法 [M]. 北京：高等教育出版社，1996：137.

掌握社区发展的未来趋势。在城市化加速发展的背景下，要保留有价值的社区历史文化，必须要注意收集整理关于社区历史的文献资料。丰富的文献资料是文献研究法的前提条件，通过对资料文献的解剖、分析、综合或提炼，研究者可以获得自己想得到的研究结论。

2. 文献法的类型

作为研究对象的资料文献，可以分为两大类型，即定量的数据资料和定性的文字或其他符号资料。前者包括官方的统计资料或其他数据资料等，后者包括出版的书籍、发表的文章、个人的日记等。对于这两类资料文献，通常采用不同的分析方法。对于数据文献资料，可采用统计分析方法，对于定性文献资料，则应采用内容分析方法。

(1) 二手资料统计分析方法。

与一般调查研究不同的是，在文献分析法中，研究者所使用的数据不是自己收集的，而是官方或其他研究者收集的，这势必给数据的使用和统计分析带来种种限制，要求研究者灵活而有效地使用和分析这种数据。首先，要解剖数据结构，读懂数据内容，从而真正理解数据收集的意图，明了数据所蕴含的意义，从而正确有效地使用与分析数据。其次，要根据已有数据的结构和内容建构自己的研究框架，并将数据纳入自己的研究框架。最后，要创造性地使用数据，合理地对数据结构的元素进行调整、变化，创造出新的结构，从而产生新的内容。

(2) 内容分析方法。

这是一种通过对资料文献的内容进行特定分析，从而揭示文献中所蕴含的研究对象的信息与规律的方法。内容分析的对象是定性的资料文献，即文字、图表或音频、视频资料，因而一般采用定性的分析方法。研究者从一定研究的理论架构出发，以研究者对定性文献资料的解析与理解为根据，完成对原有理论假设的证明，达到研究的目的。①

第二节　社区管理的行政方法

一、社区管理行政方法的含义

(一) 社区管理行政方法的概念

行政方法，是指公共行政组织及其工作人员为服务公共利益及执行组织职能而采取的贯穿于公共行政计划、组织、指挥、协调、控制全过程的手段、方法、技巧及措施的总

---

① 于显洋. 社区概论 [M]. 北京：中国人民大学出版社，2006：60-62.

称。① 行政方法是公共行政主体与公共行政目标的连接中介，是提高政府效率，提高行政效能的依靠和依据。社区管理的行政方法是行政方法的一种具体类型。由于社区管理也存在着政府的行政管理内容，社区管理行政方法也可以采用一般政府的行政方法。具体而言，社区管理的行政方法是指社区管理组织，特别是政府派驻社区的力量，为履行社区管理与服务职能，实现社区管理目标而采取的各种手段、方法、技巧及措施的总称。

社区管理的行政方法是实现社区管理目标的重要手段。社区行政管理水平的高低，不仅取决于社区行政管理的指导思想是否正确、社区基层组织体制是否科学以及人员素质的高低，而且还取决于社区管理方法是否有效。社区管理行政方法运用的好坏直接影响政府在社区管理、社区发展中的形象。② 社区管理的行政方法要坚持正确的指导思想，遵循社区发展的规律与原则，同时进行社区行政管理的工作人员也需要具有较高的素质。

（二）社区管理的传统行政方法

1. 行政命令方法

行政命令方法是指社区内的行政机关或行政领导者依靠行政组织权威，通过行政管理系统上下级关系，采用命令、指示、规定、条例、决议等对社区管理对象进行管理的方法。行政命令方法具有权威性、强制性、无偿性、垂直性等特点，是在实际行政中较为普遍的行政方法。运用行政命令方法进行管理，起主要作用的是权威。行政命令在所发命令的接受率及上、下级之间的沟通效果等方面，在很大程度上取决于管理者的权威。管理者的权威越高，所发命令的接受率也就越高，上下级沟通状态就越正常。行政命令方法通过行政系统、行政层次对行政子系统实施管理，通常通过纵向直线逐层传达执行。

行政命令方法是行政执行必不可少的一种基本方法，运用行政命令方法实施行政管理，能够使国家的政策、法律和上级的意图快速地向下贯彻，有利于行政管理系统的集中统一。行政管理面广事杂，因此，行政管理系统必然是多层次、多环节的。运用行政指令方法，上级可以及时处理下级的工作情况，尤其是对一些突发事件的处理，更显示出这种方法灵活快捷的优点。但行政命令方法以强制性的指令、命令支配下级的行为，下级处在被动顺从的状态。长此以往，会压抑下级的积极性和主动性，造成下级对上级的过分依赖。另外，过分依赖这种方法，容易造成领导者个人专断、主张家长制、一言堂等不良作风，不利于参与式的民主管理。同时，行政命令是以垂直方向传达的，在指示、命令的下达过程中容易忽略横向的协调，有可能造成条块之间的矛盾，反过来制约了行政系统的高度统一，可能压抑下级的积极性和创造性。因此，行政命令方法要限制在一定范围内。

在社区管理中，行政命令方法具有很大的优势，采取这种方法可以集中统一使用和调

---

① 杨福禄. 公共行政学［M］. 济南：山东人民出版社，2011：284.
② 娄成武，等. 社区管理学［M］. 北京：高等教育出版社，2006：89.

动社区的人力、物力和财力，迅速地解决社区管理中出现的矛盾，保证社区管理目标的实现。在我国城市社区建设的初期，社区行政方法曾经起到了重要的作用。但在社区管理中，行政命令也具有很大的局限性。行政命令的过度使用不符合社区管理的本质要求与发展趋势，不利于调动居委会等下级组织和社区居民的自主性、积极性和创造性，并且存在信息传递迟滞、横向沟通协作困难等内在局限性。因此，必须结合社区管理活动的客观规律及其公益性、服务性等内涵，严格限制行政指令方法的适用范围，合法、合理地加以运用，防止滥用职权、强迫命令、主观专断等错误做法，构建公正规范、和谐稳定的现代社区。在当前社区行政管理工作中，刚性行政指令手段的过量运用在一定程度上导致了居委会等自治组织面临"社区工作行政化"现象。

2. 经济方法

公共行政的经济方法，是指依靠利益驱动，利用经济手段，通过调节和影响行政对象的物质需要而促进行政目标实现的方法。经济方法的实质是围绕物质利益，运用各种经济手段正确处理好政府、企业与个人三者之间的经济关系，最大限度地调动各方面的积极性、主动性、创造性和责任感，促进经济的发展与社会的进步。我国社会主义市场经济改革正处于渐进、稳步发展过程中，社区经济作为其中一种具有重要意义的基层经济形态，正在不断凸显社区管理内容及其方法的市场化变革趋向。因此，经济手段在社区管理中的地位和作用也持续得到显著的提升和强化。

在社区管理中，经济方法也得到广泛的运用。经济手段建立在物质利益的基础之上，可以调动社区居民和组织的积极性和主动性，促进社区社会组织间的横向沟通、联系与合作。但是这种手段因其利益导向性不可避免地带有一定的局限性，不适用于解决社区管理中许多需要严格规定或立刻采取措施的问题，也不能完全依靠它来调动人们的积极性。因为人除了物质需求外，还有更多精神和社会方面的需要。经济手段如果运用不当，可能会对人们的思想以及社会风气产生不利的影响。因此，在运用经济手段处理各种社区经济利益关系时，必须合理兼顾效率和公平，综合运用其他配套管理手段，贯彻公平、和谐、发展的现代社区管理理念。

3. 法律方法

公共行政的法律方法是指国家行政机构依据法律、法规、法令而实施管理的方法。法律方法的实质是维护广大人民的利益和意志，并代表他们对经济、政治、文化、社会等方面实施统一管理。法律方法所依靠的不仅是国家正式颁布的法律，也包括国家各类管理机构制定和实施的各种具有法律效力的规范。

在社区管理中，法律方法所依靠的法律法规不仅包括国家法律法规，也包括各种具体的社区规范，既有成文的也包括非成文的。城乡社区居民公约是正式法律手段之外的重要的社区管理方法。城乡社区居民公约是社区居民根据国家的宪法、法律、法规和政策，紧密联系本居住地区的实际情况，就某一问题或某些方面，经过民主讨论而共同约定的自我管理、自我约束、自我监督实施的行为规范。它是社区居民进行自我管理的重要手段，充分体现了居民自治的原则。社区居民公约是比法律和政策更为具体的行为规范，它可以依据法律和政策的精神，把一些法律和政策规定不了的具体内容包括进去，并采取有效措施来保证实施，起到法律和政策起不到的作用。社区居民公约的制定程序一般由下列环节构成：①让社区居民群众充分讨论，提出社区公约内容的具体范围和条文；②根据社区居民群众提出的内容，由社区居民委员会进行整理，使之系统化、条文化、规范化；③召开社区居民成员会议讨论通过；④由市辖区的人民政府的派出机关——街道办事处备案。

二、社区管理的现代行政方法

（一）目标管理方法

1. 目标管理的概念

目标管理（Management by Objectives，MBO）是一种企业管理制度，是让企业的管理人员和员工亲自参加工作目标的制定，在工作中实行"自我控制"，并努力完成工作目标的一种管理制度。[①] 目标管理源于美国管理学家德鲁克，他在 1954 年出版的《管理的实践》一书中，首先提出了"目标管理和自我控制"的主张，他认为："企业的目的和任务必须转化为目标。企业如果无总目标及与总目标一致的分目标来指导职工的生产和管理活动，则企业规模越大、人员越多，发生内耗和浪费的可能性越大。"[②] 目标管理理论给予各个部门以相应的自主权，实行自我控制，以发挥各级组织管理人员的责任心和主动性。也就是说，目标管理中的管理人员不是事事都由上级来指示和推动，而是各级人员都要主动地按照既定的目标去开展工作。概括来说，目标管理即让企业的管理人员和员工亲自参加工作目标的制定，在工作中实行"自我控制"并努力完成工作目标的一种管理制度。

2. 目标管理方法在社区管理中的应用

（1）明确社区管理的方向。

社区管理活动必须有明确的方向。目标是管理工作的方向标，管理活动的全部过程都是着眼于目标的管理。目标方向的正确与否，从根本上决定着一个社区的管理成效。目标的正确度与管理成效成正比，目标越正确，效率越高，成效就越大，反之成效就越小，所谓"南辕北辙"就是最生动形象的比喻。

（2）制定整体的社区管理目标。

目标管理的整体性，是与小生产管理方法的个体性相对而言的。现代社区，尤其是城

---

① 杨福禄. 公共行政学［M］. 济南：山东人民出版社，2011：290.
② （美）德鲁克. 管理的实践［M］. 齐若兰，译. 北京：机械工业出版社，2006：89.

市社区的结构已不同于传统社区，社区人口、社区组织、社区环境、社区治安等越来越复杂。社区管理者应追求社区整体成效最优化。对社区管理活动的全部过程实行全面的综合管理。一个组织通过确定和落实目标，建立纵横交错、全面完整的目标体系。

（3）分清社区管理目标的层次。

为了实现社区管理的总体目标，社区管理者应围绕总体目标，制定出各自更为具体的部门目标和个人执行目标，这就形成了社区管理的目标系统。在这个目标管理系统中，总体目标、部门目标及个人执行目标之间是相互关联的。在实际工作中，制定各层次的管理目标时，不仅要明确社区管理的总体目标，而且要指导每一个社区组织、个人制定出相互协调、相互配合的具体目标，使之围绕社区管理总体目标构成一个目标网络。

（4）吸引社区居民参与目标管理。

目标管理具有民主性，是社区组织和社区成员参与社区管理的好方法。在明确目标时，社区管理者要广泛征求社区组织和居民的意见和要求，共同协商、讨论，在此基础上制定出恰当的社区管理目标。在实现社区管理目标时，不依靠上级摊派任务，而是上下结合，发挥社区成员的积极性和创造性，由社区居民自觉地按照目标调整自己的行为，按照目标的标准为社区做贡献，有效地实行自我控制。在我国社区管理中，由上而下摊派任务的现象较为突出，目标管理方法可以有效解决这一问题。

（二）标杆管理方法

1. 标杆管理的概念

标杆管理（Benchmarking），又称"标杆瞄准""基准管理"。最初起源于20世纪70年代末80年代初，是在美国企业向日本学习企业管理的运动中发展起来的一种企业管理方法。标杆管理是"寻求具有杰出绩效的竞争对手或非竞争对手的最佳实践"。标杆管理的含义是指企业将自己的产品、服务和经营管理方式同行业内或其他行业的领袖企业进行比较和衡量，找出自己的不足，学习他人的长处，从而提高自身产品质量和经营管理水平，增强企业竞争力，并最终超越他们。①

标杆管理有助于企业建立学习型组织。标杆管理具有五阶段流程模型。第一阶段，确认标杆学习资讯的使用者以及他们的需求，从而确定标杆学习的明确主题。第二阶段，组成标杆学习团队。大多数标杆学习是团队行动。第三阶段，选定标杆学习伙伴。认定标杆学习的资讯来源，第四阶段是搜集及分析资讯。第五阶段，采取改革行动。影响这个阶段的因素是顾客的需求及标杆学习资讯的用途。通过标杆管理，组织可以选择标杆，确定中长期发展战略，制定战略实施规划，并选择相应的策略和措施。

---

① 杨福禄. 公共行政学 [M]. 济南：山东人民出版社，2011：294-295.

2. 标杆管理在社区管理中的运用

(1) 社区管理者应正确定位。

社区管理者应认识到与最优秀的社区相比,自己究竟做得怎么样。在我国社区建设中,出现了很多具有全国影响和品牌效应的典型社区或明星社区,这些都可以成为社区管理实践中可比较的参照系。通过实施标杆管理,社区管理者可以确切地知道社区管理绩效应当达到而且可以达到什么水平,同时也明确了在目前的绩效水平与应该并且可以达到的最佳结果之间为什么会存在如此之大的差距。

(2) 社区管理者应看清自己的优势与劣势。

在与基准标杆进行比较时,社区管理者可以发现自身的缺点和不足,有助于扬长避短。此外,标杆管理为社区管理者提供了各种已经被实践所证明的、正确的行动计划和方案,有助于组织博采他人之长为自己所用,缩短摸索经验的时间。通过标杆管理,社区管理者能够借鉴他人的优点来弥补自身的不足,学习他人的长处来求得生存成为一种十分有效的生存之道。

(3) 社区管理者应确定各种改进活动的先后顺序与重要程度。

与标杆进行比较的过程能够帮助社区管理者发现影响战略目标实现的关键因素及其在战略实现中所占权重,并通过行动计划反映社区管理中哪个实践活动是应最先进行的,哪个实践活动最适合社区的发展。

(三) 全面质量管理方法

1. 全面质量管理的含义

全面质量管理(Total Quality Management,TQM)强调全员参与,是一种以各种科学方法改进组织的管理与服务,通过高素质和不断改进的产品和服务,获取顾客满意的管理理念、制度和方法。一般而言,全面质量管理都是以战略、愿景、作业三者为主。全面质量管理的范围包括组织、社会与社群,以最佳客观标准为评价标准,将质量作为组织内部一切业务的目标,所有单位及成员皆应参与。美国联邦政府自1988年起沿用了企业界的TQM的理念加以改造,使之适合公共部门。在社区管理中也可以借鉴使用这一管理方法。

全面质量管理的工作流程包括PDCA管理循环。这是全面质量管理最基本的工作程序,即计划—执行—检查—处理(Plan-Do-Check-Action),这是美国统计学家戴明(W. E. Deming)提出的,因此也称之为戴明循环。第一阶段称为计划阶段(又称P阶段)。这个阶段的主要内容是通过市场调查、用户访问、国家计划指示等,摸清用户对产品质量的要求,确定质量政策、质量目标和质量计划等。第二阶段为执行阶段(又称D阶段)。这个阶段实施P阶段所规定的内容,如根据质量标准进行产品设计、试制、试验,其中包括计划执行前的人员培训。第三阶段称为检查阶段（又称 C 阶段）。这个阶段主要是在计划执行过程中或执行之后，检查执行情况是否符合计划的预期结果。第四个阶段为处理阶段（又称 A 阶段）。主要是根据检查结果，采取相应的措施。这四个阶段按顺序进行，组成一个大圈，阶梯式上升，循环前进。

2. 全面质量管理在社区管理中的运用

全面质量管理在社区管理中有广泛的用途。为保证社区公共服务的质量，社区管理者可以运用系统概念和方法将社区管理涉及的各阶段、各环节的职能组织起来，形成一个任务、职责和权限明确而又互相协调、互相促进的有机整体。社区全面质量管理体系的建构是一个复杂的系统过程，应对社区管理的全部过程进行全面系统的规划，使建立的质量管理体系有助于社区实现预期目标。一般来说，建立社区质量管理体系包括以下几个阶段。

（1）总体策划与设计阶段。

需加强对社区管理者的培训和宣传教育工作，并进行相应的考核，以达到从事社区质量管理活动的能力要求。社区管理者应重视质量方针和质量目标的制定工作，并配备相应资源。

（2）具体设计阶段。

社区管理者将体系分析和策划的结果用书面形式确定下来，编制社区质量管理体系文件。该阶段包括制定文件、编制计划、规定文件体例和标识方法，文件编制以及文件的评审、批准和发布等主要环节。

（3）实施和运行阶段。

社区质量管理体系的有效实施和运行，是通过社区质量管理体系的组织结果不断进行组织协调、质量监控、信息管理、质量管理体系的审核和管理来实现的。

（4）质量改进阶段。

社区管理追求的目标是社区居民满意。社区在实施质量管理体系时，应持之以恒地关注体系的不断改进，通过对现行社区质量管理体系运行的情况进行分析和评价，确定改进目标，寻找最优解决方法，以实现目标。①

（四）项目管理方法

1. 项目管理方法的概念

项目管理方法的理论和方法最初主要运用于军事和建筑领域。在信息技术发达的今天，企业越来越多地将经营活动作为项目来运营，以项目为中心，而不是以组织结构为中心。项目管理从根本上改变了管理人员的运作效率，在西方发达国家已经十分普及。项目

---

① 汪大海. 社区管理学 [M]. 北京：北京师范大学出版社，2011：319.

管理是在特定的工作环境中，通过项目管理者和项目组织者的努力，运用系统理论和方法对项目及其资源进行计划、组织、指挥、协调、控制，旨在实现项目成果的管理方法体系，是理顺与项目有关的众多错综复杂的难题的一种手段。项目管理主要实行项目经理负责制，项目经理在项目管理中有着非常重要的作用。

2. 项目管理在社区管理中的运用

项目管理在社区管理中具有广泛的应用前景。西方国家的很多基层社区组织运营也采用项目管理的方法，社区发展和社区服务项目具体由社区经理负责。政府以项目管理的方式，通过政府购买服务为社会组织提供资金等支持，引导不同类型、不同状况的社区社会组织不断改善内部治理结构，承揽人才，提升社会组织提供公共服务的能力。

(1) 坚持科学化、民主化的原则。

社区发展项目的决策过程必须尊重客观规律，按照"先论证、后决策"的原则进行。社区发展或社区服务项目涉及社区居民的切身利益，单凭基层政府部门或社区管理者个人经验很难做出正确判断，这就需要贯彻民主的原则，广泛征求社区居民的意见，集思广益，发挥社区居民参与的积极性与创造性。

(2) 坚持系统性的原则。

所谓系统性，就是把项目看作国民经济和社会发展大系统中的一个子系统，从整个系统的角度看社区管理的实际效用，同时从项目内部要素之间的相互关系中寻求其总体效益的最优化。在社区管理日益现代化的条件下，社区发展项目与社区环境等其他社区要素存在着密不可分的关系。社区管理者应统筹社区发展，妥善解决社区管理所面临的问题。

(3) 资金的时间价值原则。

项目在管理过程中，要考虑资金的时间价值，考虑机会成本。资金的时间价值，是指资金投入使用后随着时间的推移而带来的增值。由于资金投入的生产领域不同，会使所得的积累有多有少。由于资金拥有量并不是无限的，一笔资金用于这一项目的投资，实际也就是放弃了它在另一些项目上的投资使用，这也称为机会成本。

(4) 责任、利益、风险对称的原则。

在企业管理中，项目管理的责任、利益、风险是相对称的。没有责任与利益的统一，项目主体就不可能真正承担投资风险，投资效益也就成为一句空话。因此，要赋予投资主体严格的经济责任，明确"谁受益、谁负责"。同时投资主体应是形成的新资产的所有者和受益者，做到"谁投资、谁负责"，使项目主体真正以自己的经济生命承担投资风险，这样才能真正调动投资者、项目管理者的积极性。在社区管理中虽然不是经济利益为最终目标，但要达到社区资源使用率的最大化，也需要运用项目管理的原则。[1]

---

[1] 任典云. 行政管理方法 [M]. 青岛：中国石油大学出版社，2005：73-75.

第三节　社区管理的专业方法

社区工作方法是社区管理方法体系的补充。社区工作与社区管理之间具有密切的关联。从联系来看，社区工作与社区管理都是面向社区，具有一致的目标，在内容与方法上有很多相通之处。从区别来看，社区管理的内涵与外延要比社区工作更大一些。社区管理强调政府、社区组织和居民对于社区公共事务的管理活动与方法。而社区工作则强调通过激励社区成员互助、自主和自决，提升居民的各种能力，从而满足社区需要，解决社区问题，改善社区环境，实现社会公正。社区管理包含社区工作的内容，社区工作是社区管理的重要组成部分。在社区管理中，必然要运用社区社会工作方法。

一、社区管理专业方法的含义

（一）社区管理专业方法的概念

社区管理专业方法，是指在社区管理工作中，运用社会工作的方法和技巧，为社区成员提供专业服务的方法。社会工作分为介入式社区工作和非介入式社区工作两种类型。西方国家大多采用介入式社区工作，从专业社区工作者开始介入到工作任务完成，是一个时段性很明确的专业工作过程。我国主要采用非介入式社区工作。

社区工作是一项经常性的基层社会管理与服务工作，工作在总体上是内在的和持续的。社区管理与社区工作之间存在着密切的关联。两者之间相互渗透、相互促进，共同致力于实现社区的和谐发展。从一定意义上说，我国社区管理与社区工作之间具有很多重合之处，因此，社区工作的方法可以归为社区管理的专业方法。

社区社会工作是社区管理的重要组成部分。目前我国很多地方探索建立了社区、社会组织、社会工作"三社联动"机制，在社会治理中充分发挥社区的平台基础作用、社会组织的承接载体作用和社会工作的专业支撑作用。社区社会工作可以说是社区管理的专业方法。

（二）社区管理专业方法的内容

社区管理不能完全等同于社区工作。社区管理既包括对社区日常公共事务的管理，也包括对社区工作过程的管理。社区工作是社区管理的重要组成部分，在社区管理中发挥着重要的作用。社区工作主要包括预防和解决社区内的各种社会问题，如贫困、失业、老年人照顾、残疾人服务、社区成员的教育、有关社区成员的物质和精神生活的硬件与软件服务等。社区工作强调培养和激发社区居民自力更生、奋发向上的精神，增强社区凝聚力和社区意识，减少社会不适，减缓社会冲突。在社区管理中，必然会运用到社区工作的专业方法。政府及社区行政人员要有专门的机构和人员从事社区工作，社区工作要求从事人员具有一定的专业理论知识和特定的技术。

社区工作是社会工作的重要领域和主要方法，是与社会个案工作和社会团体工作并列的三大工作方法之一。具体而言，社区工作是运用专业的理论知识与技术，以社区和社区居民为对象；以预防和解决社区问题为目标；以社区发展和社会进步为宗旨；以培养和发扬社区居民互助精神为追求；调动和利用社区资源，积极参与社区建设和社区管理，提高社区福利水平，促进社区发展的过程。[1]

社区工作是一项专业性很强的工作，要有效地开展社区工作，实现社区工作的目标，就必须科学地应用社区工作的专业方法。所谓社区工作的方法是指认识社区、解决社区问题、满足社区需要、实现社区工作目标所采用的方式、手段和遵循的途径。社区工作者在长期的理论研究和实践积累中已经形成了一套专业的工作方法和技巧，如社区工作者和社区建立专业关系的方法、进行社区调查和社区分析的方法、制订社区工作计划和工作成效评估的方法，以及进行家访、召集居民会议、举办社区活动、开展街头宣传、组织游行集会等方法。在实际工作中，除了运用社区工作特有的方法以外，还要结合具体情况，使用个案社会工作、小组社会工作、社会工作行政等方法，各种专业社会工作方法和技巧的综合应用，构成了社区工作的专业品质，也是社区工作的基本方法。

二、社区工作的一般方法

（一）个案社会工作

个案社会工作是社区工作中可采用的基本专业方法之一，个案工作是社会工作史上最早发展起来的一种科学的专业服务方法。所谓个案社会工作是以个人、家庭等为工作对象，运用各种现代科学与技术，帮助他们解决遇到的各种问题，挖掘潜能，增强适应社会的能力，恢复和发展社会生活功能，以维护其个人、家庭等的生活和谐。在早期，个案社会工作的实施范围仅限于一般贫民救济机构，而现在，其应用范围已随着社会工作的发展而日益扩大。

1. 个案社会工作的范围

从工作对象来看，个案社会工作主要应用于以下几个方面：①社会福利、社会服务、社会救济等方面；②医院、精神病院、心理咨询中心、伤残重建中心等医疗卫生方面；③劳改劳教单位、工读学校、儿童行为指导、儿童法庭、假释随访等治安保卫方面。其他

---

[1] 周沛. 社区社会工作 [M]. 北京：社会科学文献出版社，2002：61-62.

如计划生育、来信来访、婚姻介绍等行政管理方面也都在逐步地采用个案社会工作方法。

2. 个案社会工作的原则

应用个案社会工作的方法，在社会工作者与服务对象之间建立专业服务关系应遵循一定的专业的思想行为准则，即个案社会工作的原则，个案社会工作的原则主要有以下几个方面：

(1) 接纳案主的原则。

社会工作者不能对案主抱有成见、偏见，应怀着理解和尊重案主的心态为案主服务。接纳的目的在于消除案主的心理障碍，创造一种适于案主袒露其真情实感的环境，与案主建立良好的专业关系，以便全面、准确地了解案主的问题，并更好地协助案主解决其问题与困难。

(2) 沟通的原则。

社会工作者要具有诚恳真挚的态度，对案主真诚相待，与其保持良好的双向沟通，使其坦率地反映自己的情况，并了解自己的地位与任务，这样，便于澄清并解决问题。

(3) 个别化原则。

任何个案问题除去有共同之处外，还有差异性。个案工作者应把案主看作是一个独立的个体，重视其在生理、心理和社会环境等方面的差异性，以及对待困难和问题的看法和感受，这样，社会工作者可以针对具体情况，采取相应的解决方法。

(4) 案主参与和自决的原则。

个案工作者不能取代案主以替他解决问题，而应引导案主参与对问题的剖析，帮助案主认识自己，培养其自信心、自尊心和自己解决问题的勇气、能力与习惯。只有这样，案主才能真正解决问题或困难，同时也有利于其今后的自我成长。

(5) 尊重案主隐私和保密的原则。

社会工作者应对案主的隐私持尊重的态度，对在个案工作中所获得的有关案主的信息和资料保密，保护案主的个人隐私和权益不受侵犯。保密能够增加社会工作者与案主的相互信任，它是建立良好的工作关系的重要前提，也是维护社会工作者的信誉，使个案工作顺利开展的重要保证。

(6) 情感转移的原则。

案主感受到被社会工作者所接纳，就会对其表达自己的情感。这种情感从案主身上转移到社会工作者身上，社会工作者应做出适当的反馈，对有益的情感给予肯定，不适当的则应当帮助其改正。要帮助案主明了情感转移行为的意义，以提高处理这种现象的实效。

(7) 自我认识的原则。

社会工作者要经常地自我检查思想，净化感情，端正态度，保证个案社会工作的健康进行。个案社会工作是由一系列有计划的，科学的工作步骤构成的，这些步骤就叫社会个案工作程序。①

（二）小组社会工作

小组社会工作是社会工作中可采用的另一种基本专业服务方法，小组社会工作的形成晚于个案社会工作。小组社会工作以小组或团体为工作对象，通过小组活动和小组社会工作者的共同努力，使小组或团体的成员获得群体经验，以改变其认知和行为，恢复和增强其社会生活的功能，促进个人、团体、社区与社会的协调发展。

1. 小组工作的功能

小组工作的功能主要有四个方面：①影响个人发生转变。人是依赖群体经验成长和发展的，当人出现生存能力方面的各种问题或心理行为有偏差时，通过小组活动，可以恢复其原有的能力，达到社会化。小组活动可以影响个人的价值观念、态度及行为发生转变，使其成为家庭和社会中负责任的积极角色。小组成员通过不同经验的分享，可以丰富和扩大经验和见识，改善人际关系。小组工作可以使其成员发展面对问题与解决问题的能力，学习如何适应危机情景，促进个人成长。②社会控制。矫治性、教育性、治疗性的小组工作可以使小组成员学习遵从适应社会行为规范，培养起社会责任心，在社会生活中担当起积极而有用的社会角色。③用集体的力量解决问题。在小组中，小组成员必须学习共同思考，团结协作，共同面对环境。这个过程既会增进小组成员与他人配合解决问题的能力，也可以用团队的力量来共同解决问题。④再社会化。小组工作通过帮助其成员建立适应社会需要的新的价值观、新的知识、新的技巧，来改变小组成员的行为，使他们成为更适应社会生活的积极角色。

2. 小组工作方法的过程

小组工作的理论认为，小组社会工作的活动过程是一个有生命的发展周期，有着自身的发展规律。小组工作过程可划分为计划阶段、初始阶段、中间阶段、结束阶段和评估阶段。

（1）计划阶段。

这一阶段是由一系列步骤构成的，包括确立小组目的、评估赞助机构、招募成员、组织小组、安排见面会、订立契约、准备小组所需的设备、确定经费安排和准备小组书面计划等。

（2）开始阶段。

这一阶段包括小组最初的几次活动。在这些活动中，成员刚刚进入小组，试图与他人建立初步的关系，但还不是非常投入于小组活动，表现谨慎，需要社区管理主体较多的指

---

① 吴亦明. 现代社区工作：一个专业社会工作的领域 [M]. 上海：上海人民出版社，2003：174-175.

导,在完成任务时也常打折扣,令工作者常感受挫。在这一阶段社区管理主体可以通过组织一些有助于成员们相互了解的项目帮助他们成为熟人,以便于成员之间的合作。

(3) 中间阶段。

这一阶段中社区管理主体协助成员达到小组目的,大致要处理六项工作:准备小组聚会、为小组活动提供内容框架、动员成员参与并增强成员的能力、协助成员达成目标、处理非自愿与抗拒行为、监督和评估小组活动的进行。这一阶段小组成员关系较为亲密,对小组活动投入增强,对小组有较高的认同,成员之间能够更好地合作。

(4) 结束阶段。

这一阶段要设计一些内容帮助成员面对真实的生活情境。让小组成员讨论参与活动后的感受并为未来做计划。告知小组成员结束后有何可以利用的支持体系和资源,对有需要者做好及时的转介工作。

(5) 评估阶段。

这一阶段旨在了解小组工作的成效和价值,指引实务工作和研究治疗性元素。

3. 小组工作方法的技巧

在开展小组工作时要注意工作技巧的运用,社会工作理论中将小组社会工作的一般技巧概括为以下几个方面:①建立关系的技巧。小组工作者要通过一定的方法和策略与成员建立良好的专业关系,并促进成员之间建立良好的关系。②观察的技巧。小组工作者要能够灵敏、细致地观察和判断个人、团体、小组所面临的环境与需要解决的问题等,以便确定小组目标和解决问题的方案。③组织和介入小组的技巧。小组工作者要能够组成小组,介入小组出现的问题、冲突、突发事件等,把握和推进小组工作进程,在小组目标实现后结束小组。④领导小组的技巧,小组工作者有时是以小组领导的角色出现的,因而要能适当地运用专业技能与权威,主导和推进小组的进程。⑤沟通的技巧。小组工作者是促进内部沟通和外部沟通的桥梁,自身要与成员沟通,也要促进成员之间的沟通,并且与小组外部的环境,如机构、社区、人员等进行沟通。⑥参与小组活动的技巧。对于小组成员自己设计的各种活动方案,小组工作者要愉快地投入其中。[①]

(三) 社会工作行政

1. 社会工作行政的含义

社会工作行政,也称社会福利行政。相较于个案工作、小组工作和社区工作而言,社会工作行政是较晚得到认可的、间接的社会工作方法。目前,社会工作行政已成为社会工作理论和实务中不可或缺的组成部分。社会工作行政是依照行政程序,通过协调运用资

---

① 吴亦明. 现代社区工作:一个专业社会工作的领域 [M]. 上海:上海人民出版社,2003:180-181.

源，将社会福利政策转变为具体服务，以实现政府特定社会福利目标的过程。社会工作行政是行政工作在社会工作领域中的运用。

2. 社会工作行政的程序

社会工作行政是一个由诸多策略和步骤组成的过程系统，具体包括以下几方面。

(1) 方案策划。

方案策划是根据政府部门或机构的目标，提出若干个工作方案，并从中选出合适的方案。方案策划应体现实际性、可行性、具体性、可变性和整体性的原则。只有将社会福利政策转化为可行的工作方案，才能达到其目的。

(2) 人力组织。

人力组织是人事部署、工作分工和制度制定组成的系统，是落实工作方案、达成工作成效的体制准备。人事部署包括约聘、任用、训练、奖赏不同的工作人员。工作分工需要人力管理人员形成职权分配体系以实现分工和分层负责。制度制定是围绕服务目标形成内部管理制度和对外服务守则。

(3) 效能发挥。

效能发挥需要借助领导艺术，在内部进行沟通协调、督导和激励，并与外部的政府、机构、媒体等进行有效联络，促使服务得到高效的利用，保障服务对象的福利。

(4) 资金运作。

资金运作涉及经费募集、预算、会计和审计等方面。任何一项福利项目的实施都离不开资金，通过资金的运作可使资金得到有效的利用。

(5) 评估总结。

评估总结是总结过去经验、改善服务质量、提升机构和部门能量的关键步骤，有利于加强政府与民众的沟通，促进福利体制的完善。

社会工作行政在社区管理过程中是不可缺少的方法。随着我国市场经济体制的确立和政治体制的改革，社区成为很多社会政策的执行和实施主体，如最低生活保障制度实施的工作程序大部分由社区来落实，失业人员的再就业、培训也要通过社区来进行。在社区管理工作中，应用社会工作行政方法可更好地实现社会福利的最大化。[1]

三、社区工作的介入方法

社区介入就是社区工作者跟社区居民、社区组织、社会团体接触、沟通，并保持良好关系的过程。与社区居民的接触和与政府部门、社区组织团体的接触都属于社区介入。社区介入一般要有相应的过程和技巧。

---

[1] 王思斌. 社会工作导论 [M]. 北京：高等教育出版社，2004：203-205.

（一）与社区居民接触方法

居民是社区工作的重要资源，也是其服务对象。社区工作者主要依靠社区居民，利用社区资源开展工作，实现助人自助的目的。与居民接触可以有不同的形式，可以是正式的沟通，也可以是非正式的沟通；既可以在办公室等正式场所，也可以在广场、超市等非正式场所。总之，社区工作者可以根据自己所要了解的内容有选择地使用各种不同的沟通方式。①

社区工作者接触居民主要有两个目的：首先是增加对社区和居民的了解，便于制订计划和展开工作；然后再进一步考虑建立关系，建立社区居民对社区工作者的了解和信任，调动社区居民的参与热情，和社区工作者一起展开工作。我国香港学者胡文龙又将接触分为探索性接触和招揽性接触。

（1）探索性接触。

了解社区居民的所思所想、生活环境、居民对事物的看法和感受，了解他们的人际交往水平。通过对社区的了解，社区工作者可以运用自己所学的专业知识，分析社区存在的问题和需求，找出社区工作的方向，明确什么问题急需解决，什么问题容易解决。同时也要让社区居民了解社区工作者，了解社区工作者在社区内的角色、任务、专业特长，以便于提高居民对社区工作者的认同和接纳，为建立良好的专业关系打好基础。

（2）招揽性接触。

这种接触又称"激励性建立关系"，它是指社区工作者在进行社区工作时充分利用社区居民的积极性、创造性和主观能动性，运用各种方法和技巧"招揽"社区居民，让社区居民参与到社区行动中来。这不仅有利于工作目标的实现，节约机构资源，也有利于培养合格的市民素质，提高社区居民的参与度，实现居民的增权。

社区工作者在与居民接触中，首先要展现一个专业工作者的专业素质。比如，对一些问题提出专业的看法，提出一些有深度的问题。要告诉社区居民自己的专长在哪里，并让居民感受到这种能力。社区工作者还要有良好的沟通技巧，让居民感受到自己的情况被关注，而且通过自己和工作人员的共同努力可以改变这种状况。尤其对于老年人，耐心的态度是十分必要的。在与居民的接触过程中，需要掌握以下分阶段的原则和技巧。

1. 准备阶段的原则与技巧

在准备阶段应注意以下事项：①明确目标。社区工作者应明确接触的目的是为了收集资料、建立关系还是树立形象，访问的对象如何，他们的需要、职业、家庭状况是什么样的，建立目标体系可以衡量目标的实现情况。②选择对象。根据目标选择合适的访问对

---

① 江立华. 社区工作 [M]. 武汉：华中科技大学出版社，2009：168.

象。不同的目标需要访问不同的对象。③选择访问时间。时间非常重要，不同职业的人有不同的作息时间，它关系着访问的成败。一般说来，除非有特殊情况，中午是不能打扰别人休息的，而午后很多人有串门、散步或者遛狗的习惯，在此期间可能无法在家里见到访问对象。④准备话题。引导话题的展开，话题的准备可以避免一些令受访者感到尴尬或不安的情况出现。社区工作者可以事先准备一些热门的话题，或者对方感兴趣的话题。⑤着装。穿着合适的服装有助于与对象拉近距离。一般说来，着装以干净、朴素、大方为宜，有时也需要穿着能体现社区工作者职业特点的服装。⑥预想可能会出现的情况。最好将要发生的情况排演一遍，预想可能发生的情况，以免遇到意外情况时自己不知如何是好。时刻保持良好的状态，冷静、自信、诚恳。⑦熟悉所要去的环境。访问是在正式场合还是非正式场合，场合的不同对谈话的内容有很大影响。

2. 接触阶段的原则与技巧

与对象建立关系是一个过程，需要逐步地展开，首先要引起对象对谈话的兴趣，然后再考虑建立关系。

（1）介绍自己。

可以说自己是由与其熟悉的一个朋友介绍而来的。可用对象和自己都熟悉的事物作为谈话线索来介绍自己。有时可以用证件来证明自己的身份以打消其疑虑。赠送一些可以代表社区工作者身份的物品，增强其信任和好感。以谦逊的态度明确清晰地说明自己的来意，表达自己对来访者的关心和关注。

（2）展开话题。

在对象接纳的情况下，继续自己的工作，逐渐使谈话转入正题。一般说来，谈话内容要由浅入深、由表及里、由轻松到严肃、由感性到理性。用对象习惯的谈话方式与对象谈话，就会使交谈比较容易进行。

（3）维持谈话。

合理使用开放式问题和封闭式问题。开放式问题主要针对受访者对事件的态度、看法、感受等，封闭式问题主要应用于对各种事实的了解。一般说来，在建立探索性接触关系时，访问对象的介入程度比较低，社区工作者只是对事实进行收集、分类和整理，谈话时间比较短。而在建立激励性关系时，就可以与对象探讨一些深入的问题，这时对象的介入程度会比较高，谈话时间也会比较长。

3. 结束阶段的原则与技巧

初次接触时间不宜过长，除非有重要的或特殊的问题需要及时和深入的了解。进入结束阶段时，访谈者首先要表达对访问对象的感谢，肯定他们的付出。然后总结自己的成果，梳理哪方面做得好、好在哪里、存在哪些不足、以后需要注意什么等。临别时，留下自己的联系方式，鼓励访问对象联系自己。在结束阶段还要记录一些重要的数据、受访者的背景、对问题的看法。例如，对方的影响力如何，有哪些资源，对方的问题是什么，这些问题有没有共性,涉及的人群是谁,这群人能否被组织起来等。

(二)增进居民相互了解的方法

1. 开展社区性活动

进入社区之初,为了尽快打开局面,可举办一些综艺晚会、慰问演出之类的全区性活动,让更多的居民有机会接触和了解社区机构及其工作人员。在活动中穿插机构介绍、安排工作人员亮相,这样可以初步树立社区工作者的形象,以免日后深入社区时因不相识而受阻。还可以通过举办大众化的参与性活动促进居民之间的了解。例如,举办"老少新春同游""家庭运动会"等群众易于参与的活动,这类活动有利于建立社区工作者和居民的关系,比大型晚会更有人情味,更具凝聚力。开展宣传咨询活动。如开展房屋改革政策宣传、生活救济策略咨询及现场办公等活动。通过运用宣传展牌、散发宣传单、专家及工作者现场解答居民问题等方式,为居民提供具体的帮助,有些还可作为日后拜访的对象。

2. 介入社区事件

介入社区事件指社区工作人员在介入社区中出现的一些亟待解决的问题,如"退路进厅"、房屋拆迁等所引起的纠纷。出现此类问题时,由社区工作者进入社区向居民宣传解释和调解纠纷、缓和矛盾,同时也让社区工作者拉近与居民的距离,了解居民的心声。有时还可以通过召开居民代表座谈会或居民大会进行政策宣传,排除居民的疑虑,更好地配合政府工作,从而促进问题的解决。

3. 经常深入社区

居民对社区工作者的抗拒或疏远,一般是由于彼此缺乏了解和信任,有距离感。社区工作者要建立与居民的关系,就要多在社区内出现,让居民有机会了解、认识以及咨询意见等。这种自然的交往可降低居民的防卫心理,使社区工作者更易于深入社区。社区工作者还应该经常进行家庭访问。利用前面的一些活动或相关资料了解的情况选择入户访问的对象,以家庭访问的形式进入社区也是常用且有效的方法。

4. 利用媒体开展宣传动员

通过在社区居民经常经过或聚集的地方设宣传栏,向居民派发有关宣传品等,介绍社区工作计划中的一些活动,吸引居民参与;普及有关的知识和政策规定,便于居民保护自身权益不受侵害等,这些都有利于深化社区工作者和居民的关系。[①]

(三)与政府部门和社区组织团体接触的方法

1. 与政府部门的接触

在国外,社区工作主要是通过社区工作者联络不同的机构,尽可能多地运用社会组织

---

① 陈钟林. 社区工作方法与技巧 [M]. 北京:机械工业出版社,2005:206.

的资源提供服务,因此就要向不同的组织说明自己的服务。在我国,社区工作者要得到政府的支持,从政府那里获得资源。因此,与政府部门的接触是社会工作者必须做的工作。

2. 与社会组织的接触

随着我国社会组织的发展,社会工作者也要向其他社会组织说明自己的服务,从他们那里获得资源。有时,通过与不同的组织接触可以获得巨大的支持,并谋求政策上的改变,因此,与不同组织接触是非常重要的。比如,在举办社区儿童的教育活动时,就要获得社区居委会的支持,向居委会说明自己的活动目的、招募义工、向社区宣传、与学校商量场地问题等。这就涉及一些资源的准备及对学校资源(硬件、软件)、社区媒体的运用。不同的社区组织有不同的功能,其承担的社区职责也各有不同。有的社区组织,如学校,他们的社会职能就是提供社会服务而不是获取经济效益,在学校放假时运用学校资源,虽然要付出一定的代价,但是这种付出有一定商量的余地。而如果是社区的企业、公司等营利机构,社区工作者运用其资源时就要考虑其主要的社会职能。因此,要了解组织的目的、任务、结构、组织、文化等;了解组织决策者的情况;注意组织员工执行任务的表现、价值观和性格等。同时要为组织建立档案。

关键术语:

社区调查研究;问卷法;访谈法;观察法;目标管理法;标杆管理法;社区社会工作;个案社会工作;小组社会工作。

阅读书目:

1. 袁方:《社会研究方法教程》,北京大学出版社,2000年版。
2. 魏娜等:《公共管理中的方法与技术》,中国人民大学出版社,1999年版。
3. 徐勇:《城乡社区自治实务》,湖北科学技术出版社,2008年版。

案例分析:

社会工作方法在社区服务管理中的应用[①]

从2009年到2011年这三年中,合肥市陆续开展了三批标准化示范社区建设工作,力争打造一些在全省乃至全国有一定知名度的标准化样板社区。从合肥市目前标准化示范社区建设的成果来看,虽然在社区工作中暂时没有设置专业社工岗位,从全市范围看,专业性社会工作服务机构也很缺乏,但是很多社区工作者已经运用了诸多社会工作方法与技

[①] 马贵侠,等. 社会工作方法在社区工作中的应用——以合肥市标准化示范社区建设为例[J]. 社会工作(学术版),2011(1).

巧，为社会工作的本土化提供了一条可行的实践路径。

1. 运用社会工作研究方法，深入调查了解社区居民的问题和需求

庐阳区龚大塘小区属三无老旧小区，有些居民楼是20世纪五六十年代的建筑，老旧不堪。结合标准化示范社区建设契机，该社区率先搞起了"楼道亮化"工程，为沿街路面的居民楼免费安装了楼道灯。滨湖家园社区为有效整合、利用资源，提高服务质量，更加切实地满足居民的各类需求，将社区服务中心整体分为社区办公服务中心、计生综合服务中心、居民文体服务中心三大区域，分别设有一站式服务大厅、心灵驿站、调解室、社区剧场、日间照料室、残疾人康复中心、图书阅览室、青少年教育培训中心、体活动中心、清风书画室、劳动就业培训中心、计生综合服务中心等区域。

2. 运用社区工作方法，整合社区内外资源开展社区服务活动

社区依托自身资源设立老年人居家养老服务小型机构。庐阳区光明街道大西门社区建立了老年人日间照料或全托养老服务机构。街道设有光明老年公寓，社区与老年服务中心签订协议，为辖区内老年人提供小型机构养老服务。义仓社区依托辖区资源建成松鹤苑老年公寓，对于生活不能自理或不愿单独生活的老人，帮助他们申请进入社区老年服务中心。

社区初步建立起有效的社会支持网络，形成了家庭、邻里、志愿者、社区的多元化服务体系。庐阳区光明街道大西门社区利用社区自身优势，充分发挥志愿者和楼栋长的作用，成立了社区110服务队伍，这支队伍主要为老百姓提供社会事务服务、协助文明创建宣传、对社区空巢困难群体提供帮助以及开展对社区治安的巡逻，特别是开展空巢老人居家养老服务，社区工作者结合"两扫"和"走亲入户访万家"活动，给社区60岁以上的老人建立个人健康档案，定期组织体检，开展知识讲座。大西门社区志愿者经常到老年人家中开展义务服务，逢年过节还为老人们送去精彩的文艺演出和慰问品，有许多老人和志愿者们结成了"忘年交"。包河区包公街道包河社区利用社区志愿者资源建立了关注青少年健康成长的泽田心灵驿站，开设暑期义务辅导班。

初步建立起社区服务的辅助性专业机构，为完善的社区服务体系提供支持性网络系统。大西门社区建立了老年学校，为老人们提供乐器、演唱、舞蹈等文艺培训。社区养老服务中心还提供家政、家庭看护、维护维修等服务，满足社区老人们的日常生活需求，方便老人生活。曙光社区在保证祖居老人享受退休生活补贴、医疗保险待遇的基础上，又重点打造了惠及辖区所有老人的"居家养老服务中心"，养老中心为老年朋友提供以公寓服务、日间照料、全托养老、文体康乐及以临终丧事为主的"生命关怀"服务等一系列完善的老年服务。

3. 运用个案工作和小组工作方法，为有需要的社区居民提供专业辅导服务

曙光社区以居民需求为导向，以社区公共利益为纽带，向合肥工业大学社会工作系的

专业社会工作研究人员寻求指导,引入专业社会服务组织——合肥民生社会工作服务社,联合开展服务活动。该机构针对社区特殊老年群体开展了定期个案家庭访视,及时发现其需求,帮助联系社区内外资源解决老人的困难。通过社会工作专业方法,整合社区内外资源,为社区内有需要的居民提供相应的服务,一方面有利于解决社区问题,另一方面提升了居民的社区凝聚力。

思考题:

根据案例,分析社区管理工作所需要的素质与能力以及相应的培养途径与方法。

后　　记

《社区管理学》是济南大学教材建设项目的成果。在学校以及政法学院的大力支持下，本教材经过多年努力终于出版。"社区管理"是公共管理专业的基础课程之一。该课程具有理论与实践相结合的学科特点，对于公共管理专业学生具有较强的应用价值。

全书共分十章。导论部分主要介绍了社区的基本理论与学科发展。第二章主要介绍了社区管理及其体制与模式，展现国内外社区发展的概貌。从第三章到第七章，介绍了社区管理的具体领域，包括社区自治管理、社区服务管理、社区公共事业管理、社区公共安全管理和社区环境管理。第八章引入了农村社区管理，旨在体现城乡社区管理的系统性。第九章展现了社区信息化管理的发展与前景。第十章主要介绍了社区管理的具体方法。本书力求形成关于社区管理的相对完整与系统的知识体系。

本书的写作也得到本学院同仁支持和中肯的建议。除了我撰写的第一章到第六章、第八章、九章之外，参加编写的还有行政管理系胡艳蕾、刘钟华（第七章），任伟伟（第十章）。本书参阅大量研究资料，难免出现疏漏之处，希望读者予以指正。

这里要特别感谢华中科技大学出版社的张馨芳编辑，她为本书的出版做了大量工作。在她的鼎力推动下，本书才得以顺利出版。

周晨虹
2018 年 4 月 11 日于济南